W0004240

Giardini · Don Carlos

Cesare Giardini

Don Carlos

Infant von Spanien

Diederichs

Die Deutsche Bibliothek – CIP-Einheitsaufnahme
Giardini, Cesare:
Don Carlos : Infant von Spanien / Cesare Giardini. –
Sonderausg. – München : Diederichs, 1994
Einheitssacht.: Il tragico di Don Carlos <dt.>
ISBN 3-424-01227-0

Umschlaggestaltung: Zembsch' Werkstatt, München
Produktion: Tillmann Roeder, München
Satz: Ebner, Ulm
Druck und Bindung: Wiener Verlag, Himberg
Printed in Austria

ISBN 3-424-01227-0

ERSTES KAPITEL

Johanna die Wahnsinnige

I.

Tizian hat in einigen seiner besten Bildnisse die Gestalten der beiden größten Herrscher, die das Haus Habsburg dem Europa des 16. Jahrhunderts schenkte: Karl V. und Philipp II., für die Nachwelt bewahrt. Diese Bilder sind mindestens ebenso wertvolle Dokumente wie die vergilbten und verstaubten Papiere, die geduldige und verdienstvolle Forscher aus dem Dunkel der Archive, in denen sie jahrhundertelang in Vergessenheit lagen, ans Licht ziehen, und die Geschichtsschreiber des „flamländischen Cäsaren" und des letzten großen spanischen Königs haben diese Bildnisse oft zu Unrecht vernachlässigt. Sie sind mit einer Aufrichtigkeit gemalt, mit der sich die gewissenhaftesten zeitgenössischen Berichte nicht messen können; der Hofgeschichtsschreiber, der Gesandte, der neugierige Reisende, der — wie Brantôme — alles sieht und alles aufzeichnet, was er sieht — alle diese sind aus dem einen oder anderen Grunde, aus Schmeichelei, Klugheit, Bosheit geneigt zu entstellen, die Wahrheit zu verhehlen. Aber der Maler, wenn er ein Genie ist, nie!

Als Anthonis Mor das Bildnis Maria Tudors, der zweiten Frau Philipps II., die den Katholizismus in England wiederherstellte, schuf, begnügte er sich keineswegs damit, ihre Züge auf die Leinwand zu bannen, sondern malte für die Nachwelt die ganze kalte, unbarmherzige Entschlossenheit dieser schon ältlichen Frau, die von einer Krankheit heimgesucht wurde, welche sie wochenlang ans Bett fesselte, und die ihre Kräfte nur sammelte, um gegen die Ketzer vorzugehen. Wir sehen diese Königin leibhaftig vor uns, die, als London von Sir Thomas Wyatt bedroht wurde, aufs Pferd sprang und „mit männlicher Stimme" die Bürger ermunterte, die Aufrührer mit abzuwehren.

Holbein wiederum gibt uns in dem großen Bildnis der Galerie Corsini in Rom besseren Aufschluß über Heinrich VIII., als es eine lange Lebensbeschreibung vermöchte. Der Mann, welcher unter dem verdächtigen Anschein körperlicher Kraft eine tiefinnerliche Schwäche verbarg, die ihn zum Sklaven seiner Triebe machte, der zweideutige und gewissenlose Mann, den ein moderner Historiker mit einer Figur aus einem russischen Roman vergleicht, und der in gleichem Maße einem Shakespeareschen Helden ähnelt, dieser Mann, dieser König ist für immer mit seinen Fehlern, Lastern und Gebrechen auf der Leinwand verewigt.

Nun das Bildnis eines unbekannten Kardinals, das Raffael malte, eines der Kleinode des Pradomuseums in Madrid: wir wissen nicht, welche Persönlichkeit sich hinter den Zügen dieses bleichen, stillen und gelassenen Prälaten mit dem kalten Blick und den dünnen Lippen verbirgt; aber, wie d'Ors sehr richtig bemerkt, man kann vor diesem Bilde nicht umhin zu denken: „Ein Italiener der Renaissance, fein, klug, verschlossen, unmoralisch, ein Verräter je nach Gelegenheit." Lassen wir unseren Gedanken weiter freien Lauf, so kann sich unsere Phantasie leicht die Simonie treibenden Päpste und ihre Bastarde, die „vendette" mit Dolch und Gift ausmalen (immer nach den Worten des spanischen Kritikers).

Luther erzählt, daß Erasmus vor seinem eigenen Bildnis rief: „Wenn ich wirklich so aussehe, bin ich ein großer Schuft!" Der Anekdote ist nicht ganz zu trauen; denn der Reformator war dem lächelnden Humanisten nicht wohlgesinnt und verglich ihn gern mit Momos, dem Gott der Ironie, weil er nach seiner Meinung über alles spottete, sogar über unseren Heiland. Man kann jedoch eine Moral aus der Geschichte ziehen:

Der große Maler hält den Menschen in seinem Gesamt auf der Leinwand fest, verweilt nicht bei Einzelzügen, sondern erkundet die Seele, den Charakter und sogar die Leiden, die das menschliche Fleisch peinigen. Keinerlei Rücksicht hemmt das unbarmherzige Werk seines Pinsels, auch und vor allem, weil darin etwas ist, das sich seiner eigenen Kontrolle entzieht, etwas, dem man einen dämonischen Ursprung zuschreiben könnte, so groß ist der Scharfsinn, mit dem er die eifersüchtig gehüteten und verborgensten Fächer der Seelen aufspürt: hier enthüllt der Feige, der sich mit Heldenmut bemäntelt, seine Feigheit; der Narr, der sich unter dem Anschein von Weisheit versteckt, seine Narrheit; der Schwache seine Schwäche; der Wüstling sein Laster.

Mit Tizian, dann mit Velázquez können sich die spanischen Habsburger rühmen, zwei der größten Bildnismaler aller Zeiten in ihren Diensten gehabt zu haben; beide Wunder an Begabung, errieten sie, indem sie die armselige menschliche Wirklichkeit ihrer königlichen Modelle aufspürten, deren Geheimnis und schrieben auf breiten, glänzenden Seiten die Geschichte des entsetzlichen Verfalls eines Geschlechtes nieder.

Auf dem großen Bilde Karls V. in der Münchener Pinakothek verrät uns die auf dem Vorsprung des sich auf die Landschaft öffnenden Fensters geschriebene Jahreszahl (MDXLVIII) das Alter des Kaisers. Dieser sitzt, ganz in Schwarz gekleidet, die Insignien des Goldenen Vlieses auf der Brust, in einem breiten Lehnstuhl mit karmesinrotem Überzug. Im Geburtsjahr des Jahrhunderts geboren, das er und sein Sohn Philipp beherrschen sollten, steht Karl erst im 48. Jahre; aber der zusammengesunkene Körper, die ein wenig gebeugten Schultern und vor allem das mit tiefen Furchen gezeichnete Gesicht machen ihn zu einem frühzeitig Gealterten. Betrachten wir das Gesicht: die Haut ist welk, ins Graue spielend, runzelig. Der runde Bart bringt die starke Prognatie zur Geltung, die das durch Jahrhunderte unveränderliche Merkmal aller Habsburgischen Gesichter ist. Diese Prognatie verleiht dem Gesicht einen falschen Ausdruck von Kraft und Willen und wird sofort Lügen gestraft von der zwischen dem Bart vorspringenden dicken und sinnlichen Lippe, die jedoch von einer erkalteten, enttäuschten Sinnlichkeit zeugt und etwas fast Abstoßendes hat. Man denkt unwillkürlich an die Zeilen von Carducci:

„Ha le mascelle a guisa di tenaglia,
Cascante il labbro sotto e infermo pare."[1]

Der Mund über dieser Lippe steht leicht offen. Dies ist ein andres Charakteristikum, das man auf den zahlreichen Bildnissen des Kaisers wiederfindet. Auf einigen, besonders denen, welche Karl V. als jungen Mann darstellen, wie das sehr schöne Bildnis von Bernhard Striegel in der Galerie Borghese, geben der halbgeöffnete Mund, der kalte und welke Blick dem Gesicht des Kaisers einen Ausdruck schwermütiger Betäubung; man denkt mehr an einen kränklichen Träumer als an den „kalten Zerstörer" des Dichters.

Die moderne Wissenschaft in ihrer größeren Genauigkeit hat im Gesichte Karls V. Kennzeichen adenoider Wucherungen gefunden, bei welchen „die Veränderung des Rachenlymphgewebes dadurch, daß sie die Atmung durch die Nase hindert, die durch den Mund fordert".

Doch lassen wir diese Feststellungen klinischer Ordnung und fassen wir wieder das große Tizianbild ins Auge: betrachten wir die farblosen, unbestimmbaren Augen Karls V. Wir lesen in ihnen die gleiche Unentschlossenheit, die seinen großen Ahnherrn Maximilian von Habsburg verhinderte, „zu Ende zu führen, was er begonnen hatte", die gleiche Entschlußunfähigkeit, die wir später bei Philipp II., auch in den ernstesten Augenblicken seiner langen Regierung, wiederfinden werden.

Alles dies tritt noch stärker hervor auf einem andern Bild von der Hand Tizians, vielleicht aus der gleichen Zeit wie das erste, als der große Maler über ein Jahr Gast Karls V. in Augsburg war. Auf diesem Bild ist der Kaiser zu Pferd dargestellt, ganz in Eisen gekleidet, die Lanze in der Faust, während der Schlacht bei Mühlberg, in welcher er dem Kurfürsten von Sachsen und dem lutheranischen Heer eine Niederlage bereitete. Dies ist das Bild des kriegerischen

Kaisers, und Tizian hat ihn in einer seiner würdigen Ruhmeshaltung aufgefaßt und gemalt. Der Ritter hebt sich stolz von dem Hintergrund eines sturmgepeitschten Himmels ab, der in der Tiefe, wo ihn friedliche himmelblaue Hügel begrenzen, von den rosigen Feuern der Abendstunde erglüht. Auf dem Rücken des Rappen liegt eine goldgestickte karmesinrote Schabracke. Der Kaiser trägt einen prächtigen mit Gold damaszierten Panzer und darüber eine breite rote Schärpe. Seine Haltung ist großartig, und das ganze Bild — eines der Meisterwerke Tizians — zeigt einen bewunderungswürdigen Zusammenklang von warmen und helltönenden Farben.

Aber man betrachte das Gesicht des Siegers zwischen Helmvisier und Halskragen: es ist das Gesicht eines alten Mannes, das durch den Gegensatz zur kriegerischen Aufmachung noch älter wirkt. Umschlossen von schimmerndem Stahl, erscheint das Fleisch noch müder. Zur Zeit der Schlacht bei Mühlberg war Karl V. siebenundvierzig Jahre alt. Das ist für viele Männer das Alter der Vollreife, in dem Verstand und Tatkraft sich die Waage halten.

Zwei Jahre später, 1549, schilderte ein Gesandter Heinrichs II., Herr von Maurillac, seinem Herrn den Kaiser Karl, wie er ihn während eines Gichtanfalls gesehen hatte: mit verdunkelten Augen, blauen Lippen, die Züge verzerrt, daß er mehr einem Toten als einem Lebenden glich, so gebeugt, kurzatmig und unsicher auf den Beinen, daß er sich nur mit der größten Mühe, auf einen Stock gestützt, in sein Zimmer schleppen konnte. „Er ist ganz offenkundig ein verlorener Mann“, schrieb Maurillac nicht ohne Befriedigung.

Weitere sechs Jahre, und der Kaiser begibt sich jeglicher Macht: er erscheint vor den Generalstaaten der Niederlande, eine Hand auf den Stock gestützt, die andre auf der Schulter des Prinzen von Oranien — der später der erbittertste Feind seines Hauses und seines Sohnes Philipp werden sollte —, und verkündet seinen Entschluß, abzudanken. Dieses überstürzte Abwerfen der Macht, dieser Verzicht auf das größte Weltreich ähnelt so sehr einer Flucht, daß der venezianische Gesandte Federico Badoero in seiner Relation an den Senat der Durchlauchtigsten Republik Venedig (1557) die Bemerkung macht, Karl V. habe „fast sein ganzes Ansehen eingebüßt; ich sage ‚fast' — denn es bleibt ihm noch so viel wie einem Kriegsschiff, das, mächtig fortbewegt von Rudern und Winden, wenn beides aufhört, noch immer etwas Fahrt behält".

Am 3. Januar jenes Jahres, nach einer langen und durch die immer häufiger auftretenden Gichtanfälle höchst mühseligen Reise durch Spanien, ließ sich der Kaiser in dem Hause nieder, das er sich, beizeiten die Ruhe bedenkend, innerhalb der Klostermauern von Yuste hatte bauen lassen.

II.

Dieser schnelle körperliche Verfall, der Karl V. nötigte, vorzeitig von der Bühne des 16. Jahrhunderts abzutreten, auf welcher sich seine Gestalt wie keine andre hervorgehoben hatte, und auf die große Rolle zu verzichten, die er 36 Jahre lang vor dem verblüfften Europa spielte, hat tiefe und weit zurückliegende Ursachen, die man prüfen muß, insofern als in ihnen der Ursprung des Dramas zu finden ist, in das die jugendliche Existenz Don Carlos' hineingerissen werden sollte.

Wenig mehr als zwei Jahrhunderte nach seinem Eintritt in die Geschichte der europäischen Monarchien wurde dies stolze Geschlecht Habsburg, das als Devise seine fünf Vokale derart angeordnet hatte: A.E.I.O.U. — um daraus ein anmaßendes Motto abzuleiten, aus dem man seine Auserwähltheit zur Herrschaft der Weltmonarchie herauslesen konnte: „Austriae Est Imperare Orbi Universo" —, wurde diese vielverzweigte Familie von Königen und Kaisern, die Schiller „gefährlich" nannte, von unzähligen Leiden heimgesucht. Die weise dynastische Politik der Ehebündnisse hatte die Zahl der Länder, über welche die Habsburger ihr Szepter streckten, unverhältnismäßig vermehrt.

1477 hatte die Verbindung Maximilians I. mit Maria von Burgund, einer Tochter Karls des Kühnen, dem Hause Österreich Flandern und die Franche-Comté zugebracht; ein andres Ehebündnis, das 1496 zwischen Philipp, dem Sohn Maximilians, und Johanna von Kastilien, einer Tochter der „katholischen“ Herrscher Ferdinand und Isabella, geschlossen wurde, hatte ihm die Herrschaft über Spanien, die Balearen, Sizilien, Neapel und die ungeheuren Länder überm Ozean gesichert, das Märchenland, das, von Kolumbus entdeckt, von den „conquistadores“ täglich mit Schwerthieben vergrößert wurde und aus Neu-Spanien, den Inseln des Golfs von Mexiko und dem Vizekönigreich Perú bestand. Ein später berühmt gewordenes Epigramm jener Zeit sagte nicht ohne Grund:

> „Bella gerant alii, tu, felix Austria, nube,
> nam quae Mars aliis, dat tibi regna Venus.“[2]

Hat man sich aber einmal in eine Politik wie diese eingelassen, so ist es nicht mehr möglich, sie fallen zu lassen, ohne Gefahr zu laufen, das heute einzureißen, was man gestern mühsam aufbaute. Um nur das Erworbene zu erhalten, muß man notwendigerweise vorsorgen, um zu vermeiden, daß sich fremde Elemente in das komplizierte Spiel der Erbfolgen einschalten. Jedes Ehebündnis muß derartig ausgeklügelt werden, daß im Falle des Todes des einen oder anderen Ehegatten nie und nimmer die territoriale Integrität der durch ihn der Krone zugebrachten Länder berührt wird. Dieses dynastische Gebot führte verhängnisvollerweise zu Eheschließungen zwischen Gliedern derselben Familie, oft nächsten Verwandten, also zu jener Art von Verbindungen, in denen das nie erneuerte Blut verarmt und die Schäden des Geschlechts sich in gefährlicher Weise verschlimmern.

Als Johanna von Kastilien 1496 Philipp von Österreich heiratete und die Verheißung eines großen, von der männlichen Klugheit ihrer Mutter geeinten, der schlauen Politik ihres Vaters Ferdinand und dem Genie des Kolumbus vergrößerten Reiches mitbrachte, hielt sie in ihrer kleinen Hand ein unheilvolles Geschenk. Die noch nicht siebzehnjährige Prinzessin, die mit so viel Glut die feurige Sinnlichkeit des Sohnes Maximilians erwiderte, stammte aus einer seit Jahrhunderten durch blutsverwandte Verbindungen erschöpften Familie (sie selbst war die Tochter von Vetter und Base, für deren Verbindung der päpstliche Dispens hatte eingeholt werden müssen), die zu wiederholten Malen durch Sumpffieber, das in einigen Gegenden der iberischen Halbinsel wütete, und andre, schrecklichere Krankheiten ruiniert war, die das Blut schwächten und den Verfall beschleunigt hatten. Zwei untaugliche Könige, von schimpflichen Leiden gezeichnet, der eine Vater, der andre Bruder von Isabella der Katholischen, waren dieser großen und männlichen Königin auf dem Thron vorangegangen, der es auch nicht erspart geblieben war, die eigene Mutter, Isabella von Portugal, Tochter Heinrichs des Seefahrers, nach und nach in die furchtbare Nacht des Wahnsinns versinken zu sehen.

Beim Tode Johanns II. von Kastilien, dessen zweite Frau sie gewesen war, hatte sich Isabella von Portugal — die in den Jahren der Regierung an der Seite eines unbedeutenden Mannes, eines Sklaven der Höflinge, und gleichgültig gegen die elementarsten Bedürfnisse des Landes, eine bemerkenswerte Tatkraft bewiesen hatte — nach Arévalo zurückgezogen, einer nur einige Meilen von Medina del Campo entfernten Stadt; in dieser Einsamkeit senkte sich eine tiefe Traurigkeit über sie, die ganz allmählich ihren Verstand umwölkte und sie der Welt entfremdete. Zweiundvierzig Jahre lang, von 1454 bis 1496, hatte sie noch in stillem Wahnsinn, von allen vergessen, gelebt.

Ihre Enkelin, Johanna von Kastilien, dem Wahnsinn geweiht, traf das gleiche Los: auch sie lebte sechsundvierzig Jahre, von 1509 bis 1555, abgesondert im Schloß von Tordesillas, einer kleinen Stadt am Duero, nicht weit von Valladolid. Das spanische Volk hielt sie für behext und nannte sie Juana la Loca (die Besessene), und dieser Name blieb ihr. Die Geisteskrankheit brach offen bei Johanna 1506 beim Tode des Gatten aus, der an einer jähen und geheimnisvollen Krankheit starb, so daß man (aber wie jetzt scheint, zu Unrecht) an eine Vergiftung dachte; doch schon vorher hatte sich bei ihr ein tragischer Hang zu unerhört heftigen Ausbrüchen gezeigt, die ihr am Hof in Brüssel den Beinamen „die Schreckliche“ zuzogen. Ihre Geisteskrankheit nahm den gleichen Verlauf wie die ihrer Großmutter: überspannt und reizbar in den Äußerungen der ersten Phase, versank Johanna nach dem Tode des Gatten in eine schwermütige Gleichgültigkeit, die an Idiotie grenzte und durch plötzlich einsetzende Perioden von Delirium und Tobsucht unterbrochen wurde.

Bei Johanna wurde die Neigung zum Wahnsinn durch eine übererregte Sinnlichkeit kompliziert, einen zügellosen Hang zu jenen „batallas de amor“, die Góngora in einem seiner Sonette mit „campos de pluma“ bezeichnet. Auch diese Art von Erotomanie lag in der Familie: es ist nicht unwichtig, daß Ferdinand der Katholische nach dem Zeugnis von Petrus Martyr Anglerius, dem zuverlässigsten Chronisten jener Zeit, an einer innerlichen Verätzung durch Aphrodisiaca starb.[3] 1497 war der Bruder Johannas, der spanische Thronerbe, nach kaum sieben Monaten Ehe mit Margarethe von Österreich gestorben; Petrus Martyr, der dies berichtet, erzählt auch noch, wie die Ärzte gemeint hätten, es würde klug sein, die beiden Jungvermählten zu trennen; aber Königin Isabella, die Mutter des Jünglings, hatte sich dem widersetzt mit der Begründung, daß die Menschen nicht scheiden dürften, was Gott zusammengefügt habe, und so hatte sich Prinz Johann in den Armen der zu heiß geliebten Frau erschöpft.

In Philipp schien Johanna den idealen Gatten gefunden zu haben. Ihr erstes Zusammentreffen war nicht das zweier fürstlicher Personen gewesen, welche die Staatsraison einander in die Arme trieb, sondern das zweier leidenschaftlich Verliebter. Auf den ersten Blick hatte die Begierde derartig ihre Sinne entflammt, daß sie mit größter Nichtachtung der Etikette und der Schicklichkeit, ohne den für die Hochzeit festgesetzten Tag abzuwarten, sich zu einem Priester begaben, um so schnell wie möglich das Recht zu erwerben, sich ohne Bedenken lieben zu können.

Das Eheleben Philipps und Johannas war während seiner zehnjährigen Dauer durch diese hitzige Erotik, besonders von seiten der Frau, gekennzeichnet. Pfandl berichtet in seinem Buche über Johanna die Wahnsinnige, daß Philipp, wenn er etwas bei seiner Gattin erreichen wollte, „ihr mit dem Entzug des ehelichen Beilagers drohte“, und er fügt hinzu: „Johanna hat jene Eigenart, die sich sonst nur bei Frauen von minderwertigem Intellekt zeigt: sie sieht in ihrem Gatten nicht den Mann, sondern bloß das Männchen; sie kennt an ehelichen Pflichten nur das Bett.“ In zehn Jahren hatte das königliche Paar zwei männliche und vier weibliche Nachkommen, mit denen alle Throne Europas besetzt werden konnten. Tatsächlich waren Karl und Ferdinand Kaiser und Könige, Eleonore zuerst Königin von Portugal, dann von Frankreich; Maria Königin von Böhmen und Ungarn; Katharina von Portugal. So befestigte das Geschlecht Habsburg dank der Fruchtbarkeit dieser dem Wahnsinn geweihten Frau mehr und mehr seine Macht in allen Ländern. Johannas von Kastilien Fruchtbarkeit machte übrigens einen so günstigen Eindruck auf die europäischen Höfe, daß Heinrich VIII. von England sie nach dem Tode Philipps des Schönen heiraten wollte, obwohl sich die Kunde von ihrem Geisteszustand bereits verbreitet hatte. Wahrscheinlich war ein solcher Antrag mit der heimlichen Hoffnung auf eine friedliche Eroberung Spaniens durch England verbunden und wurde ohnehin nicht angenommen.

III.

Philipp von Österreich, der unter dem Namen „Felipe el Hermoso“ (Philipp der Schöne) in die Geschichte einging und den Petrus Martyr „juvenis formosus, pulcher, elegans“[4]

nennt, obschon er in der Habsburger Bildergalerie mit seiner vorspringenden Lippe und dem kalten Blick nicht durch besondere Schönheit glänzt, war zum Unglück für Johanna kein treuer Gatte. Der venezianische Gesandte Querini rühmt seine kräftige, geschmeidige Gestalt, spricht von seiner Geschicklichkeit bei allen ritterlichen Übungen jener Zeit und von der Stämmigkeit und Widerstandsfähigkeit seines Körpers; ein anderer Chronist, Lorenzo de Padilla, schildert seine helle, rosige Hautfarbe und seine goldblonden Haare. Dieser Flamländer liebte es, sich prächtig zu kleiden: das Gewand aus Samt und Seide, goldgestickt und mit seltenem Pelzwerk verbrämt, in dem er sich 1502 vor Toledo seinen Schwiegereltern Ferdinand und Isabella vorstellte, setzte die Spanier in Erstaunen, die an die strenge Einfachheit ihrer gewöhnlich nur in Wollstoffe gekleideten Herrscher gewöhnt waren.

Die schönen Damen am flämischen Hofe konnten diesem wenig intelligenten, aber glänzenden und unverschämten königlichen „sportsman" mit unersättlichen Begierden, dem „homo eroticus" schlechthin, wohl kaum widerstehen. Immer war er auf der Jagd nach Sinnenlust, ohne Bedenken, ob sie ihm von einer wunderschönen Geliebten aus dem Kranze der Hofdamen seiner Gemahlin befriedigt wurde oder von einer Frau aus den Bordellen, die er sich nicht genierte nächtlich in der lustigen Gesellschaft ausschweifender Edelmänner zu besuchen. Ein spanischer Gesandter jener Zeit zeichnet ihn in ein paar Sätzen: „Er ist ein guter Mensch, aber willensschwach, völlig seinen Günstlingen ausgeliefert, die ihn in einen Wirbel von Vergnügungen mitschleppen, von einem Bankett zum andern, von einer Frau zur andern."

In der damaligen Zeit und noch lange danach war das Leben in den Niederlanden behaglich und sorglos. Die flämischen und holländischen Maler haben uns das festliche Bild jenes Lebens überliefert: üppige Gastmähler, Spiele auf dem Marktplatz, Volksbelustigungen, Kirmessen.

Ihre Stilleben reden von pantagruelischen Tafelfreuden, ihre Bankiers und Wechsler (wie der von van Roymerswaele in Florenz) von prall mit Gold gefüllten Geldschränken. Diese Bankiers hatten schöne blonde Frauen mit blühendem Fleisch, das angenehm in einem breiten Bett zu streicheln sein mußte, wenn man den ganzen Tag Münzen hundert verschiedener Prägungen gestreichelt und abwägend geprüft hatte. Diese Allgegenwart der Frau in der niederländischen Malerei ist ein Symbol: die reich geschmückte Bürgersfrau und die halbnackte Buhlerin sind von demselben Fleisch, fest, gut genährt, mit Gold behängt, zum Vergnügen geschaffen. Die Winternächte sind lang im nördlichen Europa, und die Flamländer wußten sie gut zu nützen. Im Archiv von Lille sind noch dicke Foliobände aufbewahrt, in denen nichts weiter eingetragen ist als die Legitimierungen unehelicher Kinder von Brüsseler Kurtisanen. Es geschah nur zu oft, daß die Männer ihre zu Hause wartenden Frauen vergaßen und ihre Zeit im Wirtshaus verbrachten, im fetten Küchenrauch und im herben Duft des gewürzten Bieres. Dann sah man, so erzählt Alonso Vázquez, Verfasser einer Geschichte des flandrischen Krieges, die armen Frauen nach Mitternacht, eine Laterne in der Hand, straßauf, straßab laufen und ihre betrunkenen Männer suchen. Ein leichtes Leben, unbekümmert um Gesetze und Moral. Von Erasmus erfahren wir, daß man in jeder Herberge ein schönes Mädchen vorfand, das für eine angenehme Unterhaltung zu sorgen hatte; Philippe de Commines berichtet, die Beziehungen zwischen den Geschlechtern seien die denkbar freiesten; die Bordelle wurden ebensogut von Frauen wie von Männern besucht, ein Mädchen aus dem Volk verdiente sich dort sein Heiratsgut, und niemand fand etwas dabei.

In dieser farbigen Welt, die so verschieden war von der strengen Einfachheit ihrer Jugendjahre, fand Johanna tausend Anlässe zum Kummer, deren schwerwiegendster die Eifersucht war, welche die vielen Liebesabenteuer ihres Gatten verständlicherweise in ihr weckten.

Bald sollten Zwistigkeiten zwischen den Ehegatten ausbrechen. Als Isabella davon hörte, schickte sie Fray Tomás de Matienzo, der zuverlässig und ihr ergeben war, nach Flandern, um die ganze Wahrheit zu erforschen. Auf diese Weise erfuhr sie, daß Johanna schweigsam und mißtrauisch geworden sei und sich beklage, von Spähern umgeben zu sein, sich außerdem beständig in Geldverlegenheit befände, die sie monatelang außerstande setzte, das ihrem Dienst zugeteilte Personal zu entlohnen.

Philipp hatte sich, von ihren Jeremiaden und dem Zwang, mit einer beständig schwangeren Frau zusammenzuleben, angewidert, allmählich von ihr zurückgezogen, und dies war Johannas tiefster Kummer, der alle anderen Sorgen aufsog und unwichtig erscheinen ließ und der Grund ihres ganzen Unglücks war.

Damals lag der Wahnsinn noch in der Ferne auf der Lauer. Die erste schwere Krise war 1503 in Spanien aufgetreten, wohin sich Johanna und Philipp schon 1501 begeben hatten, um den Treuschwur der Cortes von Toledo und Zaragoza entgegenzunehmen; denn sie waren nach dem Tode des kleinen Michael, einem Sohn von Johannas Schwester und Manuel von Portugal, unerwartet Thronanwärter geworden. Der Aufenthalt in Spanien, wo alle Hoffestlichkeiten wegen der tiefen Trauer über den Tod Arthurs, Prinzen von Wales und Gemahl Katharinas, der jüngsten Tochter von Ferdinand und Isabella, abgesagt waren, behagte Philipp nicht sehr, der nur den einen Gedanken hatte: in sein heiteres Flandern zurückzukehren. Die Spanier ihrerseits betrachteten mit leichtem Mißtrauen und nicht ohne eine gewisse Abneigung diesen fremden blonden Fürsten, dessen Anwesenheit die „main mise“ der Habsburger auf ihr Land bestätigte. Wohl hatten die Cortes von Aragón — die unabhängigsten und an Privilegien reichsten des Landes — ihm und seiner Gemahlin Treue geschworen, doch mit folgendem bedeutsamen Vorbehalt: würde Ferdinand Witwer werden und einen Sohn aus zweiter Ehe haben, so sollte dieser der alleinige und legitime Erbe der Krone Aragóns sein.

Philipp suchte sich auf jede Weise in Spanien zu unterhalten: er kleidete sich auf spanische Art, verbrachte den größten Teil seiner Zeit auf Jagden und Vergnügungen ähnlicher Art und studierte auf seine Weise die Psychologie des Volkes, über das er eines Tages herrschen würde, wahrscheinlich mit besonderer Berücksichtigung des weiblichen Teiles. Doch kaum hatte er die Formalitäten erledigt, derentwegen er mit der Gattin nach Spanien gekommen war, beschloß er nach Brüssel zurückzukehren. Das Jahr 1502 ging dem Ende zu, und Johanna war zum vierten Male in der Hoffnung. Isabella war dagegen, daß ihre Tochter sich in diesem Zustand einer langen und unbequemen Reise aussetze. Doch hielt dies Philipp nicht ab, Mitte Dezember allein aufzubrechen.

Johanna versank in eine beängstigende Niedergeschlagenheit: sie weinte und stöhnte den ganzen Tag oder starrte unausgesetzt ins Leere. Ein einziger Gedanke beherrschte sie: sich so bald wie möglich mit dem Gatten zu vereinen. Am 10. März 1503 wurde Ferdinand, der künftige Erbe des Reiches Karls V., geboren; gleich darauf wollte Johanna abreisen; doch war inzwischen Isabella an dem Leiden erkrankt, an dem sie, nur wenig über fünfzig, sterben sollte. Die während der Belagerung von Granada ausgestandenen Beschwerden und der Schmerz um den Tod der beiden jüngsten Söhne hatten die Widerstandskraft dieser großen Herrscherin gebrochen. Der Anblick der Geistesstörung, die sich schon bei Johanna bemerkbar machte, dieser jammervolle und fürchterliche Anblick, der geeignet war, in ihr die Erinnerung an die eigene wahnsinnige Mutter wachzurufen, trug zur Verschlimmerung ihres Leidens bei. Daß die Trennung von dem Gatten und die von ihrer unheilbaren Eifersucht aufgewühlten Einbildungen dazu beitrugen, Johannas Verstand zu verwirren, geht klar aus dem Bericht hervor, den die Hofärzte im Juni 1503 an

Ferdinand sandten, und in dem es unter anderem heißt: „Sie (die Königin) schläft wenig oder gar nicht; sie ist finster und äußerst schwach, weigert sich manchmal, zu sprechen: dieses Indizium läßt gemeinsam mit vielen andern, die ganz im Gegenteil eine große innere Erregung verraten, den Gedanken zu, daß ihr Leiden sich verschlimmert habe. Dieses Leiden kann man, sei es mit Sanftmut und Gebet, sei es mit Zwangsmaßnahmen behandeln; im Augenblick sind Sanftmut und Gebet ohne Erfolg, was die Gewalt anbetrifft, so wäre es peinlich, müßte man sie anwenden, da das allergeringste Drängen der Kranken Verwirrung und Schmerz bereitet." — Wie man sieht, drehte sich der Bericht geschickt um die Wahrheit herum; dennoch hielten auch in dieser Fassung die Schreiber ihn noch zu unvorsichtig und unüberlegt; denn am Schluß flehten sie den König an, ihn zu verbrennen. (Ist nicht etwa der Wahnsinn einer zukünftigen Königin, wenn man schon von Wahnsinn reden konnte, ein schreckliches Staatsgeheimnis?)

Der Krieg zwischen Frankreich und Spanien verzögerte die Abreise Johannas, mit was für einer Wirkung auf ihren Gesundheitszustand, ist leicht zu erraten. Doch kam im November 1503 eine Botschaft aus Brüssel von ihrem Gatten, der sie an seine Seite zurückrief, und Johanna, die sich zu dieser Zeit allein im Schloß La Mota in Medina del Campo befand, beschloß, sofort zu reisen. Vergeblich versuchte der Bischof von Córdoba, den Isabella an Johannas Seite gerufen hatte, sie von ihrem Plan abzubringen, sie zu überreden, wenigstens die Rückkehr ihrer Mutter abzuwarten. Um sie zurückzuhalten, wie es ihm seine Pflicht gebot, mußte er die Zugbrücke aufziehen und die Tore schließen lassen. Da wurde Johanna von einer richtigen Raserei erfaßt, sie beschimpfte und schlug ihre Leute und verbrachte, allen Bitten unzugänglich, die ganze lange kalte Novembernacht im Schloßhofe, neben einem Holzfeuer hockend, das der Bischof in der Verzweiflung hatte für sie anzünden lassen. So fand sie ihre Mutter, die man in

Eile benachrichtigt hatte, am nächsten Morgen, und auch sie wurde von Johanna mit solchen Ausdrücken überhäuft, wie, nach Isabellas eigenen Worten: „jamás las hubiera tolerado si no hubiese conocido su estado mental."[5]

Erst im Frühjahr 1504 konnte sich die Fürstin nach Flandern einschiffen. Doch ein neuer Kummer erwartete sie in Brüssel. Philipp hatte sich in eine Hofdame ihres Gefolges verliebt, oder wenigstens glaubte es Johanna. Eines Tages trat sie in Anwesenheit des ganzen Hofes der Rivalin entgegen, beschimpfte und schlug sie. Nur mit Mühe gelang es der armen Frau, sich dem Zorn ihrer Feindin zu entziehen, die ihr Haar und Gesicht mit Scherenstößen zurichtete. Philipps Wut kannte keine Grenzen mehr: auch Johanna wurde geschmäht und geschlagen. Die Nachricht von diesem Skandal, der alle Höfe Europas in Aufregung versetzte, mußte über kurz oder lang auch nach Spanien dringen. In Anbetracht dessen wollte sich Philipp mildernder Umstände versichern und beauftragte seinen Vertrauten, einen gewissen Martin de Moxica, ein peinlich genaues Tagebuch über Johannas Wunderlichkeiten zu führen.

IV.

So wurde über den Wahnsinn der Fürstin Tag für Tag Buch geführt, und die Niederschrift nahm ihren Weg nach Spanien, um Isabella und Ferdinand unterbreitet zu werden. Doch diese Vorsicht hätte sich bald gegen Philipp gekehrt. Am 26. November 1504 starb Isabella. „Orbata est terrae facies mirabili ornamento, inaudito hactenus"[6] schreibt Petrus Martyr, der der Herrscherin treu ergeben war. Ferdinand bemächtigte sich sofort der Krone von Kastilien mit der Erklärung, daß er mit Rücksicht auf den Gesundheitszustand seiner Tochter und gemäß der testamentarischen Verfügung Isabellas die Regentschaft des Landes auf Lebenszeit zu übernehmen gedenke. Darauf tat Philipp einen Rückzug und zwang seine Gattin, dem flämischen

Gesandten in Spanien, Herrn de Veyre, einen Brief zu schreiben, in dem sie zugab, der Welt das Schauspiel einer unsinnigen Leidenschaft gegeben zu haben, was zu einer ungünstigen Beurteilung ihres Geisteszustandes geführt habe; der Brief hatte den Zusatz, daß sie übrigens nie auch nur einen Augenblick daran gedacht habe, die Regierung zu übernehmen, da sie ihrem Gemahl, aus Liebe zu ihm und wegen der Fähigkeiten, die ihn schmückten, die Obsorge der Regentschaft ihrer Reiche zu überlassen gedenke.

Diese sich widersprechenden Dokumente veranlaßten einige Historiker, Johannas Wahnsinn in Zweifel zu ziehen; einer der ersten war Bergenroth, der in der Gattin Philipps von Österreich ein Opfer erst des väterlichen Ehrgeizes, dann des Fanatismus Karls V. sah; für Ferdinand bildete Johanna ein Hindernis zum freien Besitz des Throns; was Karl V. betrifft, so habe er seiner Mutter nie verziehen, heimlich protestantische Neigungen gehabt zu haben. Obwohl Gachard beweist, daß sich Bergenroth[7] durch eine falsche Auslegung der Dokumente hat täuschen lassen, zieht auch er Johannas Wahnsinn in Zweifel und erklärt sie für „nullement folle".

Aber wenn es auch kein andres Zeugnis für die Geisteszerrüttung Johannas gäbe, so könnte man sich meines Erachtens mit dem von Petrus Martyr Anglerius begnügen, welcher, wie wir später sehen werden, Zeuge der Überspanntheiten der Königin beim Tode ihres Gatten war, einem Tod, der unverhofft den Zwist zwischen Philipp und Ferdinand beilegte und die geheimen Wünsche des letzteren zur Verwirklichung brachte.

Philipp und Johanna waren nach einer stürmischen Seefahrt am 26. April 1506 im Hafen von Coruña vor Anker gegangen. Ferdinand erwartete sie in Laredo; deswegen gerade hatte Philipp Coruña gewählt, da er seinem Schwiegervater nicht traute und fürchtete, in dem Augenblick mit den Seinen erschlagen zu werden, in dem er den Fuß auf spanischen Boden setzte.

Die siebzehn Monate, welche zwischen dem Tod Isabellas und der Ankunft Philipps lagen, waren reich an Intrigen sowohl als an Ereignissen gewesen. Ferdinand konnte sich nicht an den Gedanken gewöhnen, daß er ganz oder teilweise auf den spanischen Thron verzichten müsse; vielleicht auch war ihm, unabhängig von jeglichem persönlichen Ehrgeiz, der Gedanke unerträglich, daß Spanien unter die Herrschaft der Habsburger fallen könnte. Es ist bekannt, daß er auf seinem Totenbett sein möglichstes tat, um zu verhindern, daß Karl V. den spanischen Thron bestiege, auf dem er lieber seinen Enkel Ferdinand gesehen hätte, der in Alcalá geboren und in Spanien in spanischer Art erzogen war.

Diese fixe Idee hatte ihn dazu geführt, die Möglichkeit einer neuerlichen Trennung der beiden Königreiche Kastilien und Aragón für verhängnisvoll zu halten. Der Vorbehalt, den die Cortes von Aragón in ihrem Treueid an Philipp und Johanna von Kastilien eingeschoben hatten, hatte ihn dann, in einer Art Verirrung des dynastischen Stolzes, auf den Gedanken gebracht, das Werk der Vereinigung der spanischen Nation, einen der schönsten Ruhmestitel Isabellas, aufzugeben.

Nachdem Ferdinand einmal das Ziel im Auge hatte, war er nicht heikel in der Wahl seiner Mittel. Das Schicksal Spaniens hatte es gewollt, daß an der Seite der rechtlichsten und weisesten aller gekrönten Frauen der falscheste und verschlagenste aller Herrscher thronte. Er dachte zuerst daran, eine Frau zu heiraten, welche irgendwann einmal Isabella den Thron streitig gemacht hatte und dann in ein Kloster eingesperrt worden war. Dies war die Beltraneja, eine Tochter von Johanna von Portugal, der zweiten Frau Heinrichs IV. und, wie man sagt, eines Edelmannes am Hof, Don Beltrán de la Cueva. Heinrich IV., ein Sohn Johanns II. aus dessen erster Ehe, Halbbruder Isabellas, hat sich aus zweierlei Gründen, einem allgemeinen und einem besonderen, in der Weltgeschichte verewigt. Erstens, weil seine Regierungszeit (von 1454 bis 1474) durch einen großen moralischen Tiefstand gekennzeichnet wurde, den uns eine Zeitsatire „Coplas del provincial“ ergreifend malt; der zweite Grund ist vollständig durch das wenig schmeichelhafte Eigenschaftswort gekennzeichnet, das die Geschichte an seinen Namen hängte; so wie andre Herrscher den Beinamen „der Gute“, „der Kahle“, „der Dicke“ erhielten, wird er „der Impotente“ genannt. Ein Höfling, Gonzalo de Guzmán, sagte von ihm: „Es gibt zwei Dinge in Spanien, die ich mir nicht zutrauen würde, wiederherzustellen: die Würde des Erzbischofs von Toledo und die Mannbarkeit des Königs von Kastilien.“ Blanca von Navarra, die erste Frau dieses „rey muñeco“, wie das Volk sagte, hatte die Annullierung ihrer Ehe erreicht. Die zweite, Johanna von Portugal, schenkte ihm nach sechsjähriger Ehe eine Tochter, die er legitimierte. Doch weigerte sich ein Teil des unzufriedenen Adels, als Thronerbin eine Person anzuerkennen, die auf Grund ihrer Herkunft La Beltraneja genannt wurde.

Ferdinand wollte nun diese Frau aus dem Kloster herausholen und heiraten, in dem Gedanken, daß ein aus dieser Verbindung geborener Sohn als Thronerbe der vereinigten Länder Aragón und Kastilien anerkannt werden würde.

Aber Philipp von Österreich hatte Freunde in Spanien, und an ihrer Spitze wachte sein Gesandter, der Flamländer de Veyre. Dann gab es noch den Marqués de Villena, der an der Spitze kastilischer Edelleute stand, welche die guten alten Zeiten einer feudalen Anarchie, die durch den eisernen Willen Isabellas zum alten Eisen geworfen waren, zurückwünschten und in Ferdinand den Vollstrecker dieser Politik haßten. Es ist merkwürdig, daß sich immer, in jedem Volk, in den Zeiten einer Erneuerung Leute finden, die den alten Stand der Dinge herbeiwünschen. An der Schwelle des 16. Jahrhunderts sind diese mittelalterlichen Überbleibsel sehr bedeutsam.

Wie die Dinge auch lagen, La Beltraneja wurde im Einverständnis von de Veyre, de Villena und dem König von Portugal entführt und über die Grenze geschafft, wo sie verschwand. Darauf entschied sich Ferdinand für Germaine de Foix, eine Nichte des französischen Königs Ludwig XII.; er heiratete sie 1506; aber der erwartete Sohn starb noch in der Wiege.

Unterdessen ging der Kampf zwischen Philipp und Ferdinand erbittert weiter, ein Gewebe von Intrigen, List und Verrat. Die Geheimkorrespondenz zwischen de Veyre und seinem Herrn wurde von Ferdinand abgefangen, der den Sekretär des flamländischen Gesandten verhaften ließ und ihn unter der Folter zwang, den Schlüssel zu verraten.

In Brüssel hatte Philipp einen gewissen Lope de Conchillos verhaften lassen, der Sekretär von Don Juan de Fonseca, dem Erzbischof von Córdoba, und gerade aus Spanien eingetroffen war. Im Verhör gestand der arme Sekretär, daß sein Herr den Auftrag vom Katholischen König habe, Johanna zu überreden, zugunsten ihres Vaters auf ihre Ansprüche auf den kastilischen Thron zu verzichten. Der Bischof hatte das Dokument in der Tasche, es fehlte nur noch Johannas Unterschrift, und diese würde nicht imstande sein, einer solchen Aufforderung von seiten ihres Vaters zu widerstehen; Philipp, der das genau wußte, hatte auch hier sogleich vorgesorgt: Johanna wurde von den wenigen Spaniern ihres Gefolges getrennt und gezwungen, in einem Zustand der Absonderung zu leben, der stark einem Gefängnis glich. Der Zutritt zu dem Palast, in dem sie wohnte, wurde allen in Brüssel sich aufhaltenden Spaniern verboten.

Natürlich hatte Ferdinand leichtes Spiel, vorzubringen, Philipp sperre seine Gattin, die einzige rechtmäßige Erbin des Reiches, ein, mit dem Zweck, sich des kastilischen Throns zu bemächtigen: „Philipp", schrieb er damals, „hat sich nicht damit begnügt, den Wahnsinn der Königin, meiner Tochter und seiner Gattin, in von ihm unterzeichneten Briefen öffentlich bekanntzugeben; ich habe auch erfahren, daß er sie in Flandern eingeschlossen hält, der elementarsten Freiheit beraubt. Er erlaubt nicht, daß sie von ihren Landsleuten bedient wird, und sie empfängt ihre Speisen aus flämischen Händen. Vielleicht ist ihr Leben in Gefahr: Gott schütze sie!"

Frankreich selbst fürchtete, und nicht ohne Grund, einen Habsburger auf dem spanischen Thron zu sehen, und da sich in diesem Punkte die Interessen Ferdinands und Ludwigs XII. trafen, hatten die beiden Herrscher auf Kosten Philipps ein Bündnis geschlossen. Die Hochzeit des Katholischen Königs mit Germaine de Foix und das Versprechen Ferdinands auf eine Million Goldddukaten hatten die Bedenken des französischen Königs besiegt, der bei dieser Gelegenheit das Freundschaftsbündnis vergaß, das er einige Wochen vorher mit Maximilian geschlossen hatte, ein Bündnis, das unter anderm die Möglichkeit einer Heirat zwischen seiner Tochter Claudia und dem zukünftigen Karl V. voraussah.

Als Philipp sich in Spanien ausschiffte, nachdem er einen Aufruf an den kastilischen Adel erlassen hatte, in dem er Ferdinands Machenschaften, sich den Thronbesitz zu sichern, aufdeckte, wurde er im Triumph empfangen. Ein Präliminarvertrag zwischen dem Österreicher und dem Aragonesen bestand seit November vorigen Jahres. Die beiden Herrscher konnten also als Freunde zusammentreffen. Die Zusammenkunft fand in der zweiten Hälfte des Juni 1506 in einer kleinen Stadt der Provinz León, in Villafáfila, statt. Der Vertrag von 1505, der sogenannte Vertrag von Salamanca, wurde bestätigt. Ferdinand blieb die Herrschaft über Aragón, Johanna und Philipp die über Kastilien. Aber Johannas Name kam im Vertrag nur vor, um den legitimistischen Adel zufriedenzustellen, der Isabellas Erbin auf dem Thron sehen wollte. Im geheimen setzten Ferdinand und Philipp einen andern Vertrag auf mit folgender Fassung: „In Erwägung dessen, daß Unsre Durchlauchtigste Gattin sich in keiner Weise mit der Verwaltung ihrer Reiche oder dem, was damit in Verbindung steht, befassen will, und daß andrerseits, wollte sie sich in dergleichen Angelegenheiten einmischen, in Ansehen ihrer Leiden und Verirrungen, die aus Zartgefühl nicht genauer präzisiert werden sollen, daraus der völlige Untergang vorbesagter Reiche erfolgen würde, ist Unser Wille, den Übelständen und Schäden, die daraus entstehen könnten, abzuhelfen und ihnen vorzubeugen: darum ist abgemacht und vereinbart zwischen Uns und dem König, Unserm Schwiegervater, daß, im Falle die Königin, sei es aus eigenem Antrieb oder von einem fremden Willen gelenkt, beanspruchen sollte, sich in Regierungsangelegenheiten einzumischen, Wir es nicht gestatten, sondern in gegenseitigem Einverständnis jegliche Intervention in diesem Sinn verhindern würden; und dies treu aufrechtzuerhalten, haben wir aufs Kreuz und auf die Heiligen Evangelien geschworen."[8]

Sofort darauf setzte Ferdinand auf eigene Faust ein zweites Geheimdokument auf, in dem er das Abkommen mit dem Schwiegersohn für null und nichtig erklärte, weil er es nicht aus freiem Willen unterzeichnet habe, sondern mit Gewalt dazu gezwungen worden sei; es enthielt die Versicherung seines festen Entschlusses, mit allen Mitteln die Tochter zu befreien und ihr zu helfen, den kastilischen Thron zu besteigen. Diese Handlung darf einen nicht in Erstaunen setzen oder veranlassen, sie als eines Königs unwürdigen Ausweg zu betrachten, würdig höchstens eines Königs wie Ferdinand, der nur selten ein Versprechen hielt, wenn es seinen Interessen zuwiderlief. Der geheime Widerruf eines offiziellen Dokumentes von seiten eines der Unterzeichner selbst, der glaubte, daß man sein Einverständnis erzwungen habe, war das Übliche. Wie wir später sehen werden, wandte Philipp dasselbe Mittel an, um die Zugeständnisse an die flamländischen Rebellen für ungültig zu erklären. Wenn man Ferdinand bei dieser Gelegenheit der Doppelzüngigkeit zeihen will, so nur deshalb, weil er selbst durch seine Intrigen Philipp den Weg zeigte, wie man Johanna aus der Regentschaft von Spanien ausschalten konnte: in Wirklichkeit hatte er, wie wir gesehen haben, beim Tode Isabellas den Wahnsinn Johannas geltend gemacht, um sich von den Cortes als Regent auf Lebenszeit anerkennen zu lassen.

Doch alle diese spitzfindig ausgetüftelten Pläne wurden durch den unerwarteten Tod Philipps des Schönen am 25. September 1506 zunichte gemacht.

Johanna wurde an der einzigen noch empfindlichen Stelle ihres Gefühls getroffen: der ausschließlichen und eigensinnigen Liebe zu dem schönen Gatten — wenn man ein so komplexes Gefühl, in das sich bald Leidenschaft, bald Haß und Eifersucht mischten, noch Liebe nennen kann. Der Graf von Fürstenberg, der sich in Philipps Gefolge in Spanien befand, hatte schon an Maximilian über die ausgesprochene Feindseligkeit Johannas gegen den Gatten mit folgenden präzisen Worten berichtet: „Den grösten veindt, so mein gnediger herr von Castilj hat, an (= ohne) den kunig von Arragonj, das ist die kunigin, seiner gnaden gemahel, die ist böser dan ich E. k. Majestät schreiben kan." Solche Worte zusammen mit Vorfällen ähnlicher Art veranlaßten einige Historiker, zu folgern, daß Johanna in einem Anfall toller Eifersucht den Gatten vergiftet habe. Selbst wenn dies sehr unwahrscheinlich ist, wenn man den Schmerz Johannas beim jähen Tode Philipps in Betracht zieht, so bleibt doch als Tatsache, daß in den wenigen Wochen, die Philipp und sie auf spanischem Boden weilten, dieselbe Johanna, sei es aus Willensschwäche, die in dem Maße zunahm, wie sich ihr armes Gemüt umnachtete, sei es aus offenkundiger Feindschaft gegen den Mann, der sie in zehnjähriger Ehe so oft gedemütigt hatte, sich weigerte, den geringsten Schritt zu tun, um die endgültige Anerkennung ihres Gatten als König von Kastilien von seiten der Cortes zu erleichtern. Im Gegenteil schien sie ein für allemal erklärt zu haben — und diese Tatsache könnte eher als

Beweis eines zu jener Zeit noch wachen Willens gelten —, daß Spanien weder von einem Flamländer noch von der Frau eines Flamländers regiert werden dürfe, weshalb sie es für günstiger halte, daß ihr Vater bis zur Großjährigkeit Karls V. die Regierung führe.

Bei allem war es sicher, daß Johannas Gemütszustand sich mehr und mehr verschlechterte: ihre Eifersucht hatte den Höhepunkt erreicht. Sie duldete nicht mehr die Anwesenheit einer Hofdame, wenn sie nicht alt und häßlich war, verbrachte ganze Tage in einem schwarz ausgeschlagenen Gemach, ohne sich zu rühren und ohne ein Wort zu sprechen. Wenn sie sich herbeiließ, auf an sie gerichtete Fragen zu antworten — so berichtet ein zeitgenössischer Zeuge —, tat sie es unter Tränen und in unverständlichen Worten. Der Prozeß der vollständigen Akinese und des katatonischen Stupor (nach den in Pfandls Buch berichteten Diagnosen die charakteristischen Formen von Johannas Wahnsinn in den langen Jahren ihrer Zurückgezogenheit im Schloß von Tordesillas) war jetzt sehr vorgeschritten. Der Tod des Gatten gab Johanna den Gnadenstoß. Zu jener Zeit erwartete sie ihr sechstes Kind, das vier Monate später zur Welt kam: ihre Schwangerschaft trug sicher zum Teil zu der endgültigen Umnachtung ihres Gemütes bei.[9]

Philipp hatte gewünscht, einbalsamiert und im königlichen Erbbegräbnis in Granada bestattet zu werden, aber Johanna wollte sich nicht von dem Leichnam trennen, weshalb der Sarg in der Kartause Miraflores in der Nähe von Burgos beigesetzt wurde. Johanna, die in letztgenannter Stadt lebte, begab sich fast jeden Tag nach Miraflores und verweilte Stunden neben der Leiche ihres Gatten. Zu wiederholten Malen ließ sie den Sarg öffnen und bedeckte den einbalsamierten Leichnam mit Küssen. Irgend jemand hatte ihr in den Kopf gesetzt, Philipp sei nicht tot, sondern nur durch Zauberkünste in einen totenähnlichen Schlaf versetzt, und sie hoffte vielleicht, ihn durch ihre Zärtlichkeiten erwecken zu können. Ihre größte Sorge war nur, dies Aufwachen könne während ihrer Abwesenheit geschehen.

Es wurde Winter und eine schwere Seuche verheerte die Gegend. Johanna mußte aus Burgos fliehen und begab sich nach Torquemada — wo am 14. Januar 1507 Katharina, ihr letztes Kind, zur Welt kam —, von Torquemada zog sie nach Hornillos, von dort nach Tórtoles und schließlich nach Arcos. Natürlich nahm sie auf dieser Flucht vor der Seuche, die von Ort zu Ort übergriff, stets den Leichnam mit sich.

Petrus Martyr Anglerius, der zu dieser Zeit in Johannas Diensten stand, folgte ihr auf dieser grausigen Pilgerfahrt durch die öden Landstriche Alt-Kastiliens. Die Königin wollte nur nachts reisen, „weil eine Witwe, die die Sonne ihres Lebens verloren hat, sich nicht dem Licht des Tages aussetzen soll". Der Bahre und Johannas Sänfte gingen Fackelträger voraus, um den Weg zu erhellen. Tagsüber machte der Trauerzug halt, um in den Klöstern zu rasten: Philipps Sarg wurde in der Kapelle aufgebahrt und blieb dort bis zum Augenblick der Weiterreise, von Soldaten bewacht, die Weisung hatten, zu verhindern, daß sich Frauen dem Leichnam näherten. Der Tod hatte Johannas Eifersucht nicht geheilt: während ihrer Reise wollte sie sich nie in Frauenklöstern aufhalten.

Ferdinand, der sich im Augenblick des Ablebens seines Schwiegersohnes im Königreich Neapel aufhielt, kehrte erst im Juli 1507 nach Spanien zurück. Seine Tochter hatte aus eignem Antrieb auf ihre Thronrechte verzichtet und es zurückgewiesen, irgendeine Regierungshandlung auszuüben. Sie überließ dem Kardinal Cisneros die Aufgabe, den aufsässigen Adel zu beruhigen, welcher tatsächlich diese Art Interregnum benützte, um sich in der Hoffnung zu wiegen, mit Gewalt die Rechte zurückzuerobern, die Isabella ihm genommen hatte.

V.

Im Jahre 1509 schien Ferdinand der Geisteszustand Johannas so ernst, daß er beschloß, sie im Schloß von Tordesillas zu internieren. Philipps Leichnam wurde in der nahen Kirche von Santa Clara beigesetzt: von dem Gemach aus, das sie bewohnte, konnte die Witwe immer das Grab sehen. Die Jahre vergingen; doch für die arme Frau, die eine Königin gewesen war und auch noch als solche in den amtlichen Akten figurierte, stand die Zeit still. Nach und nach verflüchtigte sich auch der Gedanke an den Gatten aus ihrem umnachteten Geist, und nun erst war es möglich, Philipps Leichnam nach Granada zu überführen.

Draußen, außerhalb der Mauern der finsteren Festung, stand die Welt in Flammen: Länder wurden von endlosen Kriegen verwüstet, neue Religionen entstanden, um immer von neuem die Erde in Blut zu baden; Europa stand am Anfang einer Krise, die derjenigen glich, welche es siebenhundert Jahre vorher erschüttert hatte, als das große Frankenreich zusammenbrach. Aber Königin Johanna lebte in einer Stille, die nur von Zeit zu Zeit von den Schreien durchbrochen wurde, mit denen sie ihre Kammerfrauen bedrohte, welche bei solchen Gelegenheiten verstört entflohen, weil sie wußten, daß auf die Schreie gewöhnlich Schläge folgten. Wenn Johanna zeitweise aus ihrer tragischen Gleichgültigkeit erwachte, ließ sie sich im Jähzorn gehen und verweigerte jegliche Nahrung. Meistens aber saß sie unbeweglich in ihrem dunklen Gemach und starrte ins Leere. Schweigen umgab sie.

Gewiß sind sechsundvierzig Jahre lang: der langsame Ablauf der Stunden, die zu Jahren wurden, zwischen 1509 bis 1555, zeigte sich sichtbar nur in dem Aufwachsen Katharinas, Johannas letztem Kinde, deren ganze Jugendzeit in diesem traurigen Gefängnis an der Seite einer geisteskranken Mutter verstrich. Ganz allmählich entwickelte sich aus der scheuen Kinderknospe eine junge Mädchenrose. Mit achtzehn Jahren erst verließ Katharina die Burg von

Tordesillas, um mit König Johann von Portugal vermählt zu werden. Vom Fenster aus sah Johanna lange dem Zuge nach, der ihr die Tochter entführte, und es war nicht möglich, sie zu bewegen, das Fenster zu verlassen, von dem sie einen Tag und eine Nacht nicht wich. Die Stille um sie, in ihr wurde noch tiefer.

Zweimal war schon diese Stille durchbrochen worden: zweimal war die Welt von neuem in den geschlossenen Kreis ihres Wahnsinns eingedrungen. Eines Abends hatten einige Personen ihr Gemach betreten, unter ihnen zwei blonde junge Leute, ein junger Mann und ein Mädchen, Unbekannte, die, ehe sie sich ihr näherten, drei tiefe Verbeugungen nach der strengsten spanischen Etikette machten. Der junge Mann hatte auf französisch gesagt: „Madame, Ihre gehorsamen Kinder freuen sich, Sie in bester Gesundheit anzutreffen, und wünschen, Ihnen ihre tiefste Ergebenheit auszudrücken.“ Zwölf Jahre hatte Johanna ihre Kinder Karl und Eleonore nicht mehr gesehen: Karl war siebzehn, Eleonore neunzehn. Ferdinand war am 23. Januar 1516 gestorben und Karl war aus Flandern gekommen, um das Erbe anzutreten. Die Mutter ließ sich umarmen. Ihre Kinder? Aus welchem fernen Reich landeten diese beiden ihr so nah verbundenen Wesen hier an der geheimnisvollen Insel ihres Schweigens und ihres Wahnsinns? Der schlaue Chièvres, Karls Haushofmeister, wußte wenigstens den größtmöglichen Vorteil aus diesem Besuch zu ziehen, indem er erreichte, daß Johanna dem Sohn die Regierung Spaniens übertrug.

Ein andres Mal drangen Männer mit großem Geheul in das Schloß ein. Das Land hatte sich gegen die Herrschaft der Habsburger und gegen die von Karl eingesetzten Beamten, die alle Flamländer waren und Spanien als erobertes Land behandelten, empört; kühne Männer, entschlossen, die letzten Freiheiten des Vaterlandes zu retten, hatten sich an die Spitze der Aufständischen gestellt: Don Juan de Padilla, Juan Bravo und der kriegerische Bischof von

Zamora, Don Luis de Acuña y Osorio, waren die Seele dieses Aufstandes, der in der Geschichte unter dem Namen „Comuneros“ bekannt ist und im Sommer 1520 ausbrach, als Karl V. schon Spanien verlassen hatte, um das Erbe des am 12. Januar 1519 verstorbenen Kaisers Maximilian anzutreten. Als die siegreichen Comuneros in das Schloß von Tordesillas eingedrungen waren, bemühten sie sich, Johanna zu bewegen, die aufständische Bewegung unter ihren hohen Schutz zu nehmen, sagten ihr (was man ihr bis zu diesem Augenblick verheimlicht hatte), daß Ferdinand tot sei, daß sie gekommen seien, sie zu befreien, weil sie ihr allein das Recht der spanischen Herrschaft zuerkennten, baten, flehten, drohten: vergebens. Sie wollte oder konnte nicht auf sie hören. Die Aufrührer mußten abziehen, ohne von ihr eine Unterschrift der Dekrete erhalten zu haben, durch die der Aufstand eine Art Gesetzlichkeit bekommen hätte. Jene Männer, die umsonst versucht hatten, sie aus ihrer tiefen Gleichgültigkeit zu wecken, gingen ihrem tragischen Geschick entgegen, und sie blieb wieder allein. Von neuem schloß sich die Stille um sie.

In den nächsten fünfunddreißig Jahren ihres Lebens wurde ihr Elend täglich größer, als wolle es zeigen, daß es kein Leid gibt, das nicht noch übertroffen werden kann. Karl V., immer zu Pferd auf den Schlachtfeldern, im Kampf mit den Franzosen, den Türken, den Lutheranern, in tapferer Verteidigung des von allen Seiten bedrohten Kaiserreiches, hatte keine Zeit, sich um seine Mutter zu kümmern. Sie blieb in der Gewalt unbarmherziger Wärter, welche durch ihre Mißhandlungen sicher zum endgültigen physischen und moralischen Verfall der Königin beitrugen.

Kurz ehe sie starb, bat ihr Enkel Philipp, der gehört hatte, sie erfülle nicht mehr ihre religiösen Pflichten, zwei Ordensgeistliche, den Jesuiten Francisco de Borja und den Dominikaner Luis de la Cruz, sie zu besuchen. Sie fanden Johanna mit einer einseitigen Beinlähmung und einem mit Pusteln bedeckten Körper vor, deren Grund mangelnde Reinlichkeit war. Die Verrücktheiten, die sie ihnen anvertraute, überzeugten die beiden Mönche von ihrem Wahnsinn, weshalb sie dem Prinzen Philipp erklärten, der Empfang der Sakramente durch die Königin würde ein Sakrileg sein. Übrigens war Pater Luis de la Cruz der Überzeugung, daß die Königin auf Grund ihres Geisteszustandes so weit entfernt von Sünde und Schuld sei, daß sie eher Neid als Mitleid erwecke.

Johanna die Wahnsinnige starb am 12. April 1555 mit 75 Jahren. Eine noch größere Stille schloß sich um ihre Einsamkeit. Sechs Monate später verzichtete ihr Sohn Karl V. auf die Macht, und Philipp II. wurde König von Spanien.

VI.

In der Person Karls V. hat das Schicksal zwei Dinge verkörpern wollen, die beide die Keime eines schnellen Verfalls in sich trugen: ein großes Kaiserreich und eine große Dynastie. Als ein großer Kaiser hatte er das eine und die andre mit aller Kraft verteidigt. Deshalb konnte er, nachdem er den größten Teil seines Lebens auf dem Rücken eines Pferdes zugebracht, friedlich oder kriegerisch nahezu vierzig Expeditionen in die verschiedenen Länder Europas und nach Afrika gemacht, viermal die spanischen Gewässer und achtmal das Mittelländische Meer befahren hatte, im Augenblick der Abdankung vor den Generalstaaten der Niederlande mit völliger Aufrichtigkeit behaupten, er sei niemals „von unmäßigem Ehrgeiz, über viele Länder zu herrschen“ zum Kämpfen getrieben worden. Die Geschichte konnte ihn nicht Lügen strafen. Wer in Karl V. einen Eroberer sieht, beweist, daß er den Charakter dieses Mannes nicht begriffen hat, von dem man sagen kann, daß er, hätten die Ereignisse und die Zeiten es ihm vergönnt, in seinem Ideal kaiserlicher Größe sich nie zur Göttlichkeit Julius Cäsars verstiegen, sondern gerne bei Augustus haltgemacht haben würde. Weniger gebildet und glänzend als Heinrich VIII., der doch immer etwas von einem Emporkömmling an sich hatte, weniger raffiniert als sein großer Rivale Franz I., war Karl V. gradliniger und rechtschaffener als beide Zeitgenossen. Man kann sogar sagen, daß er darin eine Ausnahme unter den Herrschern seiner Zeit bildete. Als sein Großvater Ferdinand der Katholische erfuhr, daß Ludwig XII. sich beklage, er sei dreimal von ihm betrogen worden, antwortete er lachend: „Er irrt sich, es war mindestens zehnmal!“ Dagegen sagte man von Karl V., er habe nie einen seiner Minister verraten oder einen seiner Freunde im Stich gelassen. Der Letzte der ritterlichen Könige, im überlieferten Sinne des Wortes, zwischen Mittelalter und Renaissance gestellt, aber mehr ein Sohn des ersten als der zweiten, war Karl V. besonders geeignet, den idealen Wert zu begreifen, der mit der „allgemeinen europäischen Führerstellung“ (nach einer Definition von Gundolf) verknüpft war, zu der ihn das Schicksal ausersehen hatte. Seine grandiose Vision vom Kaiserreich ging über die beschränkten Grenzen dynastischen Interesses hinaus, das bis dahin die Richtschnur der habsburgischen Politik gewesen war. In ihm, der mit dem absoluten Glauben an den göttlichen Ursprung seines Auftrags geboren war, lebte ein mystisches Gefühl der Macht, das ihn mehr auf die Pflichten als auf die Rechte seiner Stellung sehen ließ. So dankte er wirklich ab, als er fühlte, daß sein kranker Körper verweigerte, sich der harten Zucht zu unterwerfen, welche die Erfüllung seiner Pflichten forderte.

Kaum neunzehnjährig zum Kaiser gekrönt, nach langer Bearbeitung der deutschen Kurfürsten, wobei sich zum erstenmal die Feindseligkeit Franz' I. enthüllt hatte, welcher auch nach der Kaiserkrone strebte, eine Feindseligkeit, aus der Kriege ohne Ende entstehen sollten, hatte Karl V. auf dem ersten Reichstag zu Worms erklärt: „Keine andre Monarchie ist dem Römischen Reich zu vergleichen, dem Jesus Christus selbst gehuldigt hat. Unglücklicherweise ist es heute nicht mehr als der Schatten von dem, was es war, aber ich hoffe, mit Hilfe der Länder und der Verbündeten, die Gott mir verliehen hat, es wieder zur alten Glorie zu erheben.“ Karl V. — der, wenn die Überlieferung wahr ist, von Rabelais in der Gestalt des Habenichts und Händelstifters König Picrochole lächerlich gemacht wurde — wäre also der Don Quijote des sterbenden Kaiserreiches gewesen. Stolz über diese Mission erfüllte ihn: indem er das Reich verteidigte, verteidigte er Europa und das römische Erbe, das die katholische Kirche eingeheimst hatte. In diesem Sinne waren seine Feldzüge gegen die Türken, die in Ungarn eingefallen waren, und gegen die barbarischen Seeräuber, welche die Küsten des Mittelmeers verwüsteten, die bedeutsamsten. Während Franz I. den europäischen Geist verriet und der Idee einer katholischen Einheit, aus der die Kreuzzüge hervorgegangen waren, den Todesstoß gab, indem er sich mit Soliman dem Großen verbündete, dem er noch am Abend der Schlacht von Pavia seinen Ring zum Zeichen der Freundschaft geschickt hatte, weigerte sich Karl V., von der lutheranischen Hilfe gegen Leo X. Gebrauch zu machen, der sich in die Reihe seiner Feinde gestellt hatte. Noch ein anderer Stolz erfüllte Karl V.: die Grenzen des Römischen Reiches ins Unendliche zu erweitern: waren nicht etwa alle Länder, die er regierte, Provinzen des Kaiserreichs? (— auch die überm Meer, in denen die Conquistadores sich durch undurchdringliche Wälder und noch undurchdringlichere Völkerstämme, das Schwert in der Rechten, das Kreuz in der Linken, den Weg bahnten). Sein Großkanzler Mercurino Gattinara, der geschickte Unterhändler jenes Friedens von Cambrai, den man den „Damenfrieden“ nannte, sprach ihm von einer Weltmonarchie, wie es später der Gesandte Cuadra bei seinem Herrn Philipp II. tun sollte; nebelhafte Träume von Politikern, die sich nicht mit dem großartigen Traum Karls V. vergleichen lassen. Zweifellos konnte er nicht begreifen, wie es möglich war, daß das Römische Kaiserreich, eine geschichtliche Tatsache seit der Weihnachtsmesse von 800, während welcher Papst Leo III. Karl den Großen gekrönt hatte, nur noch eine leere Formel war, ein nichtiges Überbleibsel einer für immer überholten politisch-religiösen Idee; er begriff es nicht, aber er wurde von einem Glauben getragen, und darin beruhte seine Stärke: denn, wie Guicciardini sagt: „Wer vom Glauben gestützt wird, hängt sich an das, was er glaubt, und geht seinen Weg mit einer unerschütterlichen Unerschrockenheit und Entschiedenheit, mit Verachtung für Schwierigkeiten und Gefahren und aufs Äußerste gefaßt."

Schon fünf Jahre vor seiner Abdankung hatte es sich Karl V. angelegen sein lassen, dafür zu sorgen, daß bei seinem Abgang von der Weltbühne die Integrität des Reiches nicht berührt würde. Designierter Erbe der Kaiserkrone war sein Bruder Ferdinand, seit 1527 König von Böhmen und Ungarn, seit 1531 römisch-deutscher König. Karl hatte versucht, ihn zu überreden, zugunsten Philipps II. auf dieses Recht zu verzichten und auch Philipp als seinen Nachfolger in der Würde eines römischen Königs anzuerkennen. Alles war vergeblich gewesen: Ferdinand hatte weder für sich noch für seinen Sohn Maximilian auf ein so glänzendes Erbe verzichten wollen.

Darin handelte er auch in Übereinstimmung mit den Kurfürsten, die nicht gewillt waren, den Widersinn einer kaiserlichen Macht im spanischen Zweig der Habsburger unbegrenzt fortbestehen zu lassen; weil sie auch von einem Deutschen regiert zu werden wünschten, von dem man ein größeres Verständnis des deutschen Charakters und der nationalen Bestrebungen erwarten konnte.

Auch Spanien selbst war nicht geneigt, einen Zustand in die Länge zu ziehen, der höchst nachteilig für seine Interessen und beleidigend für seinen Nationalstolz war. Während der Regierung Karls V. war Spanien zu einer Provinz des Kaiserreichs herabgesunken, vielleicht sogar zu der am meisten vernachlässigten. Die Flamländer — denen alle Sympathien des Kaisers gehörten — nannten die Spanier scherzhaft „unsere Indios" — und mit Recht, da „die Indianer den Spaniern nicht so viel Gold einbrachten wie die Spanier den Flamländern."[10] Mindestens fünfmal hatte Karl V. Spanien verlassen und die Regierung in den Händen eines Reichsverwesers lassen müssen: seine kürzeste Abwesenheit hatte neun Monate, die längste vierzehn Jahre gedauert. Insgesamt hatte er 23 Jahre fern von Spanien geweilt. Jetzt wollten die Spanier ebenso wie die Deutschen einen nationalen König. Diese Wünsche wurden befriedigt.

Bei der Abdankung Karls wurde Ferdinand Kaiser, während Philipp Spanien, die Niederlande, Sizilien, Sardinien, die Balearen, Neapel und die amerikanischen Länder erbte. Philipps Anteil war immer noch bedeutend: man konnte noch von einem Reich sprechen, „über dem die Sonne nicht untergeht". Und doch war eine innere Schwäche da, die ein venezianischer Gesandter mit gewohntem Scharfblick aufdeckte: „Die Macht des spanischen Königs", schrieb Filippo Suriano in seiner Relation von 1559, „kann man auf folgende Weise mit der des französischen Königs vergleichen: Der König von Spanien hat viele, aber auseinanderliegende Reiche. Der König von Frankreich hat nur ein Reich, aber es ist geeinigt und gehorsam. Die Untertanen des Königs von Spanien sind reicher, weil es deren viele in Spanien, Flandern und Italien gibt, die dreißig-, vierzig- bis zu zweihundertfünfzigtausend Dukaten jährlicher Einnahmen haben; aber die Untertanen des Königs von Frankreich stehen ihrem König schneller zur Verfügung."

Seit 1559 also wurden die Bruchstellen des ungeheuren Kaiserreichs sichtbar, und die Kräfte, welche zu seiner endgültigen Zertrümmerung beitragen sollten, waren am Werk. Dabei war es noch nicht so lange her, daß Karl V. ins Grab gestiegen war und friedlich hinter dem Hochaltar der Klosterkirche von Yuste ruhte, und dies Reich war sein Erbe.

Aber es gab noch ein anderes Erbe, dessen gleichsam stummes und eindruckvolles Symbol die stille Gefangene im Schloß von Tordesillas war. Hier hatten sich im geschlossenen Kreis der Ehebündnisse zwischen Blutsverwandten die körperlichen und geistigen Schwächen eines zum Untergang verurteilten Geschlechts fortgepflanzt, und damit hatte der rasche Verfall des habsburgischen Familientypus, der in der bedeutenden Persönlichkeit Karls V. seinen Gipfelpunkt erreicht, durch eine lange Reihe von Herrschern vorbereitet, die für den Psychopathologen interessanter sind als für den Historiker.

Karl V. selbst besaß nicht jenes seelische Gleichgewicht, das keineswegs, wie von vielen geglaubt wird, mit Größe unvereinbar ist. In seiner Jugend war er merkwürdig verschlossen und scheu. Sein lebenslustiger Großvater Maximilian machte sich darüber Sorgen und dankte Gott, daß der Enkel wenigstens die Jagd liebe: „Andrenfalls“, sagte er, „könnte das Volk meinen, er sei ein Bastard.“ Als er nach längerer Trennung den apathischen, wortkargen und melancholischen Jüngling wiedersah, betrachtete er ihn mit Verwunderung, fast wie einen Fremden. Wo war der burgundische Frohsinn seines Vaters Philipp geblieben, der sein kurzes Dasein zwischen Bankett und Alkoven verbracht hatte?

Sowohl Karl wie sein Sohn Philipp waren einsame Menschen. Von ersterem sagt Ranke, daß man einen immer wachsenden starken Hang zur Einsamkeit an ihm beobachtete; indem er sich absonderte, gehorchte er einer unbezwingbaren Gewalt, wahrscheinlich der nämlichen, die seine Mutter so lange der Welt entfremdet gehalten hatte. Karl wollte niemand sehen, den er nicht hatte zu sich rufen lassen. In einem schwarz ausgeschlagenen Gemach, das durch sieben Fackeln erhellt war, lag er stundenlang auf den Knien. Als seine Mutter gestorben war, glaubte er zuweilen ihre Stimme zu vernehmen, die ihm rufe, nachzukommen. In ähnlicher Weise floh Philipp, sobald die Regierungsgeschäfte es ihm erlaubten, Madrid und den Hof, um sich in der Einsamkeit zu vergraben; selten hielt er im Sommer öffentliche Empfänge ab; um sich diesen Verpflichtungen zu entziehen, flüchtete er sich in eines seiner Schlösser. In Madrid zeigte er sich selten in der Öffentlichkeit, fuhr fast immer im geschlossenen Wagen und kehrte erst bei Anbruch der Nacht in die Hauptstadt zurück. Natürlich verstärkte sich diese Vorliebe für die Einsamkeit mit dem Alter. Der Großalmosenier Philipps, Don Luis Manrique, machte ihm oft Vorwürfe, daß er sich für seine Untertanen fast unsichtbar mache. „Gott sandte Eure Majestät und alle anderen Könige, die seine Stellvertreter auf Erden sind", mahnte er ihn in einem merkwürdig kühnen Schreiben, „nicht damit sie sich zurückzögen zum Schreiben oder Lesen, zur Versenkung oder zum Gebet, sondern als seine sichtbaren und machtvollen Orakel, zu denen alle Untertanen ihre Augen erheben können!"

Man hat, auf dies und andres gestützt, geschlossen, daß Vater wie Sohn eine ausgeprägte Empfänglichkeit für depressive Störungen des Willens und des Gemütslebens besaßen. Während seines ganzen Lebens gab Philipp Beweise einer Art Apathie und Trägheit, die ihn sehr häufig verleitete, den Ereignissen ihren Lauf zu lassen. Karl V. selbst unterwarf sich lange Zeit dem Willen Maximilians, seiner Tante Margarethe und seiner Minister. Nach dem Zeugnis seines Beichtvaters, García de Loaysa, stritt eine heftige Ruhmsucht in ihm mit der Willenlosigkeit, die sein natürlicher Feind war. Auf Zeiten der Tatkraft folgten Zeiten der Niedergeschlagenheit: in ersteren hielt ihn ein verzweifelter Wille aufrecht, der an Starrsinn grenzte und ihn in ruhmreiche Unternehmungen trieb; und plötzlich verhinderte ihn eine unbezwingliche Teilnahmslosigkeit, den Sieg bis zu den äußersten Möglichkeiten auszuschöpfen. Als nach der Schlacht bei Pavia Franz I. in seiner Macht war, und Gattinara, der in seinem Herrn „le plus grand prince des Chrétiens et mesme celuy que j'avoye tousjours tenu et tiens debvoir estre le monarche du monde"[11] sah, ihn drängte, den größtmöglichen Vorteil aus dieser Lage zu ziehen, gab Karl V. umgehend Befehl, die Feindseligkeiten an den drei Fronten — Italien, Frankreich und den Niederlanden — zu gleicher Zeit einzustellen.

Diese tiefinnerliche Schwäche des Kaisers trat besonders in der Unfähigkeit, seine Triebe zu zügeln, hervor. Die schwerste Sünde Karls V. war die von einem wahren Heißhunger unterstützte Völlerei, die ihn zu einem der ungeheuerlichsten Esser aller Zeiten machte. Seine Ärzte und Ratgeber flehten ihn an, sich zu mäßigen; García de Loaysa machte ihm Vorstellungen, sein Leben gehöre nicht ihm allein, sondern allen seinen Untertanen, er möge wenigstens keine schädlichen Speisen genießen: aber alles war vergeblich. Der Eigensinn, mit dem er seinen ungeheuerlichen Appetit stillte, war so groß, daß Prescott ihn geradezu als einen Charakterzug bezeichnet. Morgens, gleich nach dem Aufstehn, ließ sich Karl einen mit Zucker und Gewürzen in Milch geschmorten Kapaun auftragen; der übrige Teil seiner täglichen Nahrung stand in angemessenem Verhältnis zu dieser ersten Mahlzeit. Die spitzbogige Wölbung seines Gaumens und der unzweckmäßige Bau des Kiefers, der den Zähnen nicht erlaubte, aufeinanderzubeißen, verhinderten ihn, die Speisen zu kauen, so daß er sie in großen Stücken in den weiten Schlund hinuntergleiten ließ. Die Bissen glitten so schnell hinunter, daß der Kaiser gar keinen Geschmack verspürte, wenn es nicht etwas sehr Pikantes war. Deshalb zerbrachen sich seine Köche den Kopf, um immer neue Saucen und neue Ragouts zu erfinden.

Sicher sind die Burgunder, berühmte Esser und Trinker, und die Deutschen, die nach dem Bericht eines venezianischen Gesandten zum Arzt schickten, wenn sie sich nicht zum Trinken aufgelegt fühlten, stolz auf diesen Kaiser gewesen, der ungeheure Aalpasteten verschlang und allein so viel Bier trank wie fünf Personen zusammen. Bier wechselte ab mit starkgewürztem Rheinwein. „Noch nie sah ich dergleichen Trinker!“ rief voller Bewunderung ein Ritter vom Goldenen Vlies, der an einem Bankett teilnahm, bei dem Karl V. den Vorsitz hatte: „Der Kaiser trank niemals weniger als eine gute Pinte Rheinwein in einem Zug!“ Man kann leicht die Folgen einer derartigen Lebensweise erraten: mit dreißig Jahren erlitt Karl V. seinen ersten Gichtanfall, und für den ganzen Rest seines Lebens führte er Krieg mit diesem schrecklichen Feinde. Sogar in der Einsiedelei von Yuste — wo sich die Romantiker einen gänzlich unhistorischen, büßenden Kaiser in härenem Gewand vorzustellen lieben — entsagte dieser seinen verderblichen Gewohnheiten keineswegs. Es wurden ihm aus Flandern Rebhühner geschickt, auf die er versessen war, und die besonders präpariert wurden, damit sie sich auf der langen Reise besser hielten. Wahre Karawanen von mit Vorräten hochbepackten Maultieren, deren Ziel das Kloster von Yuste war, überschritten das Gebirge von Estremadura. Als Karls V. Leiden sich bis zur Unerträglichkeit gesteigert hatten, wurde ihm vergönnt, den großen, schönen, seiner würdigen Tod zu erleiden. Er kämpfte auf seinem Bett wie auf einem Schlachtfeld: alle Leiden, die ihn zu Lebzeiten gepeinigt hatten, Wechselfieber, Gicht, Asthma, Hämorrhoiden, verbündeten sich zum letzten Sturmlauf gegen diesen elenden, gelenklahmen Körper. Ein brennender Durst verzehrte ihn; sein Kopf schmerzte, daß er oft ohnmächtig wurde.

Es war ein schöner Tod, den nur der Tod Philipps, vierzig Jahre später, an Größe und Schrecken übertreffen sollte. Fray Bartolomé de Carranza, Erzbischof von Toledo und großer Ketzerverfolger, wegen der Farbe seines Gesichts „el monje negro“ (der schwarze Mönch) genannt, las das De Profundis und versah jeden Absatz mit gelehrten Erläuterungen; die Dienerschaft vergoß Tränen. Der Kaiser kündigte selbst das Nahen des Todes mit drei Worten an: „Ya es tiempo!“[12] Dann zündete sein treuer Majordomus Luis Quijada eine geweihte Kerze an und gab sie ihm in die Hand; aber Karls Finger, von der Gicht erschreckend verkrümmt, knotigen und gewundenen Rebschossen ähnlich, konnten selbst das leichte Gewicht nicht mehr ohne Hilfe von Quijada halten, der mit seiner gesunden Hand die verkrümmte Faust seines Herrn zusammendrücken mußte. Karl V. starb, den Namen Jesu auf den Lippen. Während seiner letzten Krankheit war er, vielleicht aus Furcht vor dem erblichen Wahnsinn, nicht müde geworden, Gott um die Gnade anzuflehen, ihm seine geistigen Fähigkeiten gesund zu erhalten.

VII.

In der Nacht, die auf den Tod des Kaisers folgte, hielten vier Mönche und der treue Quijada an seinem Totenbett Wache. Der Leichnam ruhte im Schatten des Alkovens hinter geschlossenen Vorhängen. Als der Majordomus einen Augenblick das Zimmer verließ, konnte einer der Mönche dem Wunsche nicht widerstehen, einen letzten Blick auf den toten Cäsaren zu werfen. Der Körper Karls V. zeichnete sich kaum unter dem schwarzen Tuch ab; in der Gegend des Herzens hob sich ein goldnes Kruzifix ab. Das Gesicht, welches noch nicht Leichenfarbe zeigte, erschien merkwürdig ruhig und gelassen, „von jener Seelenruhe, die auf den Kampf folgt“. Der Tod hat dies Gute, daß er immer ein persönliches Drama abschließt, indem er einen Punkt hinter die irdischen Kümmernisse setzt. Aber einer stirbt verzweifelt, der andre ergeben, ein dritter friedlich: so starb Karl V. Ehe er die Augen schloß, hatte er noch erlebt, daß sein alter Feind Frankreich zweimal niedergeworfen wurde: in Saint Quentin von einem jungen italienischen Fürsten, und in Gravelingen von seinem treuen Egmont; dieser doppelte Sieg schien ihm für Spanien eine Bürgschaft des Friedens und der Sicherheit. Von seinem Sohn Philipp hatte er eine gute Meinung und nahm an, er würde ein weiser und unbeugsamer König sein. Was die Ketzerei betraf, so konnte er sich nicht vorstellen, daß Gott nicht dem den Sieg verleihen würde, der für seine Sache stritt.

Bewegte ihn etwa irgendeine Unruhe bei dem Gedanken an einen blassen Knaben, den er nur ein einziges Mal, zwei Jahre zuvor, in Valladolid gesehen hatte, wo er sich auf dem Wege nach Yuste vierzehn Tage aufhielt? Dieses Kind war sein Enkel Don Carlos.

Die von Mignet[13] aus dem unveröffentlichten Manuskript eines gewissen Kanonikus González berichtete und von Prescott übernommene Darstellung, nach welcher Karl V. sich nach dem ersten und einzigen Zusammentreffen mit dem Enkel mißfällig und skeptisch über dessen Zukunft geäußert haben soll, scheint nicht zuverlässig und ist übrigens durch andre, glaubwürdigere Dokumente jener Zeit ausdrücklich dementiert. Erst viel später drang ein Echo der Sorgen, welche alle die beunruhigten, die Gelegenheit hatten, den jungen Prinzen aus der Nähe zu beobachten, auch nach Yuste: 1558 schrieb Don Carlos' Erzieher, Don García de Toledo, mehrere Male an den Kaiser und flehte ihn an, den Enkel für einige Zeit an seine Seite zu rufen. Doch zu jener Zeit löste sich Karl V., von Leiden entkräftet, täglich mehr vom Leben los: dieser Knabe, der ihm zwei Jahre früher an einem kalten Oktobertage vor die Stadt Valladolid entgegengeritten war, in einen pelzgefütterten Schulterkragen gehüllt, der ihm sehr gut stand und ihm etwas Fremdartiges verlieh, „que le parecía muy bien, y parecía Su Alteza estrangero",[14] war eine Vision mehr vor seinem geistigen Auge, vielleicht die blässeste und flüchtigste, wie ein beweglicher Reflex im Wasser, den ein Windhauch trübt und verwischt.

Und doch hatte dieser blasse Jüngling gleich dem verzweifelten Shakespeareschen Prinzen, obwohl in einem andern Sinne, „something dangerous" in sich, etwas Gefährliches. Er war bestimmt, eine der traurigsten Rollen im dynastischen Drama der spanischen Habsburger zu spielen.

Der große nordische Baum, den die listige Politik Maximilians in das dürre südliche Erdreich verpflanzt hatte, trug nur noch wenige und kümmerliche Früchte, von denen ein großer Teil sich, kaum angesetzt, vom Zweige löste, oder auch vor der Reife abfiel und im Schlamm verfaulte. Don Carlos war der Vorbote Philipps III. und Philipps IV., königlichen Marionetten in den Händen frecher Günstlinge, und in noch höherem Maße jenes elenden Karls II., dessen verwüstete und traurige Larve uns aus den Bildern von Claudio Coello und Juan Carreño de Miranda anblickt, dieser Prinz, von dem man mit maßvollem Ausdruck sagte: daß „no hizo más que agonizar en el trono, en tanto que agonizaba la monarquía.“[15]

Alles dies ergibt ein schönes und schreckliches Bild, wie es einige spanische Maler zum Zweck der Erbauung darzustellen liebten; zum Beispiel Valdés Leal, der im Hospital de la Caridad in Sevilla Allegorien, bevölkert mit Skeletten, die Krone und Mitra tragen, gemalt hat; wäre eines dieser Bilder durch Zufall der jungen Johanna von Kastilien vor Augen gekommen, so hätte es sie vielleicht bewogen, Gott auf den Knien um die unendliche Gnade zu bitten, ihren allzu tragfähigen Leib unfruchtbar zu machen.

ZWEITES KAPITEL

Philipp

I.

Spanien, das gegen die Mitte des 16. Jahrhunderts den Gipfel seiner Macht erreicht hatte, traf ein seltsames Schicksal: es mußte nicht etwa sich selbst, sondern die Grundsätze verteidigen, auf denen seine Macht stand, und die von allen Seiten angegriffen wurden. Das Jahrhundert war reich an neuen Gärungsstoffen, unter deren Druck die harte mittelalterliche Kruste nachgab, Sprünge bekam oder, noch häufiger, barst wie die Flanken eines im Ausbruch befindlichen Vulkans unter dem Drang des feuerflüssigen Magmas. Die Völker erwachten zum Selbstbewußtsein, eine noch unbestimmte Sehnsucht nach Selbstbestimmung regte sich in ihnen; und während Macchiavelli die unterscheidenden Merkmale der Nation festlegte (dies Wort in seiner modernen Bedeutung aufgefaßt), arbeitete Luther mit andern Mitteln auf die Emanzipation des Staates hin. Zu gleicher Zeit wie die Völker erhob sich auch der einzelne Mensch zu einem neuen Bewußtsein seiner Möglichkeiten: die Renaissance in Italien, die Reformation in Deutschland gelangten auf verschiedenen und gegensätzlichen Wegen zu dem gleichen Resultat: der Entdeckung der Persönlichkeit; der Mensch wird nach einem Ausdruck von Jakob Burckhardt „geistiges Individuum". So trat an Stelle des Zeitalters der großen Kathedralen das der Plastik und Malerei, an Stelle des kollektiven Werkes das individuelle; und während Luther im Namen des Glaubens das Recht auf Widerstand gegen die kaiserliche Macht bestätigte, mit der Behauptung: „Wenn ein Oberherr tyrannisch, wider Recht handelt, so wird er den Andern gleich; denn er legt damit ab die Person des Obersten, darum verleuret er billig sein Recht gegen den Untertanen, per natura relativorum",[16] entwarf der Mensch der Renaissance in einer ihm eigenen sittlichen Sphäre seine vom Zwang befreite Welt, in der die Götter Hesiods nicht mehr als Luftgebilde, sondern in sterblichen Formen zu wandeln schienen. Der jäh einsetzende Glanz der Künste bedeckte die rauhe Erde mit neuen Blumen; lange Reisen erweiterten täglich die Grenzen der Welt; neue, unermeßliche und mächtige Harmonien schwangen zwischen den Gestirnen, und der Ptolemäische Himmel öffnete sich wie eine ungeheure Kuppel, die sich über den ungeahnten Weiten des Weltalls dreht. Die Menschen hatten das Gefühl eines gewaltigen neuen Werdens: sie schauten erstaunt mit neuen Augen um sich und sahen alles verändert oder im Begriffe, sich zu verändern. Vor diesem unaufhörlichen Wunder öffnete sich ihr Geist subtileren Gedanken, lebhafteren und komplizierteren Gefühlen, neuen, noch unfaßbaren Wahrnehmungen, Träumen von unwahrscheinlicher Kühnheit. Jeder Tag brachte eine geringfügige oder erhabene Entdeckung, und in dieser klaren, entschleiernden Atmosphäre schien alles Geschaffene, vom Grashalm bis zur Wolke, vom verlassenen Stein am Meeresufer bis zu dem einsamen Stern an den Gestaden der Unendlichkeit, die der träge Wellenschlag der Zeit bespült, voller Rätsel, mit einem Geheimnis trächtig, das das Geheimnis des Lebens selbst war.

Zu dieser Zeit suchte das noch von den strengen Strukturen des Mittelalters eingeschnürte Europa das Gleichgewicht herzustellen, das zum erstenmal — es war eine Illusion, die sich 1815 und 1918 wiederholte und sich sicher in der Zukunft wiederholen wird — hundert Jahre später, nach dem Westfälischen Frieden, erreicht zu sein scheint.

All dies bedrohte jene Cäsarentheokratie an den Wurzeln, welche durch die in Bologna im Februar 1530 erfolgte Krönung Karls V., trotz des guten Willens Klemens' VII. und des guten Glaubens des Kaisers, nur äußerlich und in der Form wiederbelebt war. Als kurz vor der Feierlichkeit die Holzgalerie, welche den von Karl bewohnten Palast mit der Kirche San Petronio verband, unter dem außerordentlichen Gewicht des kaiserlichen Gefolges zusammenbrach, legten die Bologneser Klatschbasen dies als eine Warnung der Vorsehung aus und prophezeiten, daß kein Papst fürderhin einen Kaiser krönen würde.

So sah der Geist der Zeit aus. Das Mittelalter brach, nach einem Ausdruck von De Sanctis, über seinen Grundvesten zusammen: den religiösen, moralischen, politischen, geistigen. Montaigne schrieb, die Menschen bedienten sich der Religion wie eines bequemen Werkzeugs zur Befriedigung ihrer niedrigsten Leidenschaften, und ein König sei aus demselben Holz geschnitzt wie ein Schuhflicker. Diese Könige, Kaiser und Kirchenfürsten, welche Dante bei seinem Aufstieg in die geordneten Himmel des Ptolemäischen Systems in unvergänglichem Lichte glänzen sah, fand Rabelais' Epistemon in der Hölle, mit den niedrigsten und gemeinsten Arbeiten beschäftigt, wieder.

Gegen diesen Zustand der Dinge machte Spanien Front. Der Kampf gegen die Reformation, seinen unmittelbaren

Feind, war sein Werk. Es ist nicht Zufall, daß die ersten Maßnahmen zur Bekämpfung der Korruption des Klerus von Hadrian VI. ausgingen, dem den Römern so verhaßten Papst, der einmal Karls V. Erzieher und von 1519—1522 spanischer Regent gewesen war. Das Tridentiner Konzil kam trotz der Winkelzüge Pauls III. nach dem Willen Karls V. zusammen und wurde durch die Hartnäckigkeit Philipps II. zu Ende geführt, der seinerseits durch den flandrischen Feldzug, der zweiundvierzig Jahre dauerte und ihn während seiner Regierung hundertundzehn Millionen Dukaten kostete, und durch den Arm der Inquisition einen ungeheuerlichen Versuch zur Unterdrückung der Ketzerei unternahm.

So entzog sich Spanien durch einen natürlichen Prozeß der Selbstabschließung dem erfrischenden und belebenden Luftzug des neuen Zeitalters. Im Rom der Renaissance standen die Landsknechte Frundsbergs und des Konnetabel von Bourbon, die die Stadt verwüstet hatten, noch in lebhafter Erinnerung. Die Plünderung Roms war, wie Unamuno sagt, „die Strafe der Vorsehung für die Stadt der heidnischen Päpste, der heidnischen Renaissance“[17] gewesen. Historisch stimmt das nicht genau; denn die Ursachen, die zu jenem verhängnisvollen Mai 1527 führten, gehören zu denen, die sich menschlicher Kontrolle entziehen; aber sicher ist, daß die Haltung des katholischen Spanien gegenüber dem Rom der Renaissance immer offenkundig eine drohende war. Diese Haltung entsprach der eisernen historischen Logik einer Nation, in welcher sich das Mittelalter bis ins 15. Jahrhundert hinein in seiner bezeichnendsten Form, dem Kreuzzug, verzögert hatte. Acht Jahrhunderte lang hatte Spanien beständig gegen die auf seinem nationalen Boden lebenden Ungläubigen Krieg geführt. Der Kreuzzug war ihm nicht ein Abenteuer auf fremder Erde gewesen, sondern ein Befreiungskrieg, der auf seinem Banner das Kreuzeszeichen, den kastilischen Löwen und die roten Sparren Aragóns vereinte. Alfons III., der Toledo den Arabern entriß, Jakob I., der Eroberer von Valencia und Mallorca, Ferdinand III., der die Mauren aus Murcia und Sevilla jagte, Isabella, die sie zur Übergabe von Granada zwang, — sie alle waren zugleich Nationalhelden und Glaubenshelden. Dieser permanente Kriegszustand gegen die Feinde der Kirche Christi und die offenkundige Gunst, die Gott den Kräften all derer verlieh, die das Schwert in der Faust für seinen Ruhm stritten, hatten mächtig auf die Charakterbildung des spanischen Volkes eingewirkt, welches, es sei ein für allemal gesagt, eines der kompliziertesten Völker Europas ist, ebensoweit entfernt vom lateinischen Geist wie dieser vom russischen. Der Kampf gegen die Mauren stärkte den Glauben der Spanier, aber auf Kosten des Geistes. In gleichem Maße, wie der Feind zurückwich, wuchs die Überzeugung, im Schutze einer besonderen göttlichen Gunst zu leben, in der Seele der Kämpfenden ins Gigantische. Diese langsame, aber sichere Zurückeroberung deuchte alle ein dauerndes Wunder. Zuletzt erschien Spanien die Entdeckung der Länder überm Meer mit ihren unbegrenzten Möglichkeiten eine gerechte Belohnung für jene acht Jahrhunderte unablässigen Kreuzzuges, eine Belohnung, die aber auch Verpflichtungen auferlegte; unter anderm: die zahllosen wilden Völkerstämme der Neuen Welt für die christliche Religion zu gewinnen. Kaum war also der Kreuzzug in Spanien beendet, setzte er jenseits des Ozeans ein. Wie hätte sich aber Spanien angesichts dieser fortdauernden Beweise einer wirksamen göttlichen Gunst der Gefahr entziehen können, sich für die auserwählte Nation zu halten? Dazu trieb sie schon allein der Nationalstolz, der ungeheuer groß war, da er sich aus der Summe einiger Millionen persönlicher stolzer Gefühle zusammensetzte.

Dies Wort „spanischer Stolz" ist hier nicht, wie man meinen könnte, ein Gemeinplatz, sondern eine hergebrachte Wahrheit. Alle Schriftsteller, die über die Spanier in ihrer Glanzzeit zu schreiben hatten, erwähnen diesen Stolz:

„Seht die Spanier an“, schreibt Castiglione, „welche Meister der höfischen Lebensart genannt werden; wieviele findet ihr nicht, die gegen Frauen sowohl als Männer äußerst anmaßend sind“; Guicciardini versichert, die Spanier seien „hochmütig von Natur, und sie glauben nicht, daß irgendeine Nation sich mit der ihren vergleichen könne“. Tassoni spricht von ihrem Prunk und ihrer Überheblichkeit, und Brantôme beschreibt die Soldaten der berühmten spanischen „tercios“, die auf den Straßen Madrids flanieren, „braves et en poinct comme princes, portans leurs espées hautes, les moustaches relevées, les bras aux costés.“ [18] Der venezianische Gesandte Paolo Tiepolo schreibt in seiner Relation von 1573: „In Spanien hält sich der Bauer für einen Stadtherrn und geht in seinen Mantel gehüllt aufs Feld, läßt auch seine Frauen in städtischen Kleidern herumlaufen, mit Schuhen und Hüten; der Handwerker kleidet sich wie ein Edelmann und Kavalier, trägt seidene Stoffe und gürtet sich das Schwert um: so gekleidet und im Mantel arbeitet er in der Werkstatt; der Edelmann und der Kavalier geben sich für Fürsten aus, weshalb sie in der Kleidung, im Geldausgeben und in der würdevollen Haltung niemandem nachstehen. Der Fürst möchte für einen König gehalten werden und erweckt auch den Anschein eines solchen durch seinen Hofstaat und den äußeren Pomp. So übertrifft diese Nation alle andern in der Kunst des Scheines und den Zurschaustellungen ihrer Größe; denn darauf legt sie vor allem Wert.“

Dieser Stolz, der sich in einer unerträglichen Arroganz nach außenhin bekundete, war Spaniens Stärke und Schwäche: seine Stärke, weil, wie ein südamerikanischer Schriftsteller bemerkt, der Stolz es war, der Spanien in verzweifelte Unternehmungen mit unzulänglichen Mitteln hineintrieb, weil vor den unwahrscheinlichsten Wagnissen „fué la arrogancia española la que todo desafió“;[19] seine Schwäche, weil dieser Stolz einen rasenden Individualismus entwickelte — dessen Ursache Hume im afrikanisch-semitischen Ursprung der iberischen Rasse zu finden glaubt[20] (der „Same der Juden und Mauren“ sagte Paul IV. von den Spaniern), ein Individualismus, der wie eine Zentrifugalkraft wirkte und noch immer wirkt und zu allen Zeiten jeden Versuch, aus den Spaniern ein einziges Volk zu machen, vereitelt hat. Gegen diese auflösende Tendenz war nicht einmal das wirksam, was Blanco-Fombona „die ausstrahlende und anziehende Kraft der kastilischen Persönlichkeit“ nennt, nicht einmal der heldenmütige Wille Isabellas. Zur Zeit der Katholischen Herrscher, schreibt Hume, „haßten die Kastilianer die Aragonesen, die Katalanen verabscheuten die Kastilianer, die Navarresen wollten weder mit der einen noch mit der andern dieser Nationen etwas zu tun haben“. Das einzig Verbindende war der Glaube, der katholische Glaube, der das ganze Volk bewogen hatte, acht Jahrhunderte lang gegen die Mauren zu Felde zu ziehen, ein Glaube, der gerade aus dem dauernden Kontakt mit einer so glühenden und exklusiven Religion wie der muselmanischen als spezifische Züge den Fanatismus und die Intoleranz übernommen hatte. Alles dies erklärt auch, wie die Religion in Spanien schließlich (nach einem Ausdruck von Blanco-Fombona) als „vaterländischer Faktor“ betrachtet wurde; wie „die eigentümliche Grausamkeit, der individuelle Stolz, eine durch phantastische geistliche wie weltliche Fabeln genährte lebhafte Einbildungskraft und die Liebe zum mühelos erworbenen Reichtum, wie sich alles dies unter der segensreichen Regierung Isabellas und der Kirche verband, um die Spanier, als Rasse, zu unermüdlichen Verfolgern aller derer zu machen, die es wagten, anders zu denken als sie“.[21] Die Spanier redeten nicht über Theologie, sie verteidigten sie; sie waren die „berittene Theologie“. Nichts ist weniger spanisch als die spekulative Leidenschaft, die der Grundzug eines Luther und im allgemeinen der Männer des Nordens ist. Katholischer als der Papst, nahmen die Spanier die Religion in Bausch und Bogen hin, ohne sie zu analysieren; sie glaubten einfach, weil glauben eine physiologische Funktion für sie war, und ebenso notwendig zum Leben wie das Atmen. Daraus folgte, daß der, welcher nicht glaubte, in ihren Augen ein der schlimmsten Strafen würdiges Scheusal war: die „autos de fe“ (die — man darf es nicht vergessen — weder eine Erfindung noch ein Vorrecht Spaniens waren) bildeten den verhängnisvollen Endpunkt einer gradlinigen, bis zu den äußersten Konsequenzen durchgeführten Logik — der einzigen, deren dieses Volk fähig war. In dieser selben Zeit scheute sich Montaigne, der an allem zweifelte, nicht, zu schreiben, daß das Verbrennen eines Menschen, weil er anders denkt als wir, die Wichtigkeit unserer Vermutungen merkwürdig überschätzen heißt; aber die Spanier waren ebensowenig imstande, die Ironie dieses Ausspruchs zu begreifen, wie der spanische Nationalheld Don Quijote (in Spanien kommt alles von Don Quijote und endet bei ihm) imstande war, die verständigen Erörterungen des Pfarrers und des Barbiers zu verstehen. Aber Don Quijote wäre nicht mehr Don Quijote gewesen, wenn er begriffen hätte: sein Heroismus atmet nur in einer Atmosphäre von Verständnislosigkeit. Als er im Augenblick des Todes seine ganze Vergangenheit verleugnet und sich als „enemigo de Amadís de Gaula y de toda la infinita caterva de su linaje“[22] erklärt, ist er nur mehr ein armer Teufel ohne Bedeutung. Das ist Spanien: als es sich auf Grund seines politischen und militärischen Verfalls außerstande gesetzt sah, der Welt seine Lebensanschauung aufzunötigen und aus seinem langen mittelalterlichen, von flammenden Scheiterhaufen erhellten Traum erwachte, wurde es gewahr, daß es nichts mehr bedeutete.

II.

Wenn man den Verfall von Nationen verfolgt, erkennt man mehr als bei irgendwelchen anderen Ereignissen die Wahrheit der Behauptung Guicciardinis, daß „alle Dinge, die nicht durch heftige Gewalt, sondern an Auszehrung zugrunde gehen müssen, ein viel zäheres Leben haben, als man im Anfang glaubte“. Tatsächlich machte in der Mitte des 16. Jahrhunderts der spanische Koloß noch immer eine prächtige Figur in der europäischen Arena. Es mußte noch mehr als ein halbes Jahrhundert verstreichen, ehe Tassoni mit einigem Anschein von Wahrheit schreiben konnte: „Vor wem fürchten wir uns? Die Monarchie, die einst einen so widerstandsfähigen Körperbau hatte und jetzt in dem langen italienischen Müßiggang und in der moralischen Fieberatmosphäre Flanderns die Schwindsucht gekriegt hat, ist ein Elefant mit der Seele eines Hühnchens, ein Blitz, der blendet, aber nicht erschlägt, ein Riese, dem die Arme mit einem Faden gefesselt sind.“ Sicher besaßen solche Worte in jenem Augenblick mehr polemische Kraft als historische Genauigkeit. Die „Filippiche contra gli Spagnuoli“ des modenesischen Schriftstellers stammen aus dem Jahre 1615; aber erst 1643 versetzte Condé in Rocroi dem militärischen Prestige Spaniens den endgültig entscheidenden Schlag. Aber das war schon das Spanien des unkriegerischen Philipp IV.; das Spanien des finsteren Olivares, des erpresserischen Ministers, ein ausgeblutetes, erledigtes Spanien, unfähig, den Feinden von außen und den Rebellen im Innern Widerstand zu leisten.

Doch in der zweiten Hälfte des 16. Jahrhunderts besaß Spanien in Philipp II. seinen letzten großen König, einen König, der seine Tugenden und Fehler fast paradigmatisch in sich vereinigte. Wie man sah, hatte Spanien während der Regierung Karls V. unter der fast ständigen Abwesenheit des Herrschers und unter seiner schlecht verhehlten Zurücksetzung im großen Organismus des Kaiserreiches gelitten. Der Krieg der „Comuneros“ war nichts anderes als ein ungestümer nationaler Protest gegen einen Herrscher, der die spanische Politik aus dem Flußbett abzog, in welches das Katholische Herrscherpaar es geleitet hatte, und sie in das stürmische Meer der europäischen Intrigen und Rivalitäten münden ließ. Philipp II. dagegen nahm das Werk genau an dem Punkte auf, wo es Isabellas tapferen Händen entfallen war. Darin war er ausgesprochen spanisch, und nicht nur darin, sondern auch in seinem zeremoniösen und übertrieben förmlichen Benehmen gegen alle, die sich ihm näherten. Der venezianische Gesandte Filippo Suriano berichtet, daß Philipp, als er das erstemal Spanien verließ und auf dem Wege über Italien und Deutschland nach Flandern ging, überall den Eindruck eines strengen und unzugänglichen Charakters machte, weshalb „er den Italienern wenig angenehm, den Flamländern äußerst unangenehm und den Deutschen verhaßt war". So war Philipp also von allem Anfang an in augenfälligem Nachteil in dem Wettrennen um Popularität, um die sich in jenen Jahren die europäischen Herrscher stritten, und in dem sein Vater trotz allem immer als Erster gesiegt hatte.

Doch muß man jetzt schon sagen, daß Philipp in keiner Weise bei seiner Regierung mit Popularität rechnete. Außerdem wurden durch diese Eigenschaften und Fehler, die ihn in seinen andern Reichen unbeliebt machten, die Bande zwischen ihm und Spanien nur fester geknüpft. Er kannte seine Spanier gut, wußte, daß nur eine eiserne Hand sie zusammenhalten konnte, und regierte im Einklang mit dieser Einsicht. Als ihm eines Tages der Erzbischof von Sevilla auf Grund der Berichte aus Beichtstühlen mitteilte, daß seine Untertanen unzufrieden mit ihm und seinem strengen Regiment seien, antwortete er: „Wenn ihre Zungen so lose sind, muß man ihnen mit um so mehr Grund die Hände binden." Doch trotz dieser Strenge war die Verbindung zwischen ihm und seinem Volk bedingungslos; die Ideale und Glaubensschwärmereien, die im Gehirn des geringsten seiner Untertanen spukten, fanden in seinem königlichen Geist eine höhere Sanktion. Führte nun ein großes Unternehmen — der Krieg gegen die Türken oder gegen das schismatische England — diese Ideale und Glaubensschwärmereien zu neuem Glück, so betete das ganze Spanien mit seinem König. Diese Beteiligung des spanischen Volkes an der königlichen Tat blieb auch keineswegs im platonischen Bereich des Gebetes; als einmal die Staatskassen leer waren, machte ein Theatinermönch, Bartolomé Sicilia, Philipp den Vorschlag, er wolle von Tür zu Tür gehen und „la caridad por el Rey“[23] erbitten. Philipp nahm den Vorschlag an, und alle Spanier, vom „hidalgo“ bis zum „labriego“, spendeten dem König ihr Scherflein.

Diese Verbindung zwischen König und Volk wurde besonders auf dem Gebiet der Religion und damit der Ketzerverfolgungen zur Wirklichkeit. Karl V. war der Glaubensstreiter gewesen: als noch der Heilige Stuhl über Luther lachte und der Kardinal Caietani nach einer Zusammenkunft mit dem Reformator nach Rom schrieb: „Che bestia!“, hatte der Kaiser als erster begriffen, welche Kraft hinter dem „plumpen, übelriechenden deutschen Mönch“ steckte, und hatte sich entschlossen erklärt, die heilige Sache des katholischen Glaubens, wenn nötig, um den Preis seiner Besitzungen, seiner Freunde, seines Blutes, seines Lebens und seiner Seele zu verteidigen. Aus Yuste, vom Totenbett aus, hatte er seinem Sohn die Verpflichtung auferlegt, alle Ketzer in seinen Staaten aufzuspüren und zu strafen, ohne Ausnahme, ohne Gnade oder Mitleid; die Heilige Inquisition als wirksamstes Werkzeug, das ihm zu einem so verdienstvollen Zweck zur Verfügung gestellt war, zu unterstützen; denn, so hatte Karl geschlossen, „wenn Ihr dies tut, so habt Ihr meinen Segen und der Herr wird alle Eure Unternehmungen schützen“.

Die Ermahnung fiel auf guten Boden: Philipp schuf Spanien zur Trutzburg der katholischen Kirche und gab ihr die Inquisition als Besatzungstruppe, so daß diese, während sie in den andern Ländern an Macht verlor, in Spanien den Höhepunkt ihrer Macht erreichte. Trotzdem würde man einen groben Fehler begehen, wenn man auf Grund der Überlieferung sich einen von den Priestern abhängigen und dem Willen des Großinquisitors hörigen Philipp II. vorstellen würde. Die Inquisition war in Philipps

Händen ein machtvolles Werkzeug der Regierung, dessen er sich nur zur Erhöhung der Religion bediente. Im philippinischen Spanien war der Klerus eine Miliz im Dienste des Königs. Deshalb konnte Paul IV. mit Recht Philipp einen Ketzer und Schismatiker nennen. (Man darf jedoch nicht vergessen, daß 1557 dieser Papst, als Verbündeter Heinrichs II. und der Türken gegen Spanien, der Bedrohung durch eine zweite Plünderung Roms von seiten des Herzogs von Alba entgegengesehen hatte.)

Wie dem auch sei, die Lage Spaniens unter Philipp II. war dem Heiligen Stuhl gegenüber zum mindesten eigenartig. Man kann sagen, daß es Philipp, der es keineswegs zu einem vollständigen Bruch mit Rom kommen ließ und auch nicht von jenen äußerlichen Bezeugungen seiner Achtung und Ergebenheit absah, auf welche der Stuhl Petri von seiten eines katholischen Herrschers Anrecht hatte, in gewisser Weise gelang, die Vereinigung weltlicher und geistlicher Macht in seinen Händen zu verwirklichen, indem er eine von einem Laien, dem König, geleitete Theokratie schuf und einen merkwürdigen Kompromiß zwischen dem rein religiösen und rein monarchischen Gedanken schloß. Darin hatte er die Zustimmung des spanischen Klerus, dessen separatistische Tendenzen sehr weit in die Vergangenheit zurückgingen. Zur Zeit Isabellas und Ferdinands hatte der Kardinal Cisneros mit der Schaffung einer spanischen Nationalkirche mit souveräner und unabhängiger Verwaltung geliebäugelt; und um Rom zu verstehen zu geben, daß Spanien nicht vor dem Schisma zurückschrecken würde, hatte er den alten „rito mozárabe" wieder ausgegraben, der aus dem „oficio gótico" stammte und sich lange Zeit der Verbreitung des „rito romano"[24] in Spanien entgegengestellt. Eine Kapelle der Kathedrale von Toledo, in der dreizehn Priester den Altardienst versahen, war das Heiligtum, dem Cisneros die Aufgabe anvertraute, den religiösen Ritus der Vorväter der Vergessenheit zu entreißen. Das Schisma kam nicht zustande, da zu allen Zeiten die Päpste vermieden, es entscheidend mit einer Nation zu verderben, die sie trotz allem als ihr stärkstes Bollwerk betrachten mußten; aber die königliche Macht bestätigte und bewahrte sich gewisse Vorrechte, unter denen eines der wichtigsten die Ernennung der geistlichen Würden war, die Spanien eine Vorzugsstellung gegenüber den anderen katholischen Staaten einräumte. Während des Tridentiner Konzils nahmen die spanischen Bischöfe eine sehr selbständige Haltung gegenüber dem Heiligen Stuhle ein, indem sie sich auf den unmittelbar göttlichen Ursprung des bischöflichen Amtes beriefen, daran erinnerten, daß Papst und Bischöfe Brüder seien, Söhne einer Mutter, der Kirche, und behaupteten, der Papst sei nur aus praktischen Zwecken einer guten Verwaltung zu ihrem Oberhaupt ernannt. Man versteht, daß eine solche Anschauung, welche die Wurzeln des päpstlichen Absolutismus unterhöhlte, von der römischen Kurie nicht anders als zurückgewiesen werden konnte. Dennoch wurde die theoretisch verneinte Unabhängigkeit des spanischen Klerus in Wirklichkeit kraft der Unterwerfung des gleichen Klerus unter den allmächtigen Willen Philipps II. erfüllt. An der Spitze dieser geschlossenen geistlichen Heerscharen, die, mit furchtbaren theologischen Voraussetzungen bewaffnet, von der Überzeugung bewegt wurden, sich ein Verdienst in den Augen Gottes zu erwerben, trieb Philipp II. den Kampf gegen die Ketzerei, zu dem ihn sein Vater verpflichtet hatte, „a manera de venganza corsa“.[25] Während auf allen Plätzen Spaniens Scheiterhaufen brannten, versuchte in Flandern der Herzog von Alba als kaltherziger Chirurg, das Krebsgeschwür im lebenden Fleisch des Volkes mit Eisen und Feuer auszubrennen; die Blüte des flamländischen Adels ließ das Haupt auf dem Schafott; Philipps Gewissen war ruhig; denn dieses Gewissen wurzelte tief in seinem Glauben, dessen Aufrichtigkeit sich oft in den unerwartetsten Handlungen kundtat; der venezianische Gesandte Giovanni Soranzo erzählt uns: „Als sich Seine Majestät in Monzón bei den Cortes befand und sich eines Tages zu Pferde an den Ort begab, wo jene tagten, begegnete er dem Allerheiligsten Sakrament, das gerade zu einem Kranken getragen wurde; er stieg sofort ab und gab ihm, den Hut in der Hand, das Geleit.“ Später, als das Leiden dem König das Gehen erschwerte, bat er, wenn er einem Priester begegnete, der einem Kranken das Viatikum brachte, seinen Sohn, den zukünftigen Philipp III., an seiner Stelle die fromme Handlung zu erfüllen. In den Jahren, wo der gewaltige Bau des Escorial — das San Lorenzo zur Erinnerung an den Sieg von Saint-Quentin geweihte Kloster — sich langsam aus den Felsen der Guadarrama erhob, eilte Philipp, sobald die Regierungsgeschäfte es ihm erlaubten, zum Besuch seiner Mönche, die sich in Erwartung des ihnen vom König versprochenen prächtigen Klosters mit einem bescheidenen Bauernhaus begnügten, so eng, daß sie sich kaum darin rühren konnten.

In diesem Hause diente ein kleiner Raum als provisorische Kapelle. Ein Kreuz war mit Kohle auf die weißgetünchte Wand gezeichnet. Philipp erschien dort oft plötzlich mit einem einzigen Begleiter und hörte die Messe auf einer unbehauenen, mit einem Taschentuch bedeckten Bank kniend an. Der Raum war so eng, daß die Füße des Mesners des Königs Knie streiften. Dieser hatte sich zum Schlafen ein Kämmerchen unter dem Chor der kleinen Kapelle einrichten lassen. Er hatte offensichtlich den Wunsch, ein Leben dem seiner Mönche ähnlich zu führen, „als ein Mensch, der weiß, daß er nicht würdig ist, auf dem Boden zu leben, auf den die Diener Gottes treten“.

Was anderes suchte wohl Philipp II. in der mönchischen Abgeschlossenheit des Escorial, wenn nicht das zeitweise Vergessen einer zu schwer wiegenden Aufgabe, die er wie eine Pflicht auf sich genommen hatte? Man kann sich des Gedankens nicht erwehren, daß er ohne dieses innere Pflichtgefühl, wie schon sein Vater, auf die Herrschaft der Welt verzichtet haben würde. Im Escorial fand sein tief religiöses

Herz in der täglichen strengen Befolgung seiner Pflichten als Christ den Frieden jenes „tiefen Meeres", von dem Katharina von Siena spricht: „Ich lade Euch ein, in ein tiefes Meer, in ein Meer des Friedens, durch diesen Geist glühender Barmherzigkeit einzugehen." Von einer tief leidenschaftlichen Frömmigkeit beseelt, liebte er auch die Liturgie der katholischen Kirche: er liebte es, lange Zeit im Chorgestühl zu sitzen und bei der Frühmesse oder Vesper dem Psalmodieren der Mönche zu lauschen, neben sich ein Zeremoniale und ein Pontifikale. Bemerkte er, daß ein Abschnitt übersprungen wurde, so benachrichtigte er den Prior davon. Nicht umsonst gehörte er einer Rasse an, die den Rosenkranz erfand, um dem Gebet eine fast beklemmende Beharrlichkeit zu geben. Hier, im Gestühl sitzend, überraschten ihn zwei der wichtigsten Nachrichten seiner Regierung: der Sieg von Lepanto und die Zerstörung der „Armada Invencible": weder das erste noch das zweite Mal ließ er die heilige Handlung unterbrechen. Beide Unternehmungen waren Gott dargeboten worden, bildeten einen Teil des langen Kampfes, den Philipp sich zu kämpfen auferlegt hatte und wirklich fast ein halbes Jahrhundert gegen die Feinde der Religion führte.

Gott hatte das erste Opfer angenommen und das zweite zurückgewiesen. Es blieb nichts übrig, als niederzuknien; denn die Wege Gottes sind unerforschlich, und es steht den Menschen nicht zu, sie ergründen zu wollen. Sicher ist, daß Philipp — nuestro gran Felipe, wie ihn Baltasar Porreño und Miguel de Unamuno nennen — so aus der Nähe gesehen, ohne die legendären Entstellungen, die von gewissen Historikern, erst protestantischen, dann vorgeblich liberalistischen, gesammelt und bekräftigt wurden, daß dieser Mensch an Größe gewinnt, Bewunderung einflößt und als der erscheint, der er in Wirklichkeit war: der mystische Paladin eines absolutistischen Prinzips, das ihm heilig war.

III.

Im Kampf gegen die zersetzenden Kräfte, den das Jahrhundert mit sich brachte, zeigte sich Philipp erbarmungslos. Er war überzeugt, daß es nur eine Art des Regierens gebe: die starke Hand. 1563 schrieb er an seinen Gesandten in Paris: „Ningún rey podría gobernar sus vasallos con poder limitado.“[26] Seine vielen Länder waren reich an demokratischen Einrichtungen und Privilegien an ihn gekommen, an denen sich Karl V. mehr als einmal während seiner Regierungszeit gestoßen hatte. Badoero erzählt, daß, als Karl zum erstenmal durch Aragón kam, „die Quartiermacher nicht wagten, für irgend jemand des Gefolges Quartier zu bestellen, weil alle Einwohner, sogar die Frauen, sich wehrten und sagten, sie hätten keine Macht, es zu tun; und einer wagte sogar, den Namen des Herzogs von Alba zu streichen, des obersten Majordomus des Kaisers und Königs“, und er fügt hinzu: „Die Leute dort pflegten zu sagen, daß, wenn man nur nicht gegen Gott spricht, man doch gegen den König sprechen kann, mit dem sie vorgeben, nichts mehr zu tun haben zu wollen, nachdem sie gezahlt hätten, wozu sie verpflichtet waren.“ Die Privilegien der Cortes von Aragón waren so groß, daß die Königin Isabella hoffte, das Land würde sich dagegen empören, damit Ferdinand einschreiten und Gesetze, die für ihn am günstigsten wären, auferlegen könnte. Die Schwurformel der Cortes von Aragón auf den Thronerben war nach dem Bericht des venezianischen Gesandten Giovanni Soranzo folgende: „Wir, die wir Ihnen ebenbürtig sind, schwören Ihnen, der nicht mehr ist als wir, als Fürsten und Erben unseres Reiches, Treue, unter der Bedingung, daß Ihr unsre Gesetze und unsre Freiheit schützt; andernfalls wir Euch nicht Treue halten werden.“ Die Sprecher der Cortes scheuten sich nicht, in oft geschraubten und schwülstigen Ausdrücken ihren Königen Lektionen zu erteilen und sie zu mahnen, daß „no es pot observar lo regne sense observança de llei“ und daß „aldre és lo que s’esguarda al princep de justament ordonar, declarar e definir per interés dels vassals; aldre lo que los súbdits són tenguts d'obeir e inviolablement observar."[27] Burgos besaß das Privileg, dem König nicht die Tore der Stadt öffnen zu brauchen, ehe dieser nicht eidlich versichert hatte, die Gesetze der Stadt nicht antasten zu wollen. Überdies war, wenn man einem sehr bissigen spanischen Schriftsteller Glauben schenken darf, das juristische Ideal jedes Spaniers aller Zeiten dieses: „ein gestempeltes Papier in der Tasche zu tragen mit einem einzigen, in folgendem kurzen, klaren und niederschmetternden Wortlaut abgefaßten Leitsatz: Dieser Spanier ist ermächtigt, zu tun, was er will."[28]

Vom Recht auf Kritik wurde zwanglos Gebrauch gemacht. Man erzählt sich zum Beispiel, daß Karl V. eines Tages, während eines seiner kurzen Besuche in Spanien, unterwegs einen Bauern traf, der ihn für einen Privatmann hielt und ihm seine Gedanken über die kaiserliche Steuer und den Schaden, den die Abwesenheiten des Kaisers dem Lande zufügten, vortrug. Auch als dem Bauern schließlich die Identität des Fragestellers aufging, nahm er nichts von dem Gesagten zurück, sondern erklärte, hätte er gewußt, daß er mit dem Kaiser persönlich spräche, so hätte er die Dosis noch verdoppelt, worüber Karl V. sehr lachen mußte.

Auch außerhalb Spaniens lagen die Dinge nicht viel anders. In Sizilien, schreibt Ranke, herrschte beständiger Kampf zwischen der Königsmacht und den Rechten der Stände. Dasselbe kann man von den Niederlanden sagen, die, als sie in den Besitz des Hauses Österreich kamen, „die gleichen Gesetze behielten, die sie unter der Herrschaft der Herzöge von Burgund gehabt hatten, und sie ertrugen nur so viel Abgaben, als ihnen gut dünkte, sich selbst aufzuerlegen" (nach dem Bericht des venezianischen Gesandten Antonio Tiepolo). In Flandern, Holland, Seeland und Friesland war noch jenes Recht in Kraft, das Maria von Burgund 1479 verliehen hatte, „de refuser l'obéissance au prince, s'il enfreignait les franchises des sujets."[29] In Gent wurde der Wortlaut der Privilegien in einem Turm verwahrt, und die Stadt empörte sich mehrere Male, um diese Privilegien zu erhalten, bis Karl V. sie niederzwang und unnachsichtlich bestrafte.

Philipp II. machte diesem Stand der Dinge ein Ende: während seiner Regierung verloren die Cortes ihre Macht; Privilegien und Sicherungen wurden zu toten Buchstaben. Nach der Erhebung der aragonischen Provinzen im Jahre 1591 kamen auch die Privilegien der alten Regierung von Aragón, die sich am längsten erhalten hatten, an die Reihe, und wurden, wenn nicht aufgehoben, so doch sehr beschnitten. Die Mitglieder des stolzen spanischen Adels sanken zu einer rein dekorativen Funktion herab, so daß ein florentinischer Gesandter von ihnen sagen konnte, „wenn zur Zeit Karls V. einer von ihnen hinreichend und wagemutig gewesen war, ihm Reiche und Hof wegzunehmen, genügt heute der Schatten eines Alguacil, sie auseinanderzusprengen und in die Flucht zu jagen".

Philipp gelang es, dem Absolutismus seine starrste Form zu geben, und man kann ohne Übertreibung sagen, daß im Europa des 16. Jahrhunderts Spanien denselben Platz einnahm, den Österreich im Europa des 19. Jahrhunderts einnehmen sollte.

IV.

Man hat gesagt, daß Philipp erbarmungslos war; aber waren es die Zeiten etwa weniger? Die Historiker haben Aussprüche dieses Monarchen gesammelt, die mehr als unbarmherzig, die unmenschlich sind. Er behauptete zum Beispiel, daß es wichtiger sei, hunderttausend unschuldige Menschenleben zu opfern, als eine einzige verdammte Seele zu schonen. Als er gleich nach seiner Rückkehr nach Spanien, nach dem Frieden von Cateau-Cambrésis, im Oktober 1559, einem „auto de fe" beiwohnte, und Don Carlos de Sessa, der Abkömmling einer vornehmen italienischen Familie, der sich unter den Verurteilten befand, ihm zurief:

„Wie können Sie als ein so hoher Edelmann erlauben, daß ich verbrannt werde?" war Philipps grausame Antwort: „Yo traería leña para quemar a mi hijo,si fuere tan malo como vos."[30] Im Verlaufe des gleichen „auto de fe" stellte der Erzbischof von Zamora die feierliche Frage an den König, ob er bereit sei, bei dem Heiligen Kreuze Christi zu schwören, er werde der Inquisition jede nötige Unterstützung gegen die Ketzer und Abtrünnigen gewähren, worauf der König das Schwert hob und zur Antwort gab: „Ich schwöre es!"

Unmenschliche Worte und Schwüre, wiederhole ich; aber sie waren der Ausdruck eines tief innerlichen Glaubens an ein höheres Gesetz, das zu kritisieren den Menschen nicht zustehe, eines Glaubens, der Philipp zu dem Ausspruch veranlaßte, er wolle lieber seine Reiche verlieren, als sie mit der Ketzerei besitzen.[31] Diesen Mann mit dem Maß unseres modernen Denkens zu messen, wäre sinnlos. In der Epoche Philipps II. stand ein unheimlicher Feuerschein über dem durch zahllose blutige Kriege heimgesuchten Europa. In den Flammenbränden der zerstörten, in Brand gesteckten, geplünderten Städte, hinter dem Röcheln Tausender hingemetzelter oder mit raffinierter Grausamkeit gequälter Menschen, in den vielen Religionskriegen, die bald hier, bald dort die Erde verwüsteten, Franzosen gegen Franzosen, Engländer gegen Engländer hetzten und jedes Band menschlicher Solidarität zerrissen, haben die Historiker anscheinend nur die Flammen der philippinischen Scheiterhaufen gesehen, haben sich nur mit dem flandrischen Kriege beschäftigt, welcher schließlich nur die logische Reaktion eines Herrschers auf den Treubruch seiner Vasallen war.

Aus Philipp II. hat die Geschichte den grauenhaften Mythos einer grauenhaften Zeit gemacht. Alle Verwünschungen häufte man auf ihn; man nannte ihn den „Demonio del mediodía"[32] und verglich ihn mit den verhaßtesten Tyrannen der Weltgeschichte. In einer Zeit, in der ein Mensch, weil er an die wirkliche Gegenwart Christi in der Eucharistie glaubte, sich für befugt hielt, seinen Nächsten, weil er nicht daran glaubte, zu töten, sollte es verwunderlich sein, daß Philipp Tausende von Ketzern verbrannte, die ihm seinen Staat zu untergraben drohten? Wenn ein Haus baufällig ist, wäre es wahnsinnig, mit den Händen in der Tasche abzuwarten, bis einem das Dach überm Kopf zusammenfällt; außerdem vergißt man, daß dies besondere Verfahren gegen Ketzer schon seit vielen Jahren bestand; in Zeiten, in welchen die von den Kriminalgesetzen vorgesehenen Strafen für gewöhnliche Vergehen von der Blendung bis zur Verstümmelung, von der Zerfleischung des Körpers durch glühende Zangen bis zum Eintauchen in siedendes Öl gingen, war der Scheiterhaufen für das Verbrechen der Ketzerei — das als das größte galt, da es die Seele angriff und unmittelbar das Gefüge des Katholizismus bedrohte — keine übertriebene Strafe. Hatte nicht der heilige Ludwig, der königliche Krieger, gesagt, daß die Pflicht einem echten Ritter befiehlt, wenn er eine Verleumdung der Religion hört, sie nur mit dem Schwert zu verteidigen, das er in seiner ganzen Länge (autant qu'elle y peut entrer; wörtlich) dem Lästerer in den Bauch zu stoßen habe? Jetzt, in der Epoche Philipps II. war die Gefahr der Ketzerei sehr viel größer als in der des königlichen Kreuzfahrers.

Wenn Montaigne, wie schon erwähnt, behauptete, das Verbrennen eines Menschen wegen der eigenen vagen Vermutungen — so bezeichnete er den Glauben in der religiösen Dogmatik — beweise, daß man diesen eine übertriebene Wichtigkeit beimesse, so zeigt er damit eine Weite des Horizontes, die in einer Zeit wie der seinen lobens- und bemerkenswert war. Aber ein König, der an die Spitze des größten Weltreiches gestellt war, hatte ernstere Verantwortungen als ein Philosoph und mußte notwendigerweise die Dinge von einem andern Gesichtspunkt aus ansehen. Man kann sich vielleicht erlauben zu sagen, daß Philipps II.

Gesichtspunkt allzu einseitig gewesen sei; wer jedoch eine Stellung verteidigt, kennt besser als jeder andere ihre schwachen Punkte und kann die Mittel beurteilen, die am wirksamsten sind, sie zu halten. Außerdem verteidigte Philipp zugleich den Staat mit der katholischen Religion. Er war ein zu guter Politiker, als daß ihm entgangen wäre, was Sainte-Beuve „den primitiven republikanischen Geist der reformierten Kirchen und ihre ausdrückliche Absicht, einen Staat im Staate zu bilden" nennt. Er wollte um jeden Preis den Bürger- und Religionskrieg vermeiden, der stets eine Einmischung fremder Elemente in die inneren Angelegenheiten der Nation mit sich bringt. Das sich in den Kämpfen zwischen Katholiken und Hugenotten zerfleischende Frankreich gab ein schreckliches und heilsames Beispiel.

Philipp mißbrauchte niemals seine Macht für niedrige persönliche Zwecke. Das Schwert des Gesetzes, das er zückte, war immer zum Schlage bereit, aber wenn es traf, traf es aus einem gerechten Grunde. Der venezianische Gesandte Marcantonio da Mula sagt in Übereinstimmung mit vielen Zeitgenossen: „Philipps Gerechtigkeit ist groß sowohl in den Fragen der Religion, der er inbrünstig ergeben ist, als auch in dem Wunsche, daß seine Minister gerecht richten möchten." Mehr als einmal zeigte er sich großmütig. Porreño erzählt unter anderm folgende bezeichnende Episode: Ein Bürger, gereizt über die durch die Richter verschuldete Verzögerung der Erledigung seiner Klage, die er gegen den Staat angestrengt hatte, war eines Tages so unvorsichtig, in aller Öffentlichkeit in Schmähungen „gegen alle gegenwärtigen und vergangenen Philippe" auszubrechen und wurde daraufhin festgenommen. Als dies dem König zu Ohren kam, schrieb er an die Richter: „Dieser mutige Mann hat alle toten und lebendigen Philippe geschmäht; aber die toten kennen ihn nicht und können ihn nicht hören. Daher liegt kein Grund vor, daß ich sie zu verteidigen unternehme, um so mehr, als sie ihm, wären sie lebendig und hörten ihn, sicherlich verzeihen würden. Auch ich verzeihe ihm: tut das gleiche und setzt ihn in Freiheit. Nehmt euch auch seiner Angelegenheit an und erledigt sie so schnell wie möglich; ich bin sicher, daß seine Ungeduld ihre Ursache im Geldmangel hatte."

Allerdings verlangte Philipp, daß jeder seine Pflicht tue, ebenso wie er. Alle Zeitgenossen sind sich einig in dem Erstaunen über seine Arbeitskraft. Charles Bratli, dessen Biographie des Königs von Spanien ein klassisches Buch geworden ist, hatte das Glück, in Florenz unter Strozzischen Papieren eine 1591 geschriebene Relation von Camillo Guidi da Volterra[33] aufzustöbern (Philipp war damals 64 Jahre alt), welche volles Licht auf die große Gestalt dieses „wahren und in der Kunst des Regierens gefürchteten Meisters, der jeglichem Fürsten der Vergangenheit und Gegenwart überlegen war", wirft. Aus derselben Relation erfahren wir, daß der König „jeden Tag acht bis neun Stunden mit Schreiben oder Lesen von Depeschen in Staatsangelegenheiten" verbrachte und an seinem Arbeitstisch saß „gleich einem armen Privatmann, der sich mit seiner Feder den Unterhalt verdienen muß". Seine Arbeitsmethode war sehr verschieden von der seines Vaters, welcher, nach Badoero, die Arbeit am Schreibtisch haßte; von allen einlaufenden Briefen ließ er sich durch seinen Sekretär einen knappen Auszug machen, „durch den ganz unmöglich sein Geist über die Wahrheit der Dinge erleuchtet werden konnte". Philipp dagegen wünschte, alle einlaufenden Briefe und Depeschen zu sehen, und schrieb oder vielmehr kritzelte seine Bemerkungen für die Antwort an ihren Rand. Manchmal antwortete er selbst: wegen seiner Liebe für beschriebenes Papier sagte man auch von ihm, er sei nichts weiter als ein Bürokrat. Oft fanden ihn noch die ersten Morgenstunden am Arbeitstisch. Eines Nachts, erzählt Porreño, schrieb er noch sehr spät eine lange Depesche und reichte sie einem seiner Sekretäre, damit er sie mit dem Sandstreuer trockne. Der müde und schlaftrunkene Sekretär vergriff sich und goß das ganze Tintenfaß über das Papier. Der König sagte kein Wort, setzte sich wieder hin und schrieb geduldig die ganze Depesche noch einmal.

In dieser Weise regierte dieser nie ermüdende Mensch, die Feder in der Hand, aus seinem Arbeitszimmer in Madrid oder, noch öfter, aus dem Escorial die Welt, mit einem großen Verbrauch an Papier, unter das er die stolze Unterschrift der spanischen Könige setzte, in der sich der Mensch hinter der ewigen Idee des Königtums verbirgt: Yo, el Rey; ich, der König. Derselbe Porreño zeichnet in einem geistreichen Bilde Philipps Werk: „Sein Leben war angefüllt mit Arbeit gleich der eines Webers, dessen Leinwand in verschiedene Fäden geteilt ist; er arbeitete mit den Händen, den Füßen und den Augen, und sein Tod war, als hätte man das Leinen vom Webstuhl heruntergeschnitten. Während seines ganzen Lebens arbeitete er fortgesetzt: mit den Händen schrieb er; mit den Füßen schritt er; von seinem Herzen liefen verschiedene Fäden aus: ein Faden nach Flandern, ein anderer nach Italien, Afrika, Perú, Neu-Spanien, ein anderer zu den katholischen Engländern, ein anderer zum Frieden der christlichen Fürsten, ein anderer zu den Sorgen des Reiches, mit besonderer Berücksichtigung der verschiedenen Umstände und der vielen Gefahren. Der westindische Faden ist abgerissen, man muß ihn wieder anknüpfen; auch der flandrische reißt, und man muß den Schaden ausbessern. So große Beachtung er aber auch dem Spiel all der vielen Fäden schenkte, hatte er doch, als er sein Ende nahen fühlte, den Mut, den Tod herbeizuwünschen und ihn zu umarmen an dem Tage und in der Stunde, die ihm bestimmt waren."

Man könnte es nicht besser sagen. Philipp scheint nicht wissen zu wollen, daß die Materie, mit der er arbeitet, der Mensch ist mit seinen Schmerzen und Leidenschaften, seinem Haß und seiner Liebe, eine lebendige, zuckende Materie, die aufschreit, leidet, sich wehrt, sich aufbäumt. Im „despacho del rey"[34] zieht sich alle Unruhe der Welt in das Kritzeln einer emsigen Feder auf dem Papier zurück, das dem nächtlichen Knistern eines unermüdlichen Holzwurms gleicht, und der Flammenschein der Brände und Scheiterhaufen in das friedliche Licht einer Öllampe, welche die Nachtwachen des Königs beleuchtet. Für den guten Weber zählen die Fäden nicht: das was zählt, ist die Leinwand. In jener schrecklichen Einsamkeit wird die Welt für Philipp zu einer reinen Abstraktion: zu einem großen Schachspiel, in dem jede weiße oder schwarze Figur ein befreundetes oder feindliches Volk bedeutet. Die Partie, die er spielt, und bei der er nur darauf sieht, nicht mattgesetzt zu werden, ist eine Partie mit verabredeten Zahlen und Siegeln, die man aus der Entfernung spielen kann. Einige Hundert zu Tode verurteilter Flamländer[35] sind nichts weiter als ein in die Schachtel zurückgelegter Bauer: Philipp ist ein guter Spieler, der nur „nimmt", wenn es nötig ist, und auch dann noch reiflich überlegt, ehe er sich entschließt. Man kann annehmen, daß, wenn er sich entschließt, er genau weiß, was er tut.

V.

Bleiben wir bei unserem Bilde: obgleich ein geschickter Spieler, mogelte Philipp doch bisweilen. Wenn ihn ein gegnerischer Läufer ärgerte, steckte er ihn in die Tasche. Aber dies gehörte im 16. Jahrhundert und auch noch später zu den Spielregeln. Lüge, Wortbruch und politischer Mord sind von der damaligen Politik untrennbare Elemente, und je geschickter ein Herrscher sie anwendet, desto mehr wird er bewundert. So nennt Francesco Vendramin ohne einen Schatten des Tadels, sogar mit Bewunderung, Philipp einen „Herrn und Fürsten voller Schlauheit und Vater der Verstellungskunst", und Guidi versichert: „er sagt niemals, was er vorhat, und tut nie das, was er gesagt hat"; Cabrera bemerkt, daß er hinter seinem Lächeln immer eine Drohung verberge („su risa y cuchillo eran confines", von seinem Lächeln war nicht weit bis zu seinem Dolch). Nichtsdestoweniger ist das einzige sicher nachgewiesene Verbrechen unter all denen, welche nach einigen Historikern in seinem Namen begangen sein sollen, jenes Verbrechen, dem am 10. Juli 1584 Wilhelm von Oranien zum Opfer fiel. Es wurde von Baltasar Gérard auf Grund des Bannes ausgeführt, den Philipp II., zugleich mit dem Versprechen einer Belohnung von fünfundzwanzigtausend Kronen für den Mörder, gegen den wütendsten seiner Feinde geschleudert hatte. Einige Jahre vorher hatte sich Heinrich VIII. in der gleichen Weise, obschon weniger offenkundig, im Falle von Reginald Pole und Kardinal Beton benommen; letzterer, Verteidiger der römischen Politik in Schottland, war von den gedungenen Meuchelmördern des Königs als „hartnäckiger Feind Jesu Christi und seines Evangeliums“ ermordet worden. Aber die Geschichte ist immer nachsichtig gegen den großen, unheimlichen und grausamen Burschen gewesen, der vierzig Jahre lang England regierte, während der unscheinbare, verschlossene, erschreckend geradlinige Philipp eine unvergleichlich schlechtere Presse gehabt hat.

In späteren Zeiten versuchten seine Verteidiger ihn in plumper Weise zu einem Heiligen zu stempeln, kramten die Briefe an seine Töchter hervor, in denen er vom Gesang der Nachtigall, von Blumen und anderen netten Sachen sprach, untersuchten mit gelehrter und rabulistischer Spitzfindigkeit alle gegen ihren Abgott geschleuderten Anklagen, auch jene, an die niemand mehr glaubte, um ihre Unrichtigkeit zu beweisen. Sie merkten aber gar nicht, daß sie damit weiter nichts erreichten, als einen großen König auf ihr eigenes Durchschnittsmaß herabzusetzen, einen König, der gar nicht gerechtfertigt oder rehabilitiert werden wollte.

Trotzdem ist es nötig, ein paar Worte über den Ursprung der Schreckenslegende, die bis auf den heutigen Tag mit der Gestalt Philipps II. verknüpft ist, zu sagen. Sie gründet sich auf zwei Schriften: die „Apologie ou défense du très illustre Prince Guillaume, par la grâce de Dieu, Prince d'Orange“ aus dem Jahre 1581, und auf die „Relaciones“,

1594 von Antonio Pérez unter dem Pseudonym Rafael Peregrino veröffentlicht. Die Verfasser dieser Schriften zählten zu den erbittertsten Feinden des spanischen Königs: der erste war der allbekannte Vorkämpfer für die flämische Unabhängigkeit; der zweite lange Zeit Sekretär Philipps II. und, wie Charles Bratli schreibt, „vielleicht der einzige Mensch, in den der König volles und unbegrenztes Vertrauen setzte". Gezwungen, 1591 aus Spanien zu fliehen, nachdem er wegen Mordes an einem gewissen Escobedo, Sekretär von Don Juan de Austria, zum Tode verurteilt war, rächte sich Pérez mit der Veröffentlichung seiner „Relaciones, memoriales y cartas". In diesem Buche, „escrito con suma abilidad",[36] in dem es der Verfasser darauf anlegte, sich selbst als unschuldiges Opfer ungerechter Verfolgungen und bemitleidenswertes Beispiel der Grausamkeit des Schicksals hinzustellen, wurden die gegen Philipp II. vom Prinzen von Oranien vorgebrachten Anschuldigungen von neuem erhoben und bekräftigt. Sie lassen sich in folgende Punkte zusammenfassen: Beschuldigung der Blutschande wegen der Heirat mit einer Blutsverwandten, Maria von Portugal (der Mutter von Don Carlos), Anklage auf Mord an seiner dritten Gemahlin, Elisabeth von Valois, die er vergiftet haben sollte, Anklage auf Verwandtenmord am Prinzen Don Carlos; Anklage auf Bigamie, weil Philipp zur Zeit seiner ersten Ehe mit Maria von Portugal schon heimlich mit Doña Isabel Osorio ehelich verbunden gewesen sei, und auf Ehebruch, weil er noch zu Lebzeiten Elisabeths von Valois Beziehungen zu anderen Frauen gehabt habe. Diese Beschuldigungen, deren Grundlosigkeit spätere Schriftsteller, wie Ranke, Gachard, Prescott und Bratli, bewiesen haben, wurden lange Zeit ohne weitere Überprüfung von französischen, englischen und flämischen Historikern verbreitet. Das ist erklärlich: die Gelegenheit, sich an dem leidenschaftlich wegen seiner Macht gehaßten Spanien und zugleich an seinem König zu rächen, war zu schön. Die Beschuldigung, welche Philipp zum Mörder seines Sohnes stempelte, fand am meisten Glauben: die Pseudo-Historiker des 18. Jahrhunderts griffen sie auf und fabrizierten Erzählungen voll dramatischer Einzelheiten. In kurzer Zeit zweifelte niemand mehr daran, daß Don Carlos auf Befehl seines Vaters vergiftet oder erwürgt, daß ihm die Pulsadern geöffnet oder er enthauptet worden sei. (Die Art und Weise, wie dieses tragische Ableben vor sich gegangen war, war nicht sicher, aber ziemlich bedeutungslos.) In Italien ging Boccalini so weit, den Versuch einer Rechtfertigung, sogar Verherrlichung des mutmaßlichen Verbrechens Philipps zu machen; dieser habe, indem er einen schwachsinnigen Prinzen zum Tode verurteilte, kein andres Ziel verfolgt, als den Feinden Spaniens den Vorwand zu nehmen, sich später zum Schaden der Nation auf die Schwäche des Thronerben berufen zu können. In dieser Fassung erscheint das Drama Don Carlos' als ein wesentlich politisches Drama, in dem die Staatsraison die Rolle des antiken Fatums spielt. Die französischen Schriftsteller jedoch würdigten die Beweggründe herab und erzählten nach Gutdünken Geschichten von gewissermaßen blutschänderischen Liebesbeziehungen zwischen dem Opfer und Elisabeth von Valois, seiner Stiefmutter, welche ebenfalls auf Befehl Philipps vergiftet wird und Don Carlos ins Grab folgt.

Diese Elemente benützte 1672 der Abbé von Saint-Réal als Stoff zu einer geschickt gemachten historischen Novelle mit dem Titel „Histoire de Don Carlos, fils de Philippe II, Roy d'Espagne“, die einen ungeheuren Erfolg hatte. So hob sich Philipps Gestalt für die Nachwelt endgültig auf dem dunklen Hintergrund einer Legende von Blut, Grausamkeit und Tod ab. Während der Vater sich in diesem von Schreckensgestalten wimmelnden Dunkel in ein mißgestaltetes und abstoßendes Ungeheuer verwandelte, trat der Sohn, schön und stolz wie ein Erzengel, ins volle Licht. Den Romantikern blieb es vorbehalten, das letzte Wort über diese beiden Gestalten zu sprechen: Schiller gibt uns in seinem „Don Carlos“ einen großmütigen Träumer, der sich an den Ideen von Freiheit und Gerechtigkeit berauscht; Victor Hugo zeichnet von Philipp ein Bild, das schrecklich sein wollte und nur grotesk wurde: in einer langen Reihe nicht immer sehr glücklicher Alexandriner ist der spanische König nur noch ein Satan, der im Namen Christi regiert, ein Mann, den niemand je lachen sah, weil seinen Eisenlippen das Lächeln versagt ist.

VI.

Auch Porreño schrieb, daß, wenn „al rey Felipe de Macedonia nadie consiguió hacerle reir; lo mismo puede decirse de nuestro gran Felipe a quien nadie le vió reir“;[37] aber es handelt sich hier augenscheinlich um eine rhetorische Übertreibung, da Antonio Tiepolo im Gegenteil vom König sagt: „Er war immer angenehm in seinen Antworten, die, von einem Lächeln beim Sprechen unterstützt, ihn sehr liebenswürdig erscheinen ließen“; auch der französische Gesandte Fourquevaulx erwähnt mehrmals sein „sourire accoustumé“, sein gewohnheitsmäßiges Lächeln.

Dieses „sourire accoustumé“ finden wir auch in dem Porträt von Pantoja de la Cruz wieder, das Philipp II. im reifen Mannesalter darstellt. Auf den beiden schönen Bildnissen von Tizian, dem im Waffenkleide im Prado, auf dem Bertrand „weniger einen Heerführer als einen von Vergnügungen erschöpften jungen Menschen“ sieht, und auf dem anderen im Männerrock, das in der Galerie Corsini hängt, hat das Gesicht des Königs etwas Sorgenvolles; Philipp ist noch jung: seine weichen Züge, die durch warme und geschweifte Schatten betont werden, die farblosen Augen unter den harten Strichen der Brauen, die an der Nasenwurzel fast zusammenstoßen, die fleischigen Lippen — alles drückt eine gesammelte und entschlossene, um nicht zu sagen: brutale Sinnlichkeit aus. Es steht außer allem Zweifel, daß Philipp ein sinnlicher Mensch war wie sein Großvater und sein Vater. Paolo Tiepolo schreibt in seiner Relation von 1563 (der König war damals 36 Jahre alt), daß unter den „Unterhaltungen“ Philipp jene „mit Damen“ bevorzugt, „an denen er sich wunderbar ergötzt, und sich sehr häufig mit ihnen wiedertrifft“. Obschon er „cautus si non castus“[38] war (Leti schreibt, daß „es vielleicht niemals einen Prinzen gegeben hat, der vorsichtiger war bei allem, was Libido heißt, obschon er von Natur äußerst sinnlich war“), mußte doch etwas über seinen Charakter durchgesickert sein, da Maria Tudor dem Gesandten Renard, von Karl V. geschickt, um für Philipp um sie zu werben, zur Antwort gab, sie hätte von verschiedenen Seiten gehört, der Fürst sei alles andere als maßvoll, und sie wünsche sich keinen wollüstigen Mann. Aber zur Zeit des Bildnisses von Pantoja de la Cruz war es Philipp kraft der Selbstbeherrschung, die einen der Grundzüge seiner Gesamtpersönlichkeit bildete, gelungen, seine Triebe zu bändigen: der König, der in seiner Jugend bei Tizian mythologische Bilder erotischen und sinnlichen Charakters bestellte, hatte sich schon in den frommen Reliquien-Sammler aus dem Escorial verwandelt, dessen Leben mehr dem „eines Geistlichen und Mönches glich als dem eines Weltkindes und Regenten“. Der blonde, rundgeschnittene Bart, in den sich schon Silberfäden mischen, vervollständigt die friedliche, ausgeruhte Linie des Gesichts; die mit den Jahren schütter gewordenen Augenbrauen riegeln nicht mehr die Stirne ab, welche unter dem hohen schwarzen Hut größer erscheint; die Augenhöhlen sind nicht länger Seen wollüstiger Schatten, das blaue Auge ist klar und heiter: das ganze Gesicht ist hier offener; man spürt die geduldig formende Hand der Zeit, die die Linien vereinfacht hat. Doch diese „Korrektur“ an der ungeschlachten Habsburgermaske, die den jungen Fürsten des Tizianschen Bildes dem König des Pantojaschen Bildes so unähnlich sehen läßt, erfährt eine Unterstützung durch den inneren Menschen, ist ein sittliches Werk: die königliche Seele Philipps II. hat sich ein königliches Gesicht geformt, das nach dem Ausdruck Porreños „ponía reverencia y temor a quien lo miraba".[39] Dies ist der wirkliche Philipp, dessen Aussehen seine Zeitgenossen mit völliger Übereinstimmung geschildert haben „von kleinem Wuchs und zierlichen Gliedmaßen", aber „dabei so wohlgestaltet und in allen Teilen des Körpers so wohlproportioniert, daß man nichts Vollkommneres sehen kann", „eine hohe und schöne Stirn", „meergrüne Augen, die ins Weiße spielen", „rötliche, ziemlich zusammenstehende Augenbrauen, wohlgeformte Nase", „weiße Hautfarbe und blonde Haare, gleich einem Flamländer", „etwas vorstehende Unterlippe, wie man es bei den Habsburgern findet", und als Gesamteindruck: „sehr anmutig, gütig und würdig".[40]

Aber das Lächeln, von dem Tiepolo und Fourquevaulx erzählen, und von dem Pantoja de la Cruz nur einen vagen Reflex in dem unbestimmbaren Ausdruck der blauen Augen und in gewissen unerwarteten, kaum angedeuteten Linien im Gesicht Philipps aufgefangen hat, dieses Lächeln täuscht niemanden. Ein Mensch, der so lächelt, ist traurig. Man fühlt, daß hinter diesem Lächeln seine Seele einsam ist, furchtbare Einsamkeit der Mächtigen! Es ist möglich, daß das oberste Geheimnis der Menschenbeherrschung Menschenverachtung ist; Philipp wenigstens scheint das zu glauben; der ungeheure Rassenindividualismus, der aus jedem Spanier ein Wesen für sich macht, in sich abgeschlossen, unsozial, dieser Individualismus, der in ihm selbst verhundertfacht ist, wie auch sonst alle Fehler und Tugenden seines Volkes, konnte ihn nur in dieser Überzeugung bestärken. Man weiß nicht, ob Philipp irgendeinen Menschen seiner Umgebung geliebt hat: und doch war sein Herz nicht unfähig, zu lieben. Die von Gachard[41] gefundenen und veröffentlichten Briefe an seine Töchter Isabella und Katharina sind ein Beweis dafür, besonders die an die sanfte Isabella Klara Eugenia, die Antigone seiner letzten Jahre. Wir müssen also an eine gewollte seelische Verstümmelung denken, an einen eigensinnigen Willen, sich abzusondern, der unbarmherzig alle irdischen Bande durchschneidet. Von Jahr zu Jahr schloß sich Philipp mehr ab; seine Seele wird einem gefrorenen See ähnlich, dessen Wasser kein Frühling mehr auftauen, kein Windhauch kräuseln, keine grünen Gräser und Zweige, kein leuchtendes Himmelsblau und Weiß ziehender Wolken spiegeln wird. Alles in dieser Seele wird grau und unbeweglich: Sinnbild dieses Grau und dieser Unbeweglichkeit ist ein methodisches Leben, das Guidi veranlaßt, zu behaupten, daß der König „die Zeit so pünktlich einteilte, daß nicht allein ein Tag vom andern, sondern ein Jahr vom andern sich nicht unterscheidet".

Das Hofleben ist natürlich nicht fröhlich, und die fremden Gesandten, besonders die Italiener, an die glänzenden Renaissancehöfe gewöhnt, klagen darüber. Der König lebt, so viel ihm möglich ist, allein, abgesondert, und die Gesandten sind sehr in Verlegenheit, was sie über ihn berichten sollen. Marcantonio da Mula erklärt zum Beispiel: „Es ist nicht einfach, Schlüsse über die Gemütsverfassung des Königs zu ziehen; denn Könige haben Tausende von Höhlen und unzugänglichen Verstecken in ihren Herzen, die Gott allein kennt", und Guidi sagt, es sei unmöglich, ein Urteil über einen Menschen zu fällen, der so gut Instinkte und Begierden, Zuneigungen und Leidenschaften zu verbergen verstünde. Selbst den ihm nahestehenden Menschen erscheint Philipp geheimnisvoll und schrecklich. Man betrachtet ihn mit Furcht und Achtung, als sähe man in ihm das leibhaftige, hohe, unzugängliche, Blitze schleudernde Bild der Königswürde.

Er selbst steht in ebenderselben Weise über dem Leben, wie das Haupt eines thronenden Königs die Köpfe seiner Untertanen überragt. Aber das Leben rächt sich: es flieht vor Philipp, um den schon als jungen König die Totenbahren seiner nächsten Verwandten stehen. Von den acht Kindern, die drei der vier Gattinnen ihm schenkten, leben nur drei: die andern bereichern nach einem kurzen Erdenleben und einer Rast im „pudridero", dem Vorraum der

Grabkammern der königlichen Familie, in dem die Särge längere Zeit aufgestellt wurden, ehe sie im marmorverzierten Pantheon des Escorial endgültig beigesetzt wurden, die schöne Sammlung königlicher Leichname, deren Anordnung eine der sorgfältigsten Obliegenheiten Philipps bildet, dessen Lieblingsmaler Hieronymus Bosch und Greco waren. Die Großen — wahres Salz der Erde —, von denen dieser schmächtige Mann abstammt, sein Vater Karl V., seine Mutter Isabella von Portugal, sowie nahezu alle Geschwister des Kaisers, sind hier versammelt, in Erwartung, daß auch er ihnen Gesellschaft leiste. Die prunkvollen Leichenzüge, die das erstaunte und betende Spanien durchquerten, trafen im Laufe der Jahre einer nach dem andern auf dieser rauhen, vom Winde gepeitschten Felsenstufe der Guadarrama ein, in deren ungeheurer Einsamkeit Philipp den grandiosen Bau des Escorial errichtet hatte.

Vom Leben zurückgestoßen, wendet sich Philipp dem Tode zu, lebt mit den Toten in stetigem Gedenken seiner letzten Stunde, die man niemals vergessen darf. Als dem Vierzigjährigen sein Sohn Don Carlos und seine dritte Gattin, die holde Elisabeth von Valois, abgeschieden sind, kleidet sich Philipp nur noch in Schwarz, ein dunkler Flecken auf dem „blutbesudelten Gewand von Gold und Seide", wie Voltaire das 16. Jahrhundert kennzeichnete, und ein beunruhigendes Rätsel, das zu vielen und verschiedenartigen Deutungen Anlaß gibt.

III. KAPITEL

Kindheit

I.

Das erste der vier Ehebündnisse Philipps II. wurde am 15. November 1543 in Salamanca geschlossen. Der Thronerbe Spaniens heiratete die Infantin Maria von Portugal, Tochter

Katharinas von Österreich, der jüngsten Schwester Karls V. Der Vater der Braut, Johann III., war ein Bruder von Philipps Mutter, der Kaiserin Isabella: die Blutsverwandtschaft zwischen den beiden Verlobten konnte also nicht enger sein. Man weiß wenig über Maria: sie ging mit so leichtem Schritt durch das Leben, daß sie fast keine Spur hinterließ. Von Sandoval hören wir: „Diese Fürstin war sehr anmutig, eher füllig als mager, lieblich von Ansehen und Lachen." Der Geschichtsschreiber Karls V. fügt noch hinzu, daß sie Isabella der Katholischen, ihrer Urgroßmutter, sehr ähnelte. Die Bildnisse, die von ihr vorhanden sind, zeigen uns nicht das fröhliche und leichtblütige junge Mädchen, das man erwarten würde, sondern eine junge Frau, in deren Gesicht ein vorzeitiges Gefühl für die eigene Würde zu lesen ist.

Philipp muß um diese Zeit der schlanke, etwas linkische Jüngling mit einem noch kaum bemerkbaren Bartanflug und zwei merkwürdig durchdringenden Augen gewesen sein, den wir auf dem Bilde von Tizian im Buckingham Palace in London sehen: im ganzen ein liebenswürdiger junger Edelmann, den Sandoval „gallardo y hermoso", keck und schön, nennt.

Die Verlobten hatten beide vor kurzem das sechzehnte Lebensjahr vollendet; Philipp, der die Ankunft seiner Braut nicht erwarten konnte, ritt ihr, anstatt sie in Salamanca zu treffen, in Verkleidung mit einigen Edelleuten einige Kilometer vor die Stadt entgegen und konnte sie nach Herzenslust beobachten, bis Don Luis Sarmiento, der Gesandte, welcher die Heirat vermittelt hatte, Maria am Tor von Salamanca empfing und ihr Maultier zum Palast des Herzogs von Alba geleitete.

Die außerordentliche Jugend der beiden Fürsten machte Karl V. besorgt, und so schrieb er dem Sohn aus Palamós im Augenblick seines Aufbruchs nach Deutschland: „Ich habe keinen anderen Sohn als Euch und möchte auch keine anderen haben, weshalb es sich ziemt, daß Ihr achtgebt und Euch nicht überanstrengt am Anfang Eurer Ehe, damit Ihr an

Eurer Person keinen Schaden davontragt, weil diese Dinge nicht nur dem Wachstum des Körpers und der Entwicklung der Kräfte schädlich sein können, sondern auch sehr oft eine Schwäche zur Folge haben, welche die Zeugungskraft schwächt und das Leben kosten kann, wie es dem Prinzen Johann geschah, dessen Reiche als Erbschaft auf uns gekommen sind." — Die Erinnerung an den frühzeitigen Tod des zweiten Sohnes des Katholischen Herrscherpaares beunruhigte den Kaiser derart, daß er noch deutlicher wurde: „Aus diesen Gründen müßt Ihr sehr auf Euch achten, wenn Ihr bei Eurer Gattin seid, und da dieses sehr schwierig ist, wird es das Beste sein, Ihr haltet Euch so viel wie möglich von ihr fern. Ich bitte Euch deshalb, daß Ihr, sobald die Heirat vollzogen ist, Euch mit irgendeiner Entschuldigung zurückzieht und nicht so bald und nicht so oft Eure Gemahlin wieder besucht; tut Ihr es aber, dann nur für kurze Zeit.[42]

Es ist nicht möglich, zu sagen, ob Philipp sich an die Regeln dieser weisen väterlichen Eugenik hielt. Schon zwanzig Monate nach der Hochzeit, am 8. Juli 1545, gab Maria in Valladolid einem Knaben das Leben. Die Niederkunft war schwer und schmerzhaft. Vier Tage nach der Geburt des Knaben, des zukünftigen Don Carlos, starb die jugendliche Fürstin, von dieser allzu frühzeitigen Mutterschaft geschwächt. Philipp zog sich in leidenschaftlichem Schmerz einen Monat in das Kloster Abrojo zurück. Der Brief, in dem er Karl V. die Geburt des Sohnes anzeigte, traf am 21. Juli in Worms ein, wo der Reichstag versammelt war: „Gestern um Mitternacht gefiel es Unserm Herrn, sie (die Fürstin) von einem Sohn zu entbinden, und obgleich die Geburt schwer war und fast zwei Tage dauerte, befindet sie sich jetzt wohl; möge es Gott gefallen, daß dies anhält nach Unserm Wunsche."

Überbringer des Briefes war Ruy Gómez, Philipps Freund und Berater. Karl V. ordnete ein feierliches Tedeum an; doch am 30. des gleichen Monats traf ein zweiter Kurier mit der Nachricht vom Tode Marias von Portugal ein.

Es ist erwiesen, daß die Hauptverantwortung an diesem frühzeitigen Ende bei den Ärzten lag; Maria war fast noch ein Kind; um in ihrem siebzehnjährigen Körper die Pubertät zu beschleunigen, wurde sie fortgesetzt an den Beinen geschröpft, was große Blutleere und Entkräftung in der Zeit der Schwangerschaft zur Folge hatte. Die spanischen Ärzte treten mehr als einmal im Laufe dieser Geschichte auf und rechtfertigen völlig die zugleich strenge und witzige Beurteilung von seiten des Gesandten der Republik Lucca: „Indem sie den Kranken gleich Ochsen das Blut abzapfen und ihnen Medikamente einflößen, die man bei uns in einem Klistier in den Körper einführen würde, befördern sie sie auf schnellstem Wege ins Jenseits," und er erklärt weiter, er würde im Falle einer Erkrankung „sich lieber mit einem einfältigen italienischen Hühnerkastrierer begnügen, als sich jenen Quacksalbern anvertrauen, die nichts anderes von der Arzneikunst verstehen, als vier, sechs oder acht Tage hintereinander zur Ader zu lassen, so daß notwendigerweise entweder die Krankheit entweicht oder der Kranke stirbt."[43]

Es scheint nicht, als hätte man die junge Fürstin lange betrauert: am 13. August konnte der Großkomtur von Kastilien in einem Brief an Karl V. mit dem Bericht über die Trauerfeier für die Infantin schreiben, der König und die Königin von Portugal seien schon ziemlich getröstet, „ya están algo consolados".

II.

So wuchs also der kleine Don Carlos ohne Mutter auf. Die junge Fürstin hatte ihre Pflicht getan und dem spanischen Thron einen Erben geschenkt, dann war sie dahingegangen. Ihre Sternenbahn am Hofe von Valladolid hatte sich so schnell erfüllt, daß Philipp zweifeln konnte, ob nicht die anderthalb Jahre ihrer Gegenwart ein Traum gewesen seien. Doch hatte Philipp, wie wir schon sahen, eine seltsame Vorliebe für den Tod, und wenn er vielleicht oft jene vertraute Gestalt neben sich suchte, die so schnell in das

Schattenreich hinabgesunken war, so ist es auch denkbar, daß ihm allmählich die Züge seiner jungen Gattin entschwanden, gleich den Schatten, die Dante im ersten Himmel erblickte,

„come per acqua cupa cosa grave".[44]

Sicher ist, daß von jener Zeit Philipps enge Verbundenheit mit dem Tode stammt, auf die schon hingedeutet ist.

Ein lebender Zeuge des kurzen Erdenwandels der Infantin blieb ihm in Don Carlos. Und die ganze Sorge des Vaters und des Großvaters galt diesem neuen Sproß des Geschlechtes Habsburg. Eine portugiesische Edelfrau, Doña Leonor de Mascarenhas, die im Gefolge der Kaiserin Isabella nach Spanien gekommen war und schon Philipp als Kind betreut hatte, wurde zur Erzieherin Don Carlos' ernannt und stand unter der Oberaufsicht seiner beiden Tanten Doña Maria und Doña Johanna. Philipps Vertrauen in Doña Leonor war mehr als berechtigt; als er ihr den Prinzen übergab, sagte er: „Mein Sohn hat seine Mutter verloren; Ihr werdet Mutterstelle an ihm vertreten und ihn halten wie Euren Sohn."

Man weiß sehr wenig über die ersten Jahre des Knaben, und das Wenige, was wir aus den Zeugnissen der Zeitgenossen erfahren, kann nicht vorsichtig genug übernommen werden. Genau wissen wir, daß er in Alcalá de Henares mit seinen Tanten und seiner Erzieherin lebte. Als später, 1548, Philipp und Doña Maria Spanien verließen, ersterer, um seinen Vater in Deutschland zu treffen, Maria, um ihren Vetter Maximilian II. zu heiraten, übersiedelten die kaum dreizehnjährige Prinzessin Johanna von Österreich und Doña Leonor mit dem kleinen Carlos nach Toro. 1549 sandte Karl V. aus Brüssel einen ausführlichen Erziehungsplan für seinen Enkel.

Die Kindheit eines Prinzen ähnelt in keiner Weise der Kindheit anderer Sterblicher. Im XVI. Jahrhundert konnte ein Prinz sehr jung zur Regierung kommen: Karl V. war mit fünfzehn Jahren Staatsoberhaupt der Niederlande geworden, mit sechzehn König von Spanien, mit neunzehn Kaiser; Philipp hatte kaum siebzehnjährig die Regentschaft des spanischen Throns erhalten. Die Geschichtsschreiber erkennen übereinstimmend an, daß sowohl Vater wie Sohn, wenn auch von klugen Ratgebern geleitet, den Beweis einer frühreifen Befähigung zum Herrscherberuf erbrachten. Diese Frühreife, die ungeheuerlich anmuten könnte, wenn man bedenkt, was sie an Vorbereitung in einem jungen Menschen voraussetzt, war aber nicht natürlich, sondern die Frucht einer intensiven Kultur, welche die Kindheit eines Prinzen zu einer harten Lehrzeit machte und sie all der Elemente geistiger Freiheit, Fröhlichkeit und Natürlichkeit beraubte, die sie sonst für die meisten Menschen zur schönsten Zeit des Lebens machen. In einem Lebensabschnitt, in dem ein Kind niemand anders nötig hat als seine Mutter, hat Don Carlos schon einen kleinen Hofstaat um sich, der den Auftrag hat, ihn zu überwachen und ihm zu dienen. Der Vater ist fern; denn diese Jahre sind ja die bewegtesten im Leben Philipps: von 1548 bis 1551 weilt er in Deutschland und in Flandern an der Seite seines Vaters, der versucht, ihm die Kaiserkrone zu sichern; 1551 nach Spanien zurückgekehrt — Don Carlos ist kaum sechsjährig —, schifft er sich 1554 nach England ein, um Maria Tudor zu heiraten; 1555 ist er bereits wieder in den Niederlanden, um der Abdankung Karls V. beizuwohnen; erst 1559 nach dem Frieden von Cateau-Cambrésis erscheint er wieder in Spanien. Man kann also annehmen, daß bis zu seinem vierzehnten Lebensjahr Don Carlos seinen Vater kaum kannte. In den drei Jahren (1551 bis 1554), in denen dieser sich in Spanien aufhielt, wird er sich nicht allzusehr um den Sohn haben kümmern können, da die Sorgen der Regentschaft und die zahlreichen Anforderungen, die ein so lange von seinen Herrschern vernachlässigtes Land an ihn stellte, ihn vollauf beschäftigten.

Don Carlos verlor in diesen Jahren auch den einzigen moralischen Halt, den er bis dahin hatte: 1552 verließ ihn seine kaum siebzehnjährige Tante Johanna, um Don Juan Emanuel von Portugal zu heiraten. Zu dieser Zeit befand sich Philipp in Monzón, wo die Cortes von Katalonien, Valencia und Aragón tagten. Die Abreise der jugendlichen Fürstin führte zu herzzerreißenden Auftritten. Luis Sarmiento, der darüber in einem Brief an den Kaiser berichtete, schrieb, sowohl Johanna wie Don Carlos hätten drei Tage lang geweint, und erwähnte folgende Einzelheit: der Infant habe gesagt: „Was soll el niño (das Kind) hier ganz allein machen, ohne Vater und Mutter, der Großvater in Deutschland und der Vater in Monzón?" So klagte „el niño" (er sprach von sich selbst in der dritten Person) über die Vereinsamung. Dieser aus der Tiefe einer Kinderseele kommende Schmerzensschrei, der über die Jahrhunderte hinweg zu uns dringt, so daß man noch die weinerliche kleine Kinderstimme zu hören glaubt, muß einem zu Herzen gehen. Man darf Philipp, der in einem Alter, das für gewöhnliche Sterbliche das einer glücklichen Sorglosigkeit ist, schon die Bürde vieler ernster Pflichten trug, nicht die hilflose Lage, in der er den Sohn ließ, zur Last legen; doch mußte ohne Zweifel das Fehlen der väterlichen Führung einen ungünstigen Einfluß auf die seelische Formung des Kindes haben, nicht unähnlich der Wirkung der entbehrten Mutterbrust auf dessen Körperbildung.

Die Verzweiflung des kleinen Prinzen über den Abschied von seiner Tante, die er zweifellos sehr liebte, könnte einen annehmen lassen, daß er einen liebevollen Charakter besessen habe, eine kleine nach Zärtlichkeit dürstende Seele, der es vor der eiskalten Leere um sich herum grauste. Aber die Zeugnisse jener Zeit zeigen uns ein ganz anderes Bild von Don Carlos. Wie es scheint, hatte sich das Gerücht von seinen „merkwürdigen Angewohnheiten und Manieren" (so drückt sich der venezianische Gesandte Tiepolo aus) verbreitet, welche eine grausam veranlagte Natur verrieten. Zum Beispiel soll Carlos, als er noch in den Windeln lag (nach Tiepolo), „dreien seiner Ammen nicht nur in die

Brüste gebissen, sondern sie ‚gegessen' haben, so daß sie dem Tode nahe waren".[45] Bei Badoero finden wir weitere Einzelheiten ähnlicher Art: in seiner Relation von 1557 schreibt er, der Prinz sei „grausamer Natur; unter den Geschichten, die man sich von ihm erzählt, ist eine, daß, wenn man ihm Hasen oder ähnliche Tiere von der Jagd mitbringt, er es liebt, sie lebendig rösten zu sehen; als ihm einmal eine große Schildkröte geschenkt wurde und sie ihn in den Finger biß, riß er ihr kurzerhand mit den Zähnen den Kopf ab." Ein anderer berichtet, daß Carlos als Siebenjähriger einen seiner Pagen hängen lassen wollte, über den er sich wütend geärgert hatte. Man mußte, um ihn zu beruhigen, zu einer Ausflucht greifen und am Abend eine dem armen Pagen ähnliche Puppe vor seinen Fenstern aufhängen. Nur auf diese Weise konnte man Carlos, der sich den ganzen Tag geweigert hatte, einen Bissen zu essen, bewegen, etwas Nahrung zu sich zu nehmen. Hier haben wir vielleicht das erste Beispiel jener späteren jähen Zornesausbrüche, in denen der Prinz mit gezücktem Schwert oder Dolch über jeden herfiel, den er für seinen Feind hielt, worauf er dann tagelang fiebrig und erschöpft war. Andere Geschichtsschreiber wiederholen diesen Klatsch, unter ihnen Flaminio Strada,[46] welcher erzählt, daß, wenn dem Infanten irgendein lebendes Tier von der Jagd heimgebracht wurde, er sich daran ergötzte, ihm die Kehle durchzuschneiden und die Todeszuckungen zu beobachten. Strada gesteht, diese Geschichte aus der Relation eines venezianischen Gesandten zu haben — vermutlich Badoero — und aus einem Brief des Erzbischofs von Rossano, der Gesandter des päpstlichen Stuhls in Spanien war. Wohl erwähnt Cabrera, der erste Geschichtsschreiber Philipps II., ein im großen und ganzen glaubwürdiger Schriftsteller, nirgends dergleichen Vorkommnisse; aber man muß bedenken, daß, als Cabrera (der 1559 geboren wurde) an den Hof nach Madrid kam und den Plan faßte, die Geschichte der Regierung Philipps II. zu schreiben, sich das tragische Schicksal Don Carlos' schon lange erfüllt hatte; es war logisch, daß der Historiker vor allem darauf aus war, Nachrichten über das Ende des Prinzen zu sammeln, ein Ereignis, das alle europäischen Höfe in Aufregung versetzt hatte; aber diese Aufgabe sollte ihm nicht leicht gemacht werden; denn es gab am Hofe viele Personen, die natürlich abgeneigt waren, diese schwerwiegenden und geheimnisvollen Dinge wieder aufzurühren („mirábanse los más cuerdos sellando la boca con el dedo y el silencio“ [47], schreibt Cabrera, mit einem bildhaften Ausdruck, den er sicher einer persönlichen Erfahrung verdankt). Dennoch gelang es ihm, einige wesentliche Einzelheiten zu sammeln, die grundlegend zur Erklärung von Philipps Verhalten gegenüber seinem Sohn sind und durch die Entdeckungen neuerer Geschichtsschreiber nur bestätigt werden. Man versteht danach leicht, warum Cabrera es unterließ, sich über die Kindheit Don Carlos' zu verbreiten, welcher er in seinem umfassenden Werk tatsächlich nur ein paar Zeilen widmet.

Man kann also die Behauptungen der venezianischen Gesandten in Bezug auf die ersten Lebensjahre Don Carlos' nicht so ohne weiteres beiseiteschieben, wie einige Historiker versucht haben; man kann sie höchstens für übertrieben und vor allem für ungenügend halten: als Beweise einer erblichen Geistesgestörtheit des Prinzen. Kindliche Grausamkeit ist etwas nicht Seltenes und wird von der modernen Wissenschaft als eine Äußerung des Sexualtriebs angesehen, der sich gerade am deutlichsten bei den Kindern in der Tierquälerei und zuweilen in der Mißhandlung schwächerer Spielkameraden zeigt; es wäre nicht unbedingt nötig, daraus Schlüsse auf den Charakter Don Carlos' ziehen zu müssen. Badoero selbst führt in seiner Relation die den Infanten betreffenden Mitteilungen nur an, um noch lebendiger „seine kühne Natur“ zu kennzeichnen, die, so behauptet er, die Spanier veranlaßte, in dem Infanten „einen zweiten Karl V.“ zu sehen.

Übrigens schien sich diese Neigung zur Grausamkeit mit der Zeit zu verringern. Es gibt immerhin eine lange Spanne im Leben des Don Carlos, über die weder die Historiker noch die Gesandten etwas zu sagen wissen.

Das erste wichtige Zeugnis über diesen Gegenstand taucht erst 1563 in der schon erwähnten Relation von Paolo Tiepolo auf; der Prinz war damals achtzehn Jahre alt. Hier ist der Ton ein ganz anderer und läßt eine schreckliche Wahrheit durchblicken: das Wiedererscheinen des erblichen Wahnsinns im Urenkel Johannas von Kastilien.

III.

Don Carlos war neun Jahre alt, als Philipp, welcher Spanien wieder einmal verlassen mußte, um in England Maria Tudor zu heiraten, sich mit der Wahl eines Hofmeisters beschäftigte, der die Erziehung seines Sohnes leiten und beaufsichtigen sollte. Schon vor zwei Jahren, als er in Monzón den Cortes beiwohnte, hatte er einem gewissen Antonio de Rojas, dem er das größte Vertrauen schenkte, das Amt eines Erziehers seines Sohnes übertragen. Dieser gleiche Rojas sollte ihm einen Plan zur Organisation des prinzlichen Haushalts unterbreiten, durch den Don Carlos endgültig aus den Händen der Frauen und unter eine männliche Leitung kommen würde. Trotzdem kehrte 1554 die Tante Johanna, welche nach nur zwei Jahren Ehe Witwe geworden und während Philipps Abwesenheit zur Regentin von Spanien ernannt war, an die Seite des jungen Prinzen zurück. Sieht man ihr schönes Bildnis im Prado, das Anthonis Mor malte, so glaubt man gern, daß sie als die schönste Frau Kastiliens galt; Badoero, dem wir diese Mitteilung verdanken, fügt hinzu, daß ihre Willenskraft „mehr männlicher als weiblicher Natur“ gewesen sei. Wir müssen aber annehmen, daß diese Willenskraft gegenüber Don Carlos versagte, da Karl V. Johanna zu wiederholten Malen ermahnen mußte, größere Strenge gegen seinen Enkel zu zeigen.

Der Hofstaat des Infanten wurde aufs schnellste aus Edelleuten gebildet, die aus den besten Familien Spaniens gewählt wurden. Antonio de Rojas starb nach Verlauf einiger Jahre und wurde in seinem Amt als Erzieher und Majordomus von Don García de Toledo, einem Bruder des Herzogs von Alba, ersetzt.

Als Studienleiter seines Sohnes, dem ein Mönch schon die Anfangsgründe des Latein beigebracht hatte, wählte Philipp Honorato Juan, einen hochgelehrten und sittenstrengen Menschen. Er war, als ihm das heikle Amt der Erziehung des Infanten von Spanien übertragen wurde, noch Laienbruder, nahm dann 1560 die Weihen und erhielt auf die wiederholten Bitten des ihm sehr ergebenen Don Carlos 1564 das Bistum von Osma. Dieser rechtschaffene, von den größten Humanisten seiner Zeit geschätzte Mann war aufs höchste für die ihm von Philipp übertragene Aufgabe geeignet und begab sich mit Feuereifer ans Werk. Sowohl Karl V. wie Philipp kümmerten sich auch aus der Ferne um die Fortschritte des Infanten und unterhielten einen lebhaften Briefwechsel mit seinem Erzieher. Man hat einige dieser Briefe aufgefunden und kann ihnen entnehmen, daß der Prinz sich im Anfang gutwillig dem Studium unterwarf. Doch erlaubt ein in einem Brief des Kaisers an Honorato enthaltener Satz (Januar 1555) die Vermutung, daß Don Carlos eine gewisse Ruhelosigkeit oder Nervosität gezeigt habe, über die sich Großvater und Vater beunruhigten. „Ich beauftrage Euch", schrieb Karl V., „ihn in jeder Weise anzuhalten, sich zusammenzunehmen, und dafür zu sorgen, daß er sich gemäßigt, bescheiden und nicht so frei betrage, wie es bis jetzt, wie man mir berichtet, nur allzusehr der Fall war." Diese Besorgtheit verleugnete sich nie. In einem Brief aus London gab Philipp Honorato den Rat, Don Carlos als Einführung in die Studien die leichtesten Autoren zu geben, und der Kaiser empfahl ihm aus Brüssel, den Enkel so viel wie möglich von der Gesellschaft der Frauen fernzuhalten.

Karl V. hatte den Enkel nie gesehen. Als Don Carlos erfuhr, daß sein Großvater in Laredo gelandet sei (September 1556), wollte er ihm entgegeneilen; als aber Don

García de Toledo ihm vorhielt, er könne das nicht ohne eine ausdrückliche Ermächtigung des Kaisers tun, ließ sich der Prinz bewegen, seinem Großvater ein Willkommschreiben zu schicken, in dem er ihn anflehte, ihn wissen zu lassen, ob und wo er ihn empfangen wolle. Man kann sich leicht den brennenden Wunsch des Jünglings vorstellen, seinen großen Ahn zu sehen, von dessen Heldentaten die Welt erfüllt war. Die Zusammenkunft fand Ende Oktober in Valladolid statt, wo sich, wie schon erwähnt, Karl V. auf dem Wege nach Yuste vierzehn Tage aufhielt. Sicherlich hatten Großvater und Enkel in diesen beiden Wochen manche Unterredung; es ist anzunehmen, daß der Kaiser einen Einblick in den Charakter des Prinzen gewinnen wollte; doch ist uns nichts Genaues davon überliefert, mit Ausnahme einer Anspielung in einem Briefe des Almoseniers Francisco Osorio an Philipp II. und einer von Badoero herrührenden Anekdote, der Kaiser habe „muy gran contentamiento“ (sehr große Befriedigung) im Gespräch mit dem Infanten gefunden.

Die Äußerungen Francisco Osorios sind immer mit Vorsicht zu genießen, da dieser gute Mann als vollendeter Höfling in Don Carlos das Muster aller Tugenden sah; doch wird seine Behauptung in diesem Falle von Badoero bekräftigt, welcher schreibt: „Der Prinz von Spanien Don Carlos steht so sehr bei Seiner Kaiserlichen Majestät in Gunst und Gnade, wie man es sich nur denken kann.“ Eines Morgens, berichtet der venezianische Gesandte, erzählte der Kaiser dem Infanten seine Kriegsabenteuer und war „unbeschreiblich fröhlich“, als der Knabe großes Interesse an seinen Geschichten zeigte. Als er darauf zu sprechen kam, wie er 1552 gezwungen war, mitten in der Nacht aus Innsbruck zu fliehen, um dem Kurfürsten Moritz von Sachsen, der mit seinem Heere nahte, nicht in die Hände zu fallen, erklärte der junge Prinz, das würde er sicher nicht getan haben. Der Kaiser setzte ihm auseinander, wie er damals ohne Geld, ohne Soldaten und krank gewesen sei; aber Don Carlos bestand erregt darauf, daß er nie geflohen wäre. Nun versuchte Karl, ihm seine damalige Lage begreiflich zu machen, indem er ihm sagte, er solle sich einmal vorstellen, er wäre allein und würde von einer Anzahl seiner Pagen verfolgt, die ihn überwältigen wollten; könne er sich in einem solchen Fall anders als durch Flucht retten? Aber „zur Verwunderung und zum Gelächter Seiner Majestät“ ließ sich der Prinz nicht überzeugen und wiederholte immer zorniger, er würde nie und nimmer geflohen sein.

IV.

Hier haben wir den ersten Beweis des Stolzes, der einen der grundlegenden Charakterzüge des Infanten bildete: das Gefühl für die Rolle, die er auf Grund seiner hohen Geburt auf der Weltbühne spielte, brannte lebhaft in ihm, und der Gedanke an jene unbegrenzte Macht, die er früher oder später aus den Händen seines Vaters empfangen würde, beschäftigte ihn unaufhörlich; als ihm die Behauptung zu Ohren kam, ein etwa aus der Ehe Philipps mit Maria Tudor geborener Sohn würde statt seiner die Niederlande erben, rief er, nie würde er etwas Derartiges erlauben. „Er macht den Eindruck eines äußerst stolzen Menschen“, schrieb Badoero, „denn er kann es nicht über sich gewinnen, lange mit dem Barett in der Hand vor seinem Vater zu stehen, den er Bruder nennt, und den Kaiser, seinen Großvater, nennt er Vater.“

Der spanische Thronerbe konnte den Titel „principe“ nicht eher führen, als bis ihm die Cortes den Treueid geleistet hatten; bis dahin war er einfach der „infante“; aber seit dem Tage, als Philipp in einem Briefe an Antonio de Rojas sich bei der Erwähnung seines Sohnes das Wort „principe“ hatte entschlüpfen lassen, wollte dieser von keinem andern Titel mehr wissen, und es hätte auch keiner gewagt, ihm einen andern zu geben.

Dieser Stolz fand tausend Gelegenheiten, sich zu bekunden; zum Beispiel liebte Don Carlos über alles, Geschenke zu machen. Er meinte, ein großer Fürst müsse freigebig sein: hatte er also kein Geld, was oft bei ihm vorzukommen schien, so verschenkte er seine goldenen Ketten und Medaillen und sogar die eigenen Kleidungsstücke. Folgende Episode gibt ein Beispiel für diese Art von Freigebigkeit: Hernán Suárez, der zweite Erzieher des Infanten, besaß drei Töchter, denen er in seiner Armut keine Aussteuer mitzugeben vermochte. Don Carlos, der nicht über viel Geld verfügen konnte, stellte ihm einen Schein folgenden Inhalts aus: „Mit diesem mit meinem Namen unterzeichneten und mit meinem Siegel versehenen Schuldschein erkläre ich, Prinz Don Carlos, daß ich Euch, Doktor Hernán Suárez, meinem hochverehrten Freunde, die Summe von zehntausend Dukaten für die Aussteuer Eurer drei Töchter geben werde, wenn ich in der Lage bin." All dies ist um so bemerkenswerter, als der habsburgische Geiz sprichwörtlich war; man erzählte sich, daß Karl V. dem Soldaten, der ihm nach dem Sieg von Pavia Degen und Panzerhandschuh Franz' I. von Frankreich nach Spanien gebracht hatte, nur hundert Silbertaler geschenkt habe.

Badoero erwähnt, daß der ehrliche Honorato Juan, reich „an viel schönen Sitten, wie man sie bei allen anderen Spaniern zu sehen wünschen würde", immer aus „De officiis" von Marcus Tullius Cicero mit seinem Schüler las, um dessen feuriges Temperament und glühenden Ehrgeiz zu dämpfen; doch muß man annehmen, daß diese Art von Behandlung nur sehr wenig wirksam war. Wenn auch der Almosenier Francisco Osorio fortfuhr, sich in seinen Briefen außerordentlich zufrieden über Don Carlos' Fortschritte „in omni re scibili"[48] zu erklären, war Don García de Toledo weit entfernt, so optimistisch zu sein, und bat den Kaiser dringend, jenen zu mißtrauen, die, weil sie nicht wie er Gelegenheit hätten, den Prinzen aus der Nähe zu beobachten, ihm, dem Kaiser, anderslautende Berichte sandten. In Wahrheit zeigte Don Carlos keinerlei Liebe zum Studium: „Weder meine Worte", schreibt Don García, „noch die gebührend strenge Zucht haben die nötige Wirkung.“ Bei dieser Gelegenheit bat auch der Erzieher Karl V., den Enkel für einige Zeit nach Yuste kommen zu lassen. Johanna vereinigte ihre Bitten mit denen Don Garcías und schrieb an ihren Vater: „Eure Majestät kann sich nicht vorstellen, wie sehr es notwendig ist, daß Sie uns allen diese Gnade erweise.“ Karl V. lehnte ab, und man hat in dieser Ablehnung die Bestätigung der Gerüchte erblickt, nach denen der Kaiser bei dem Zusammensein einen sehr ungünstigen Eindruck von dem Enkel erhielt. Inzwischen wurde Osorio nicht müde zu schreiben, Seine Hoheit nehme jeden Tag zu „en cristiandad, bondad, virtud y entendimiento todo lo que se puede desear.“[49] Aber im Oktober 1558, einen Monat nach dem Tode des Kaisers, schrieb Honorato Juan einen merkwürdigen Brief an Philipp II., aus dem die Sorge eines rechtschaffenen Mannes vor einer zu schweren Verantwortung deutlich spricht. Honorato mußte mit Schmerz zugeben, daß der Prinz trotz seiner Bemühungen nicht die Fortschritte mache, die füglich von ihm erwartet werden könnten. Er habe nicht den Mut, die Ursache zu schreiben, aber sicher würde Seine Majestät sie irgendwann einmal von Seiner Hoheit erfahren. Der Brief schloß mit folgenden Worten: „Ich flehe Eure Majestät an, meine Kühnheit zu verzeihen und diesen Brief zu vernichten, weil es nicht wünschenswert ist, daß er anderen zu Gesicht kommt.“ Was eigentlich Honorato mit dieser geheimnisvollen Andeutung meinte: „La causa de donde yo pienso que esto procede, entenderá por adventura de Su Alteza algun dia“,[50] ist nicht ganz klar. Man versteht auch nicht, ob Honorato mit „Su Alteza“ den Prinzen — wie Moüy denkt — oder — wie, einleuchtender, Gachard — die Prinzessin Johanna meint. Aber das Wichtigste wäre, festzustellen, auf was sich die übervorsichtigen Worte Honoratos beziehen. Güell y Renté, welcher die ganze Geschichte des Don Carlos mit einzigartiger Freimütigkeit behandelt, behauptet, Honorato habe dem König zu verstehen geben wollen, wie verhängnisvoll die höfische Unterwürfigkeit Osorios und vielleicht auch anderer Vertrauter des Prinzen sei. So faßte es auch Philipp auf, der zwar Honorato beruhigte, aber auch an Don García de Toledo schrieb und ihn beauftragte, ein Auge auf die Personen zu haben, die sich an den Prinzen heranmachten. Lag aber weiter nichts vor, wäre es dann nötig gewesen, so geheimnisvoll zu tun? Der Infant war der gemeinschaftlichen Obhut Honoratos und Don Garcías anvertraut; beide Männer waren sich völlig einig über die Notwendigkeit, streng mit ihrem Schutzbefohlenen zu sein, wie auch über die Wichtigkeit der ihnen anvertrauten Aufgabe, einen Herrscher zu erziehen, der einmal das größte Weltreich besitzen würde. Wären sie der Meinung gewesen, die unbedeutende Gestalt des Almoseniers bilde ein Hindernis zur Erfüllung dieser Aufgabe, so hätten sie sicher ein Mittel gefunden, ihn durch einen strengeren Priester ersetzen zu lassen.

Augenscheinlich steckte etwas anderes dahinter: die Bitte Honoratos an den König, seinen Brief zu vernichten, ist bedeutsam. Sie bringt eine ähnliche Bitte in Erinnerung: jene, mit der ein halbes Jahrhundert früher die Hofärzte nach einem Besuch bei Johanna der Wahnsinnigen ihren vieldeutigen Bericht an den König Ferdinand geschlossen hatten. Schon seit einiger Zeit litt Don Carlos unter Wechselfiebern, die ihn nicht mehr loslassen sollten. Sein Organismus war wohl nicht sehr widerstandsfähig. Schon im August 1557 hatte Don García dem Kaiser geschrieben, daß Don Carlos' Aussehen nicht gut sei („la color no trae buena, y siempre la ha tenido así, pero, con no ser de mala disposición, no hai que parar de esto").[51] Die kastilischen Sommer sind glühend heiß, und beim Wechsel der Jahreszeit wurden immer zahllose Bewohner der Städte vom Sumpffieber dahingerafft. Im Herbst 1557 war Valladolid besonders betroffen, und Don Carlos erkrankte. Man erwog eine Luftveränderung, und Don García ließ in verschiedenen Städten Erhebungen anstellen, aber ohne Erfolg: Weder in Toro, noch in Burgos, noch in Tordesillas war die Lage besser als in der Hauptstadt.[52] Diese erste Erkrankung dauerte nicht lange; doch mit der Zeit wiederholten sich die Anfälle und beeinflußten auf die Dauer die Entwicklung des Infanten; so denkt wenigstens Prescott, wenn er schreibt: „Unter der Wirkung dieser grausamen Krankheit ließen seine Verstandeskräfte nach, seine Konstitution wurde geschwächt, und seine Kräfte nahmen in einem Maße ab, daß man fürchtete, er würde das Mannesalter nicht erreichen." Es ist also möglich, daß hinter der Unlust des Prinzen eine wirkliche physische Unfähigkeit, zu lernen und das Gelernte zu behalten, steckte; aus den Briefen Don Garcías erfährt man, daß Don Carlos auch keine Neigung zu ritterlichen Übungen und Fechten zeigte und sich überhaupt nicht anstrengte, wenn nicht eine Belohnung winkte, auch mit solchem Widerwillen ein Pferd bestieg, daß Don García, um jede Gefahr zu vermeiden, entschied, ihn so wenig wie möglich reiten zu lassen. Diese übereinstimmenden Berichte erlauben es, uns ein Bild von dem Don Carlos der damaligen Zeit zu machen. Badoero schildert ihn mit einem im Verhältnis zum Körper übermäßig großen Kopf und kränklicher Gesichtsfarbe. Wir wissen weiter, daß er erst im dritten Lebensjahr einige Wörter stammeln konnte und sich später immer so unbeholfen ausdrückte, daß ihm mit einundzwanzig Jahren ein Schnitt ins Zungenband gemacht werden mußte; für diesen Eingriff erhielt der Hofbarbier Ruy Diaz de Quintanilla 1100 Realen. Wir wissen weiter, daß seine Stimme dünn und hoch war, daß er leicht hinkte und, wenigstens in den letzten Jahren seines Lebens, im Gebrauch der rechten Körperhälfte behindert war: es ist nicht schwer, sich den trägen, teilnahmslosen, von furchtbaren Fieberanfällen entkräfteten Jüngling vorzustellen, deren langsame Arbeit sich in der Blässe des Gesichtes und Zunahme der rachitischen Symptome (eine Folge der engen Blutsverwandtschaft beider Eltern) verriet.

V.

Am 21. Mai 1559 wohnten die Einwohner von Valladolid dem großen und erhebenden Schauspiel eines „auto de fe" bei. Einige Wochen vor Karls V. Tode hatten die Inquisitoren entdeckt, daß sich die Lehren der Reformation in den verschiedensten Städten Spaniens verbreitet hatten, und zwar durch Personen, die mit jenen Reichsländern in häufiger Verbindung standen, in denen die Ketzerei aufgekommen war und schon längst alle Gesellschaftsklassen durchdrungen hatte. In Spanien gewann die neue Religion Anhänger besonders unter der Geistlichkeit und im Schoß einiger Adelsfamilien, während die kleinen Leute, die an den katholischen Traditionen hingen, von der Ansteckung weniger berührt wurden. Jedenfalls gaben sich die spanischen Lutheraner große Mühe, ihre Lehren zu verbreiten und die argwöhnische Wachsamkeit der Inquisition zu täuschen; die in Deutschland gedruckten ketzerischen Bücher wurden mit Hilfe der französischen Hugenotten über die Pyrenäen auf die iberische Halbinsel eingeschmuggelt. Als der Großinquisitor Fernando Valdés, Erzbischof von Sevilla, auf Grund der Anzeigen irgendwelcher armer Teufel, die einmal von der verbotenen Speise genascht hatten und sofort entsetzt zurückgewichen waren, Wind bekam von dem, was vorging, hatte sich das Übel schon beträchtlich ausgedehnt. Fernando Valdés beeilte sich nicht; er fühlte, daß, um Spanien ein für alle Male vom ketzerischen Aussatz zu retten, es nötig sei, ihn gründlich auszubrennen. Er war ein entschlossener, unbeugsamer, aber vorsichtiger Mann. Wochen-, monatelang spannte er seine Netze nach allen Richtungen mit solcher Vorsicht aus, daß die Schuldigen nicht das geringste ahnten. Spione mußten die heimlichen Abendmahlversammlungsorte der Ketzer besuchen, um dort Namen und Indizien zu sammeln, und die Häscher der Inquisition verrichteten Wunderdinge an Schlauheit. Sicher träumte Fernando Valdés, der in seiner Art ein Künstler gewesen sein muß, davon, eine der größten politischen Aktionen, die die Geschichte kennt, zum Triumph der Religion zur größten Vollendung zu führen; doch zwang ihn ein unvermutetes Ereignis, die Dinge zu beschleunigen.

Der Bischof von Zamora benutzte die Fastenzeit, um in der Kirche die alten Hirtenbriefe vorlesen zu lassen, die den Gläubigen die Verpflichtung auferlegten, Sünden und Irrlehren, die ihnen möglicherweise zu Ohren kamen, anzuzeigen: er erfuhr auf diesem Wege, daß ein Edelmann namens Christobal de Padilla verdächtige Äußerungen in Sachen der Religion gemacht habe. Padilla wurde sofort in Gewahrsam genommen; doch hatte er noch Zeit, die am meisten belasteten Freunde zu warnen, welche durch ihre Flucht das Alarmzeichen gaben. Jetzt gab Fernando Valdés das Zögern auf und zog das Netz zusammen. Es war wirklich ein wunderbarer Fischzug, wie der Simon Petri, als Christus ihm gesagt hatte: „Fahre auf die Höhe und werfet eure Netze aus." Allein in Valladolid war die Zahl der Verhafteten achthundert.

Die Entrüstung Karls V. und Philipps II. war ungeheuer, als sie erfuhren, daß sogar in ihrem allergläubigsten Spanien der schlimme Same gekeimt hatte. Paul IV. ermahnte von Rom aus den Kaiser und den König, erbarmungslos vorzugehen, und befahl dem Großinquisitor, alle der Ketzerei verdächtigen Personen, ohne Rücksicht auf ihren Rang, unnachsichtlich zu bestrafen. Aus Yuste schrieb Karl V. Briefe über Briefe an die Regentin von Spanien, die Prinzessin Johanna, um so schnell wie möglich zu erreichen, daß „los erejes sean oprimidos y castigados con toda la demostración y rigor conforme a sus culpas",[53] und Philipp erließ von Brüssel aus ein Dekret, das jeden, der lutherische Bücher verkaufe, kaufe oder lese, zum Tod auf dem Scheiterhaufen verurteilte.

Das „auto de fe" vom 21. Mai war also die erste Frucht der geduldigen Arbeit der Inquisitoren. Seit acht Monaten ruhte Karl V. im Grabe. Man darf annehmen, daß er, wenn noch am Leben, bei diesem Feste nicht gefehlt hätte. War er es nicht gewesen, der bei der Nachricht, Maria Tudor habe einige Ketzer verbrennen lassen, unter ihnen den Bischof von Canterbury, ausrief: „Wenn ich tot wäre, würde mich eine solche Nachricht wieder lebendig machen!“ Doch das Grab des Klosters Yuste war fest geschlossen, und an jenem Maitage saß an Stelle des Kaisers der blasse und schmächtige Jüngling, der seinen Namen geerbt hatte, unter dem königlichen Baldachin, gegenüber dem für die Verurteilten bestimmten Gerüst. Ihm zur Seite, ernst und streng in ihrer Witwentracht, Johanna von Österreich.

Die Zahl der Büßer war annähernd dreißig, von denen die Hälfte nach Anhörung des Spruches, der sie zur Kerkerhaft verurteilte, in ihre Zellen zurückgeführt wurde. Alle andern wurden verbrannt; aber nur einer, der Baccalaureus Antonio Herrezuelo, bestieg freudig den Scheiterhaufen und zeigte bis zum Schluß eine bewunderungswürdige Festigkeit. Alle seine Gefährten, an ihrer Spitze ein Priester namens Cazalla, der einer der glühendsten Verkünder der Reformation gewesen war, schwuren die Ketzerei ab; aber, wie ein Chronist der Zeit bemerkt, sehr wahrscheinlich nur, um die Gnade zu erlangen, mit dem „garrote“, dem Würgeisen, erdrosselt zu werden, ehe sie den Flammen überliefert wurden. Unter ihnen befanden sich fünf Frauen.

Unwillkürlich drängt sich eine Frage auf: Was für einen Eindruck machte dieses traurige Schauspiel auf Don Carlos’ Gemüt? Unmöglich, diese Frage zu beantworten: de Moüy — der doch in seinem von Tatsachen strotzenden Buch kaum Platz für das Pathetische hat — fragt sich sogar, ob der junge Prinz gleichgültig bleiben konnte, als er sah, wie all die Menschen, die er liebte und achtete, mit ihrer Gegenwart das Hinmorden so vieler Unschuldiger guthießen. Güell y Renté fragt sich auch, ob die Erschütterung, die der Infant beim Anblick dieser schrecklichen Massenexekution im Namen Gottes erlitten haben muß, nicht etwa Ursache einer jener Gemütsbewegungen in ihm war, die „das Leben in eine schwermütige Verzweiflung tauchen". Llorente geht noch weiter und behauptet, darin von Prescott unterstützt, daß Don Carlos seit jenem Tage einen unversöhnlichen Haß gegen die Inquisition faßte. Ich glaube, beide Schriftsteller würden sehr in Verlegenheit geraten, hätte man von ihnen einen Beweis für diese Behauptungen verlangt. Man kann nicht oft genug wiederholen, daß Don Carlos, besonders als ganz junger Mann, dem Psychologen, der seine Gefühle und Gedanken erraten möchte, keinerlei Anhaltspunkt bietet. Aus Mangel an Dokumenten müssen wir annehmen, daß seine Reaktionen angesichts des Schauspiels eines „auto de fe" denen der spanischen Herren glichen, die stolz waren, bei den Prozessionen den Inquisitoren als Leibwache zu dienen.

Außerdem bildete die lange Zeremonie, die sich auf der Plaza Mayor von Valladolid abwickelte und sich auf die Verlesung der Urteilssprüche und eine lange Glaubenspredigt beschränkte, nur den Auftakt zu dem richtigen „auto de fe". Gachard beweist dies klar in Übereinstimmung mit Prescott, indem er ein Kapitel aus dem Werk de Castros wiedergibt, in welchem das „auto de fe" in allen Einzelheiten beschrieben wird. Die Scheiterhaufen waren außerhalb der Stadt an einem „el quemadero", Brandstätte, genannten Ort errichtet. Wenn die Verurteilten von der Inquisition freigegeben und der weltlichen Obrigkeit ausgeliefert waren, wurden sie von den „alguaciles" zum „quemadero" geführt, wobei Mönche ihnen auf dem ganzen Weg das Geleit gaben, um sie zur Reue zu bewegen. Eine große Volksmenge folgte dem Zug, und es ist zu vermuten, daß eine Beteiligung an der Hinrichtung von Ketzern als eine verdienstvolle Handlung angesehen wurde. Doch ist es aber eine Tatsache, daß die Mitglieder der königlichen Familie und die Inquisitoren sich darauf beschränkten, nur dem ersten Teil der Zeremonie beizuwohnen. Man darf also annehmen, daß Don Carlos der Verbrennung der Ketzer vom 21. Mai 1559 nicht zusah. Das gleiche kann man von der andern Ketzerverbrennung, am 8. Oktober desselben Jahres, nach der Rückkehr Philipps II., sagen, bei welcher zwölf Personen den Flammentod erlitten. Trotzdem trägt Leti[54] keine Bedenken, bei Anlaß dieses zweiten „auto de fe" folgendes zu schreiben: „Jedermann war erstaunt, den König Philipp von seinem Fenster aus in die Flammen starren zu sehen, die unter den kläglichen Schreien der Verurteilten gen Himmel zischten, wobei er nicht das geringste Zeichen des Mitleids zeigte, sondern sich viel eher zu freuen schien, was man wahrhaftig von einem so königlichen und großen Geiste nicht erwartet hätte." Voltaire nimmt diesen schönen Passus des italienischen Historikers in seinen „Essai sur les moeurs et l'esprit des nations" auf; dabei hatte Leti wahrscheinlich gemeint, eine guterfundene Anekdote bereite dem Leser mehr Vergnügen als die schmucklose Wahrheit.

Während des „auto de fe" am 21. Mai ereignete sich nun etwas, das nicht schweigend übergangen werden darf. Ehe die Zeremonie begann, näherte sich Magdalena Ulloa, die Frau des prinzlichen Oberstallmeisters Luis Quijada, der Fürstin Johanna: an der Hand führte sie einen wunderschönen Knaben, den die Regentin umarmte und an ihrer Seite niedersitzen ließ, wobei sie ihn mit „Bruder" und „Hoheit" anredete. Don Carlos' Stolz litt sehr unter diesen Ausdrücken der Ehrerbietung und Liebe, mit denen seine Tante einen unbekannten Knaben beschenkte, welcher, unruhig und verwirrt über diese plötzlichen Aufmerksamkeiten, beständig mit ängstlichen Blicken nach Magdalena Ulloa ausschaute, die er bis zum heutigen Tage für seine Mutter gehalten hatte.

Dieser Knabe war der natürliche Sohn Karls V. und der jungen Regensburgerin Barbara Blomberg, welche der Kaiser mehrere Jahre nach dem Tode seiner Gattin kennengelernt hatte. Er war bestimmt, unter dem Namen Don Juan de Austria die Welt mit dem Glanz seiner Heldentaten zu erfüllen. Zwei Jahre jünger als der Infant Don

Carlos, sein Neffe, hatte der künftige Sieger der Schlacht von Lepanto doch ein viel kräftigeres und gesünderes Aussehen; das alte Habsburgerblut schien sich in der Vermischung mit dem plebejischen Blut seiner Mutter von den atavistischen Schwächen gereinigt zu haben. Mehrere Jahre eines freien Landlebens in der Nähe von Madrid waren für die Entwicklung des Knaben günstig gewesen und hatten ihn abgehärtet. Vor sieben Jahren war dann der Kaisersohn der Obhut des Don Luis Quijada und seiner Frau anvertraut worden, die sich in Villagarcía in der Umgegend von Valladolid niedergelassen hatten. Niemand, nicht einmal Magdalena Ulloa, hatte eine Ahnung von der wahren Herkunft des Knaben gehabt. Später, nachdem sich der Kaiser nach Yuste zurückgezogen hatte, siedelte Don Luis in ein dem Kloster nahegelegenes Dorf über. Wahrscheinlich sah der Kaiser in den letzten Jahren seines Lebens häufig diesen Sohn und erfreute sich sicher am Anblick dieses kräftigen Sprossen zu Füßen des morschen Stammes seines Geschlechtes. Mit der Zeit verbreitete sich das Gerede über den Knaben, den Don Luis aufzog. Man weiß nicht genau, auf welche Weise Johanna zur Kenntnis vom Dasein dieses Bruders gelangte; sicher ist, daß sie ihren Sekretär beauftragte, Erkundigungen über ihn bei Quijada einzuziehen; auf die ausweichenden Antworten des letzteren hin benutzte sie seine Abwesenheit, um sich den Knaben von Magdalena Ulloa nach Valladolid zu dem „auto de fe" bringen zu lassen.

Doch fand die offizielle Anerkennung des Bastards Karls V. erst bei der Rückkehr Philipps II. nach Spanien statt. Philipp war durch einen Brief unterrichtet, den der Kaiser vorsorglich schon 1554 geschrieben hatte und den man bei seinem Tode versiegelt unter seinen Papieren vorfand. In diesem Brief äußerte Karl V. den Wunsch, der Sohn von Barbara Blomberg möge in den geistlichen Stand treten; sollte er jedoch das weltliche Leben vorziehen, so möge ihm der König von Spanien einen seiner Herkunft würdigen Besitz im Königreich Neapel zuweisen. Aber Philipp zog es vor, den jungen Bruder bei sich zu behalten, und dieser leistete ihm später die treuesten Dienste. Für den Pflegling Don Luis' und Magdalenas war der Übergang aus einem bescheidenen und stillen Leben an den glänzenden Hof ein jäher. Wenn wir aber dem Biographen Magdalena Ulloas Glauben schenken dürfen, brachte ihn dies keineswegs aus der Fassung.

An dem von Philipp II. für das Zusammentreffen mit seinem jungen Bruder festgesetzten Tage ritt ihm Don Luis auf dem schönsten Pferde aus den königlichen Stallungen entgegen, neben sich seinen Pflegling auf einem unansehnlicheren Pferde. Die Begegnung sollte in einem großen Park in der Umgegend von Valladolid stattfinden. Als Don Luis merkte, daß die Eskorte des Königs sich näherte, stieg er vom Pferd, beugte das Knie zur Erde und bat den Knaben, ihm seine Hand zum Kusse zu reichen, worauf er ihn aufforderte, sein, Don Luis' Pferd zu besteigen. Der Knabe war verblüfft, doch dauerte seine Verwunderung nicht lange; sicher hatten den Sohn von Barbara Blomberg in der letzten Zeit manche Dinge nachdenklich gemacht: der seltsame Empfang vor einigen Monaten durch Johanna von Österreich, die ihn „Bruder" und „Hoheit" genannt hatte, sowie die Ahnung eines Geheimnisses, das um seine Geburt sein mochte, hatten Träume in ihm geweckt und ein Vorgefühl seiner künftigen Größe. Der Biograph Magdalena Ulloas erzählt, daß der Knabe sich im Augenblick des Aufsitzens „con airosa grandeza"[55] an Don Luis wandte und sagte: „Wenn die Dinge nun einmal so liegen, so haltet mir den Steigbügel."

Gleich darauf stand er Philipp gegenüber, der ihn fragte, ob er wisse, wer sein Vater sei, und, den verlegen den Kopf senkenden Knaben liebevoll umarmend, ausrief: „Mut, mein Kind, du stammst von einem großen Manne ab. Kaiser Karl V., der jetzt im Himmel ist, ist dein und mein Vater." An diesem Tag erklärte Philipp: „Niemals habe ich von der Jagd ein so schönes Wild nach Hause gebracht.“ Der junge Pflegling Luis Quijadas aber hätte die Worte des Calderónschen Siegismund sprechen können: „Fortuna, wir werden herrschen. Wecke mich nicht, wenn ich schlafe, wenn es aber wahr ist, schläfere mich nicht ein.“

VI.

Philipp kehrte am 8. September 1559 nach Spanien zurück, um es nicht wieder zu verlassen. Fünf Jahre lang hatte er das Land in den Händen Johannas von Österreich gelassen, und das Bedürfnis nach seiner Gegenwart war sehr stark. Er gab selbst zu, daß Spanien Grund zur Unzufriedenheit habe; denn jahrelang hatten seine Herrscher ihm kein anderes Zeichen ihres Wohlwollens gegeben als die beständige Forderung ungeheurer Geldopfer. Der Einzug des Königs in Valladolid vollzog sich unter großen Festlichkeiten am 14. September 1559. Am 8. Oktober fand das schon erwähnte „auto de fe“ statt. Inzwischen hatte der König die Cortes einberufen, die er um neue Subsidien angehen wollte, welche die durch die Kriege in Frankreich und Italien gefressenen Löcher im Staatssäckel stopfen sollten. Außerdem mußte er ihnen seine bevorstehende Heirat mit Elisabeth von Valois, einer Tochter von Heinrich II. und Katharina von Medici, ankündigen.

Maria Tudor, die, wie ihre Mutter Katharina von Aragón und ihre Großmutter, Isabella von Kastilien, an Wassersucht litt, war am 17. November nach nur fünfjähriger Regierung gestorben. Bei dieser Gelegenheit zeigte Philipp von neuem, wie seine Politik immer von dem Bemühen beherrscht war, die Pläne Frankreichs zu durchkreuzen, das lebhaftes Interesse an Schottland und dessen Regentin Maria von Guise hatte und Maria Stuart, die Gattin des Dauphin, auf dem englischen Thron zu sehen wünschte. Daher hatte Philipp, sobald er von dem besorgniserregenden Gesundheitszustand Maria Tudors Kenntnis erhielt, den Herzog von Feria nach London gesandt, der sich darum bemühen sollte, Elisabeth, der Tochter von Heinrich VIII. und Anna Boleyn, den Thron zu sichern. Dies war im Augenblick das einzige Mittel, England dem französischen Einfluß zu entziehen. Philipp gab sich der Hoffnung hin, später durch einen politischen Schachzug, eine Heirat mit Elisabeth, einen Gewinn für sich und Spanien daraus zu ziehen. Aber diesmal hatte der neunmalkluge Philipp eine seiner würdige Gegnerin gefunden. Auf die Werbung, die ihr der Herzog von Feria im Namen des Königs von Spanien überbrachte, antwortete Elisabeth, sie könne etwas so Wichtiges nicht entscheiden, ehe sie sich nicht mit dem Parlament beraten habe; doch, sollte sie sich entschließen zu heiraten, so würde ihre Wahl auf keinen andern als Philipp II. fallen. Dieser hatte, wie man denken kann, die Bedingung gestellt, Elisabeth müsse Katholikin werden. Die Katholikenverfolgungen, die auf Anordnung des Parlaments gleich darauf in England einsetzten, waren für Philipp eine deutlichere Antwort als die, welche die Königin seinem Gesandten gegeben hatte. Trotzdem wollte er die Verhandlungen, bei denen er mehr die Interessen der Religion als seine eigenen im Auge gehabt hatte, nicht zu brüsk abbrechen und schrieb dem Herzog von Feria, er möge der Königin offen sagen, daß er, so sehr ihn auch darnach verlange, sie als seine Gattin zu sehen, doch nie in eine Heirat einwilligen würde, wenn sie und England nicht katholisch würden. Doch hatte Elisabeth, ihrer selbst und ihres Volkes sicher, bereits eine Politik eingeschlagen, die sie zur natürlichen Feindin Spaniens machen mußte. Die Antwort lautete, sie habe nicht die Absicht, zu heiraten. Als guter Fechter parierte Philipp den Hieb und suchte sich anderweitig zu entschädigen. Während der ersten Fühlungnahme für den Frieden von Cateau-Cambrésis war von einer Heirat zwischen Elisabeth, einer Tochter von Heinrich II. und Katharina von Medici, und Don Carlos die Rede gewesen, mit der Absicht, dem Vertrag etwas von dem Demütigenden zu nehmen, das die Franzosen darin empfinden könnten, daß sie gezwungen wurden, den Siegern Land und Städte zu überlassen. Als die Friedensverhandlungen im Februar 1559 wieder aufgenommen wurden, war die Hoffnung auf eine englische Heirat Philipps grade verflogen; der noch jugendliche König von Spanien konnte nicht Witwer bleiben: deshalb stand sein Name an Stelle desjenigen seines Sohnes unter dem Friedensvertrag, der im April unterzeichnet wurde.

Der Altersunterschied zwischen den Brautleuten war bedeutend — fast achtzehn Jahre —, bildete aber kein unbedingtes Hindernis. Einige Historiker haben sich darin gefallen, Philipp als einen Graubart hinzustellen, der dem eigenen Sohn die junge Braut wegnahm. Aber der spanische König war erst 32 Jahre alt und noch ein schöner Mann, der sicher einem jungen Mädchen besser gefallen konnte als ein vom Fieber erschöpfter Jüngling wie Don Carlos. Die Ehe wurde durch einen Bevollmächtigten am 24. Juni 1559 in Paris geschlossen, wobei der König, welcher sich noch in den Niederlanden aufhielt, durch den Herzog von Alba vertreten wurde. Aus den Briefen des Herzogs von Feria an Philipp ging hervor, daß Elisabeth von England, entgegen ihrer früheren Verachtung für die Werbung des Königs von Spanien, beleidigt war, in solcher Schnelligkeit ersetzt worden zu sein. Sie stritt dem Herzog ab, ein kategorisches Nein auf seinen für Philipp gestellten Antrag gesagt zu haben; worauf der Herzog ihr zu verstehen gab, er hätte es nicht gern zu einem noch entschiedeneren Nein kommen lassen wollen, „por no dar motivo a indignaciones entre dos tan grandes príncipes“.[56]

Ende des Jahres 1559 traf Elisabeth von Valois in Spanien ein. Die Trauung wurde am 31. Januar 1560 in Guadalajara vollzogen. Gachard behauptet, der Infant habe wegen des ihn ständig quälenden Fiebers der Feierlichkeit nicht beiwohnen können. Dies ist allem Anschein nach wahr: wir wissen tatsächlich, daß Don Carlos bei der Eröffnung der Cortes am 9. Dezember des vorangegangenen Jahres

„mager und vom Quartanfieber verzehrt" an der Seite seines Vaters erschienen war, und daß sein Gesundheitszustand Philipp gezwungen hatte, die Feier der Anerkennung des Infanten als präsumtiven Thronerben zu verschieben.

Trotzdem behauptet de Moüy, Don Carlos habe, wenn auch fieberkrank, der Hochzeit beigewohnt. Auch Leti versichert, daß „die Königin merkwürdig ergriffen schien von einem Gefühl schwermütiger Leidenschaft beim Anblick eines so wohlgestalteten Prinzen". Über diese erste Begegnung Elisabeths mit Don Carlos haben die Historiker ihrer Phantasie reichlich freien Lauf gelassen, und die böse Zunge Brantômes gibt der Szene noch ein Körnchen Würze. Nach der Aussage des unverbesserlichen Herrn von Bourdeille soll Elisabeth, als sie das erstemal ihrem königlichen Gatten gegenübertrat, ihn so forschend angesehen haben, daß Philipp sie trocken fragte: „Que mirais si tengo canas?"[57]

Hier ist die gefühlvolle Note unvermeidlich. Güell y Renté meint, daß Elisabeth, als sie den König unverwandt anschaute, nur einen unwillkürlichen Vergleich zwischen ihm und Don Carlos zog, über den er äußert: „Wenn schon die ‚autos de fe' sein Herz rührten, wieviel mehr mußte er beim Anblick der jungen Prinzessin leiden, die er einen Augenblick gehofft hatte, an Stelle seines Vaters zu heiraten, der ihn ohne Rücksicht zwang, der Trauung beizuwohnen", und er schließt: „Auch wenn der Prinz blödsinnig gewesen wäre, mußte dieser Schlag grausam für sein Herz sein!" Brantôme überbot ihn noch, indem er behauptete, daß Don Carlos, nachdem er Elisabeth gesehen, „sich maßlos in sie verliebte und so eifersüchtig war, daß er, so lange er lebte, es seinem Vater nachtrug; seine Verachtung für den, der ihm eine so holde Beute geraubt hatte, war so groß, daß er ihm vorwarf, ihm ein großes Unrecht und eine Beleidigung zugefügt zu haben, indem er ihm diejenige nahm, welche ihm feierlich in einem ordentlichen Friedensvertrag zugesprochen war. Man sagt auch, daß dies zum Teil seinen Tod verursachte . . ."

All dies ist sehr schön und hat den Dichtern Stoff zu leidenschafterfüllten Szenen in den vielen Tragödien gegeben, die auf diese Ereignisse geschrieben wurden.

„Desio, timor, dubbia ed iniqua speme,
Fuor del mio petto omai. Consorte infida
Io di Filippo, di Filippo il figlio
Oso amar, oh . . . Ma ch'il vede, e non l'ama?"[58]

ist Elisabeths Liebesklage im „Filippo" von Alfieri. Doch die historische Wirklichkeit hat solche Ausschmückungen nicht nötig. Die Tragödie des Don Carlos ist keine Wiederholung der Tragödie von Ugo und Parisina. Wahrscheinlich konnte Don Carlos, nach den uns überlieferten Beschreibungen aller, die ihn kannten, mehr Mitleid als Liebe einflößen. Elisabeth aber war, nach den vorhandenen Bildern und auch nach den Äußerungen der venezianischen Gesandten zu urteilen, nicht gerade schön, trotz der überschwenglichen Worte Brantômes: „Die Höflinge wagten nicht, sie anzuschauen, aus Furcht, in Liebe zu ihr zu entbrennen und die Eifersucht des Königs zu wecken", und „die Geistlichen taten desgleichen, aus Furcht vor Anfechtungen." Wir wissen außerdem, daß Katharina von Medici ihrer Tochter häufig Salben schickte, damit sie ihre Haut behandle, die oft mit häßlichen roten Flecken gesprenkelt war. Bei diesen beiden Fünfzehnjährigen von einem „coup de foudre" zu sprechen, ist also wirklich abgeschmackt. Später schloß sich Don Carlos merkwürdig an die Königin an, weil er an ihr eine milde Freundin gefunden hatte, die den Härten seines Charakters mit Nachsicht begegnete. Diese Fürstin, von den Spaniern „la reyna de la paz"[59] genannt, von Natur gütig und einfach, eine ausgezeichnete Gattin und hervorragende Mutter, war wahrscheinlich der einzige Mensch, der einen Einfluß auf Don Carlos hatte. Doch konnte oder wollte sie aus Zurückhaltung und vielleicht auch aus Schüchternheit diesen Einfluß nicht gebrauchen. Sicher ist, daß Don Carlos mit ihr ein andrer war, zugänglich, ehrerbietig, vernünftig. Dann und wann gefiel es ihm, seiner jungen Stiefmutter wertvolle Geschenke zu machen. Dafür erwies ihm die Königin Freundschaft und gab sich, wie wir noch sehen werden, einmal sogar der Hoffnung hin, ihn als Gatten ihrer Schwester Margarethe zu sehen.

Gleich Maria von Portugal schritt Elisabeth rasch über die belebte Bühne des spanischen Hofes. Sie starb am 3. Oktober 1568, wenig mehr als zwei Monate nach Don Carlos. Ihr Tod gab wie der des Prinzen Anlaß zu allerlei Kommentaren, die jeglicher ernsten Grundlage entbehren. Philipps Feinde brachten den Tod des Prinzen mit dem der Königin in Verbindung, und die Legende ihrer Liebe und der Eifersucht Philipps schöpfte neue Nahrung. Ganz andrer Meinung ist der Gesandte von Lucca: „Die Anfänge ihres Leidens hatten ihren Grund außer in einer schwächlichen und mangelhaften Konstitution auch in dem Gebrauch von allerlei Mitteln, besonders auf den Rat von Frauen, damit ein Sohn geboren werde. Aber der unmittelbare Grund ihres Todes lag in der Meinungsverschiedenheit der Ärzte, ob sie schwanger sei oder nicht; da die Meinung, sie sei es nicht, überwog, gab man ihr kurz vor ihrem Tode zwei Arzneien, von denen man annimmt, daß sie den Abortus veranlaßten. Da sie die Purgative nicht abgeben konnte, emissit spiritum.“[60] Noch eingehender schreibt Nobili, der florentinische Gesandte: „Die Ärzte haben offenkundig die Königin getötet, indem sie ihr am gleichen Morgen eine Arznei verabfolgten, beständig Schröpfköpfe auf den Leib setzten und an den Füßen Blut abzapften, so daß dem Fötus die ganze Schädeldecke verbrannt war.“ Die Worte, welche, nach Cabrera, Elisabeth auf dem Totenbette sprach, geben eine Ahnung von dem Adel ihres Charakters. Sie sagte, es schmerze sie, ihren großen Wunsch, der spanischen Krone einen Erben zu schenken und damit dem König, ihrem Gatten, zu dienen, nicht erfüllt zu sehen, da der König es wegen der Liebe, die er ihr erwiesen habe, verdient hätte, durch den Anblick eines Sohnes über den Schmerz getröstet zu werden, den er durch ihren Tod erleide. Dann legte sie dem König ihre Töchter ans Herz und empfahl ihre Hofdamen seiner Güte, besonders die Französinnen, die in einem fremden Lande seines Schutzes dringender bedürften; vor allem beschwor sie ihn, mit ihrer Mutter und ihrem Bruder in herzlichem Einverständnis zu bleiben, wie er es bis jetzt ihr zuliebe getan hatte, und ihnen in dem Kampf gegen die Ketzer und Aufrührer beizustehen, wozu er als Allerchristlichster König und Verteidiger des Heiligen Katholischen Glaubens verpflichtet sei. Sie selbst hoffe in großem Vertrauen auf das Leiden Unsres Herrn und Heilandes an einen Ort zu kommen, wo es ihr vergönnt sei, von Gott ein langes Leben, Ruhm und Glück für Seine Majestät zu erflehen.

VII.

Am 12. Februar war die Königin in Toledo eingezogen. Am 22. des gleichen Monats fand die Anerkennung Don Carlos' als Thronerbe von seiten der Cortes von Kastilien statt, welche seit dem 9. Dezember in jener Stadt tagten. Die Feierlichkeit spielte sich in der Kathedrale ab, wohin sich der König an der Spitze eines langen und prunkvollen Gefolges begab. Die Königin war krank und ans Bett gefesselt; aber die Prinzessin Johanna folgte dem Zug in einer Sänfte. Don Carlos ritt auf einem kostbar aufgezäumten Schimmel, an seiner Seite Don Juan de Austria und Alexander Farnese, der junge Sohn der Statthalterin der Niederlande, Margarethe von Parma, einer natürlichen Tochter Karls V. Der Infant sah blaß und fiebrig aus; Cabrera nannte es: „mal color de quartanario“.[61]

Die Feierlichkeit dauerte von 9 Uhr morgens bis 3 Uhr nachmittags: die Delegierten der Cortes von Kastilien erklärten, Don Carlos, den einzigen Sohn Philipps II., als ihren natürlichen und rechtmäßigen Herrn nach dem Tode seines Vaters anzuerkennen, und Don Carlos verpflichtete sich, ihre Privilegien und Gesetze nicht anzutasten. Dann knieten die Anwesenden nacheinander vor dem zelebrierenden Bischof nieder und leisteten, die Hand auf dem Evangelium, den Schwur, worauf der Prinz ihnen die Hand zum Kusse reichte. Als die Prinzessin Johanna als erste Don Carlos die Hand küssen wollte, ließ dieser es nicht zu, richtete sie auf und umarmte sie. Diese kleine Komödie war im voraus verabredet, um eine schwierige Etikettefrage zu umgehen, weil niemand zu entscheiden gewußt hatte, ob es angängig wäre, daß die Ex-Regentin von Spanien dem Neffen die Hand küsse. Ein Zwischenfall wegen des Vorrangs der Vertreter von Burgos oder der von Toledo zog sich in die Länge und endete mit dem Siege der Toledaner. Als letzter leistete der Herzog von Alba den Treueid, welcher in seiner Eigenschaft als königlicher Großmarschall die Feier geleitet hatte. Als er, sei es aus Stolz oder aus Vergeßlichkeit, den Handkuß unterlassen wollte, schaute ihn der Prinz wütend an. Der Herzog verstand, kniete nieder und bat um Vergebung. De Moüy versichert, daß Don Carlos so weit ging, den König zu zwingen, einzuschreiten und den Herzog von Alba zu veranlassen, auch bei ihm, dem König, Abbitte zu leisten. Man findet aber nichts darüber bei Cabrera, der doch die Huldigungsfeierlichkeiten in Toledo in allen Einzelheiten beschreibt.

In den darauffolgenden Wochen verschlimmerte sich der Gesundheitszustand des Prinzen zusehends, und das Fieber ließ überhaupt nicht mehr nach. Der französische Gesandte berichtete an Karl IX., daß der Prinz so erschöpft und leidend aussehe, daß man fürchten müsse, ihn an Schwindsucht sterben zu sehen, und daß keine große Hoffnung für die Zukunft bestände.

Es war im Herbst des Jahres 1561, am Ende der heißen Jahreszeit, und die Anfälle von Sumpffieber wurden immer besorgniserregender. Philipp holte den Rat der Ärzte ein, nach deren Meinung ein möglichst rascher Luftwechsel für den Prinzen nötig sei. Gern hätte der König seinen Sohn ans Meer geschickt und schrieb auch wirklich an die „corregidores" von Gibraltar, Malaga und Murcia mit der Bitte, ihm Auskünfte über Klima und Heilwirkung der Luft der betreffenden Städte und über „la bondad y propiedad de ella para curarse enfermos de quartana" einzuholen und zuzusenden. Alle Antworten lauteten befriedigend; aber mit dem besten Willen der Welt konnte Philipp seinem Sohn keinen Aufenthalt am Meer verschaffen, da er grade zu jener Zeit in dem akuten Stadium einer Krankheit steckte, die bei den spanischen Königen chronisch war: es war kein Geld da! Obgleich die Cortes auf seine Geldforderungen mit den besten Versprechungen geantwortet hatten, waren die Kassen noch leer. Wenn man Tiepolo glauben darf, war diese Geldnot so groß, daß es „mehrere Tage lang (am Hof) an dem Nötigsten fehlte, um den Tafeldienst für die Edelleute aufrechtzuerhalten". Dies braucht nicht in Erstaunen zu setzen; andere spanische Könige hatten sich schon in noch schlimmeren Lagen befunden. Im 13. Jahrhundert hatte sich Alfons X. von Kastilien gezwungen gesehen, seine Krone dem König von Marokko gegen 600 000 Doppeldukaten zu verpfänden; und im 14. Jahrhundert hatte Heinrich III., „el Doliente" genannt, als er in Burgos übernachtete, vergeblich auf ein Mahl gewartet: nicht nur war kein Geld da gewesen, um es zu bezahlen, es hatte auch keiner dem König Kredit geben wollen, welcher, wenn die Anekdote wahr ist, ein Kleidungsstück verpfänden mußte, um nicht mit leerem Magen zu Bett zu gehen.

In Ermangelung von etwas Besserem und vor der dringenden Notwendigkeit, Don Carlos aus Madrid zu entfernen, entschied sich Philipp für Alcalá de Henares, ein ruhiges Städtchen an den Ufern des Henares, der sich durch eine fruchtbare Ebene mit blühenden Gärten schlängelt. In Alcalá hatte Don Carlos einen Teil seiner frühsten Kindheit verbracht. Die Stadt bot verschiedene Vorzüge: sie lag nur einige Meilen von Madrid entfernt, bot dem Prinzen und seinem Gefolge eine bequeme Unterkunft in dem großen erzbischöflichen Palaste und war Sitz einer berühmten Universität, die der Kardinal Cisneros unter der Regierung von Ferdinand und Isabella gegründet hatte, und an welcher Don Carlos seine Studien fortsetzen konnte.

Der Infant übersiedelte Anfang November 1561 nach Alcalá: in den von Gärten umgebenen und an ruhigen „patios" reichen Palast (jenen spanischen Innenhöfen, in die sich die Stille geflüchtet zu haben scheint), in dem ihm die fast gleichaltrigen Freunde, Don Juan de Austria und Alexander Farnese, Gesellschaft leisteten. Man weiß nicht viel über den Aufenthalt der drei jungen Leute und über ihre Studien. Alcalá liegt nicht weit von Madrid, und dies war möglicherweise für den König Anlaß, den Sohn, den Bruder und den Neffen ziemlich häufig zu besuchen. Die Personen, denen die Sorge für die drei Prinzen übertragen war, begaben sich sicher öfters nach Madrid, um dem Könige über deren Fortschritte in den Studien zu berichten. Wir wissen, daß wenigstens einmal — im März 1562 — Don Carlos, Don Juan und Alexander Farnese sich in das königliche Schloß „el Pardo", einen Lieblingssitz Philipps, begaben, um an einem zu Ehren der Königin und der Fürstin Johanna veranstalteten Fest teilzunehmen. Diese häufigen Berührungsmöglichkeiten machten jede Art von schriftlicher Mitteilung überflüssig und erklären das fast völlige Fehlen jeglicher Dokumente über diesen Lebensabschnitt des Prinzen.

Die Historiker haben den Briefen Tiepolos an die Signoria von Venedig zwei ziemlich unwichtige Anekdoten entnommen: Der König von Portugal hatte Don Carlos einen kleinen Elefanten als Geschenk gesandt, und der Infant erfreute sich derartig „an dem Anblick und Benehmen eines so neuartigen und seltsamen Tieres", daß er es oft mit in sein Zimmer nahm. Dieses noch so übertriebene Vernarrtsein eines Knaben in ein Tier hat nichts Außergewöhnliches an sich. Ebenso geringe Bedeutung hat wohl auch die andere, von dem venezianischen Gesandten berichtete

Begebenheit, in der man schwerlich den Ausdruck einer entschiedenen Bösartigkeit erblicken kann. Eines Tages erschien bei Don Carlos ein westindischer Händler, um ihm eine prachtvolle, auf fast 3000 Taler geschätzte Perle zu zeigen: der Prinz nahm sie in den Mund und verschluckte sie. Der Händler war natürlich außer sich, „hauptsächlich", schreibt Tiepolo, „weil drei Tage vergingen, ehe der Prinz die Perle zurückgab".

Die reine Luft von Alcalá übte eine wohltätige Wirkung auf die Gesundheit des Prinzen aus; längere Zeit schien das Fieber tatsächlich niedergeschlagen; doch war Carlos so wahllos im Essen, daß verschiedentlich schwere Rückfälle eintraten. Jedenfalls war der Frühling 1562 sehr gnädig: ungefähr zwei Monate lang trat das Fieber nicht mehr auf. Die Briefe des französischen Gesandten, welcher Katharina von Medici aufs aufmerksamste über den Gesundheitszustand des Prinzen auf dem laufenden hielt, wurden jeden Tag optimistischer. (Wahrscheinlich hatte Katharina damals schon den Plan gefaßt, die verwandschaftlichen Bande zwischen den spanischen Habsburgern und den Valois durch eine Heirat ihrer Tochter Margarethe mit Don Carlos noch fester zu knüpfen.) Aber diese zeitweilige, hoffnungerweckende Stille war nur die Stille vor dem Sturm. Es scheint, daß der zu jener Zeit siebzehnjährige Don Carlos sein Auge auf ein junges Mädchen, die Tochter eines Palasttorwarts, geworfen hatte. Die beiden jungen Leute gaben sich ein Stelldichein im Park, und der Prinz benutzte zur verabredeten Stunde (es war ein Sonntag, der 19. April) eine dunkle und steile Hintertreppe, stolperte und fiel die fünf Stufen hinunter, wobei er mit dem Kopf unglücklich auf dem Fußboden aufschlug. Auf sein Rufen eilten Don García de Toledo und Don Luis Quijada herbei, richteten ihn mit Hilfe einiger Diener auf, trugen ihn in seine Gemächer und legten ihn aufs Bett. Gleich darauf erschienen die Doktoren Vega und Olivares, die Hausärzte des Prinzen, und Dionisio Daza Chacón, des Königs Chirurg, im Palast. Don Carlos hatte sich eine daumennagelgroße Wunde an der linken Seite des Hinterkopfs zugezogen. Während man ihn verband, sandte Don García de Toledo einen Kammerherrn des Prinzen, Don Diego de Acuña, nach Madrid, um den König von dem Vorfall zu unterrichten. Sofort schickte der König weitere drei Ärzte nach Alcalá: Doktor Gutierrés, seinen Leibarzt, und die Doktoren Portuguez und Pedro de Torres, seine Chirurgen; er selbst folgte ihnen auf dem Fuße. Die Ärzte, welche den Prinzen untersucht und ihn zur Ader gelassen hatten, versicherten ihm, daß die Wunde nicht gefährlich sei, worauf er nach Madrid zurückkehrte, wohin ihn dringende Regierungsgeschäfte riefen.

VIERTES KAPITEL

Das Geheimnis

I.

Der Gesundheitszustand Don Carlos', welcher in den ersten Tagen keinen Grund zur Besorgnis gab, verschlimmerte sich plötzlich. Es sind zwei ausführliche Berichte über den Verlauf seiner Krankheit vorhanden, mit genauen Angaben der angewandten Heilmethoden: einer von der Hand Doktor Dazas, der andre vom Doktor Olivares. Doch sind sie sich so ähnlich, daß man keinerlei Aufschluß über die Persönlichkeit der beiden Verfasser erhält. Höchstens könnte man aus einem Passus bei Olivares schließen, daß dieser ein Mann von freieren Anschauungen als seine Kollegen war; denn, ohne die Möglichkeit einer göttlichen Intervention bei der Heilung des Kranken zu leugnen — ein Akt der Klugheit in einem Lande, in dem die Inquisition wütete —, versicherte er, der Prinz sei in erster Linie nicht durch ein Wunder geheilt, sondern durch „remedios naturales y ordinarios, con los cuales se suelen curar otras enfermedades estando tanto y más peligrosas".[62]

Am 19. April hatte sich der Prinz die Verletzung zugezogen, und erst Mitte Juni konnte er das Bett verlassen:

der tragische und zugleich groteske Tanz der Ärzte um sein Krankenbett hatte nicht weniger als 56 Tage gedauert. Wenn nicht dies Schauspiel von dem Bild eines durch Geburt zu den höchsten Würden ausersehenen Jünglings, über den das Schicksal wie in höhnischem Widerspruch ohne Atempause herfiel, beherrscht und durch die unsichtbare Nähe des Todes grausiger beleuchtet wäre, würde man unwiderstehlich an das fast aristophanische Spiel des Diafoirus und Purgon um Argante, den eingebildeten Kranken von Molière, denken. Man kennt die spanischen Ärzte schon hinreichend aus den Relationen der Gesandten von Lucca und Florenz. „Wer es nicht gesehen hat", schrieb Nobili an Cosimo de Medici, „kann sich die Unkenntnis dieser Wundärzte nicht vorstellen", und der französische Gesandte Fourquevaulx nannte sie eingebildete und anmaßende „grosses bestes".[63]

Don Carlos mußte alle nur erdenklichen Folterqualen durchmachen. Beim ersten Verbinden, das Doktor Daza Chacón besorgte, ermunterte Don Luis Quijada den Arzt, da er fürchtete, dieser würde vielleicht einem so erhabenen Kranken gegenüber nicht genügend energisch sein: „Behandelt Seine Hoheit nicht wie einen Prinzen, sondern wie irgendeinen beliebigen Kranken." Eine unnütze Ermahnung, denn Don Carlos wurde reichlich purgiert, wiederholt zur Ader gelassen und von den Ärzten gewissenhaft bis an den Rand des Todes gebracht. Man kann sagen, daß es wirklich nicht an den Ärzten lag, wenn er nicht starb. Neun bis zwölf umstanden sein Bett, und es blieb ihm nicht einmal die Zuziehung eines maurischen Kurpfuschers aus Valencia erspart, der ihn mit geheimnisvollen Heilsalben behandelte.

Im ersten Anfang hatte die ganze Sache ja nicht gefährlich ausgesehen; aber sehr bald stellte sich beim Prinzen, der durch die häufigen Aderlässe geschwächt war, von neuem das Quartanfieber ein. Am vierten Tage trat eine Lähmung des rechten Beines hinzu; doch legten die Ärzte kein Gewicht darauf, da diese Erscheinung sich schon öfter bei früheren Anfällen von Sumpffieber gezeigt hatte. Doch am elften Tage, gegen Abend, setzte das Fieber mit erneuter Heftigkeit ein: „Fieber am elften Tage, infolge einer Kopfwunde“, meinte Doktor Daza, „ist ein schlimmes Zeichen!“ Die Lähmung des Beines ließ nicht nach, der Nacken des Kranken war mit zahlreichen kleinen, äußerst schmerzhaften Tumoren bedeckt, und die Wunde sah lange nicht mehr so gut aus wie in den ersten Tagen. Am 30. April, morgens, versammelten sich alle Ärzte und Chirurgen um das Bett des Prinzen. Die Meinungen waren geteilt: einige schlossen auf eine innere Verletzung, andre auf eine Vereiterung des Periosts und die Unmöglichkeit der Eiterentleerung aus dem Schädel. Deshalb wurde die Wunde durch einen Einschnitt in Form eines T erweitert; infolge des starken Blutverlustes konnte sich jedoch der Chirurg nicht vergewissern, ob der Schädel verletzt sei. Erst am folgenden Tag konnte man feststellen, daß der Schädel heil und nur das Periost leicht lädiert war.

Inzwischen war Philipp auf die Nachricht von dem Zustand seines Sohnes in aller Morgenfrühe von Madrid aufgebrochen, begleitet von Doktor Andreas Vesal — dem früheren Arzt seines Vaters, den sein Kollege Olivares „insigne y raro hombre en la anatomía“[64] nennt —, Doktor Mena, dem Herzog von Alba und dem Fürsten Eboli. Am ersten Mai, morgens, traf der König mit seinem Gefolge in Alcalá ein und war beim Verbinden des Kranken anwesend, dessen Zustand keinerlei Besserung versprach.

Zwischen dem ersten und neunten Mai lag die große Krise, die für das Leben des Prinzen fürchten ließ. Philipp war bewundrungswürdig: er wohnte allen Beratungen der Ärzte bei, wachte unermüdlich beim Kranken und lag stundenlang auf den Knien im Gebet zu Gott, er möge ihm den einzigen Sohn erhalten. Graf Annibale d'Altempes, ein Neffe Pauls IV., erzählte dem florentinischen Gesandten, der es dem Großherzog wiederholte, wie ihn der Anblick des Königs, der mit Tränen in den Augen und ohne die geringste Müdigkeit zu verraten, seinen Sohn pflegte, nicht weniger gerührt habe als der Anblick des auf dem Bett liegenden Prinzen, dessen Gesicht Todesblässe überzog. Der Herzog von Alba, Don García de Toledo, der Fürst von Eboli und sogar Honorato Juan, selbst eben erst von einer schweren Krankheit genesen, wetteiferten in der Pflege des Prinzen; Luis Quijada erkrankte dabei und mußte das Bett aufsuchen.

Inzwischen betete Spanien. Büßerprozessionen durchzogen die Straßen: allein in Toledo sah man mehr als dreitausend, was der Stadt einen Dankbrief der Königin für die bei dieser Gelegenheit bezeigte Teilnahme eintrug. Elisabeth und Johanna gingen betend mit in den Prozessionen, und Johanna pilgerte barfuß, als Büßerin, nach einem Kloster, das sie selbst gegründet hatte.

Doch der Kranke zeigte kein Zeichen von Besserung: im Gegenteil, das Erysipel, das schon in den ersten Tagen des Mai ausgebrochen war, ergriff mit großer Schnelligkeit Kopf, Gesicht, Hals, Brust und Arme. Das Fieber stieg, und ein Delirium setzte ein. Die rechte Körperhälfte war jetzt fast völlig gelähmt. Die Ärzte wurden unruhiger, und alles wurde versucht: Massage der Beine, Klistiere, Schröpfköpfe und schließlich eine Schädelöffnung. Sie wurde nach vielen Besprechungen am Neunten morgens vorgenommen. Niemand erwartete sich viel von der Operation: alle hielten den Prinzen für verloren. Andreas Vesal operierte und wurde von Doktor Daza abgelöst. Der Schädel sah weiß und tadellos aus; als ein paar tiefdunkle Blutstropfen durch die Porosität des Schädelknochens aufquollen, wurde die Operation abgebrochen. „Man sah also“, schreibt Daza, „daß weder das Scheitelbein noch das entsprechende Schädelinnere verletzt waren. Dies befreite uns von jeglichem Zweifel, der uns ängstigte, und gab uns allen, außer Vesal und Portugués, die auf ihrer Meinung beharrten, die Sicherheit, daß die Krankheit eine erworbene und zufällige war, nämlich durch das Fieber und das Erysipel hervorgerufen."

Am gleichen Tage faßte der Herzog von Alba, als er sah, daß alle menschlichen Mittel versagten, den Entschluß, zu den göttlichen zu greifen. Im Franziskanerkloster von Alcalá wurden die Gebeine eines vor hundert Jahren im Geruch der Heiligkeit verstorbenen Mönches namens Fray Diego verwahrt. Der Herzog ließ den Leichnam aus dem Sarge nehmen, der nach der franziskanischen Chronik nicht nur wunderbar erhalten war, sondern „einen lieblichen Duft" im Krankenzimmer verbreitete.

Man weiß nicht, wie weit die schauerliche Zeremonie getrieben wurde; doch erlaubt der Fanatismus des Herzogs von Alba die kühnsten Vermutungen. Der Kranke lag bewußtlos, seine Augen vom Erysipel vollständig zugeschwollen, schon fast in den letzten Zügen. Nach dem Bericht des Doktor Daza kann man annehmen, daß der Leichnam des Mönches neben den Kranken ins Bett gelegt wurde („llegáronsele lo más que fué posible"), so daß die beiden sich berührten. In der gleichen Nacht verließ Philipp, überzeugt, daß das Ende nahe sei, Alcalá in Verzweiflung, während eines furchtbaren Gewitters, und zog sich in das Kloster San Jerónimo in Madrid zurück, um zu beten. Der Herzog von Alba blieb beim Prinzen zurück, mit dem Auftrag, dem König alle sechs Stunden Bericht zu erstatten.

Am folgenden Morgen zeigte der Kranke eine leichte Besserung, die von den meisten dem wunderkräftigen Eingreifen des Heiligen zugeschrieben wurde. Kaum hatte Don Carlos seine Sprache wiedererlangt, äußerte er, eine Vision gehabt zu haben: Fray Diego war ihm in der Franziskanerkutte erschienen, in der Hand ein grünes Kreuz, und hatte ihm versprochen, daß er gesund würde. In aller Herzen flammte neue Hoffnung auf.

Schon seit dem neunten Mai war Pinterete, der Quacksalber aus Valencia, von dem bereits die Rede war, in Alcalá; der König selbst hatte ihn rufen lassen, entgegen der Meinung der behandelnden Ärzte, welche eingewendet hatten, daß niemand die Zusammenstellung der Heilsalben kenne, die der Maure anwende, und daß es unvorsichtig sei, sie bei einem so hohen Fürsten anzuwenden. Um dem Willen des Königs nicht entgegenzustehen, wurden jedoch die Heilsalben mehrere Tage angewandt (eine weiße, die angeblich zurücktreiben sollte, eine andre, schwarze, die so scharf war, daß man sie mit der weißen mildern mußte); als die Wunde sich dann verschlimmerte, wurde der Maure zum Teufel geschickt, „und er ging nach Madrid", schreibt Daza boshaft, „um Hernando de Vega zu behandeln, den er bald mit seinen Salben ins Jenseits beförderte."

Erst am Vierzehnten war Philipp wieder in Alcalá: aus Furcht vor einer neuen Enttäuschung hatte er sich auf die Nachricht von einer leichten Besserung nicht gleich beruhigt. Doch als er in den folgenden Tagen erfuhr, daß die Besserung langsam fortschreite, kehrte er an das Krankenlager des Prinzen zurück, bei dem allerdings Fieber und Erysipel noch nicht verschwunden waren. Die Abszesse auf den Augenlidern, die den Kranken hinderten, die Augen zu öffnen, wurden durch einen kleinen Einschnitt geöffnet und „alguna materia gruesa y blanca"[65] trat heraus. Am 20. Mai kam das Fieber zum Stillstand, einunddreißig Tage nach dem Unfall des Prinzen. Am folgenden Tag kehrte Philipp, völlig beruhigt, nach Madrid zurück. Tiepolo berichtet in einem Brief vom 26. Mai, daß Philipp auf die verschiedenste Weise Gott für die Errettung des Sohnes dankte, indem er Almosen verteilen ließ, Befehl gab, die Gefangenen aus dem Schuldgefängnis zu entlassen, und deren Schulden aus der eignen Kasse bezahlte.

II.

Erst am 14. Juni konnte Don Carlos das Bett verlassen, genau sechsundfünfzig Tage nach seinem Unfall. Am Sechzehnten erschien Philipp in Alcalá, um sich mit eigenen Augen von der Genesung seines Sohnes zu überzeugen;

er traf spät in der Nacht ein und konnte den Prinzen erst am folgenden Morgen sehen; um acht Uhr kam dieser in das Zimmer des Königs, der ihn freudig umarmte. Am Tage darauf begaben sich die Gesandten nach Alcalá, um Don Carlos zu seiner Wiederherstellung Glück zu wünschen. Tiepolo erzählt, daß der Prinz ihn und Giovanni Soranzo, der als sein Nachfolger nach Spanien gekommen war, sehr freundlich empfing, aber so „leise und verworren" sprach, daß sie kaum etwas verstehen konnten. Don Carlos war ganz in Rot gekleidet; auf dem Kopf trug er eine karmesinrote seidene Kappe und ein Samtbarett; er war äußerst blaß und schwach, sagte aber, er fühle sich besser als vor seiner Krankheit. Dieser Eindruck eines Genesenden, der ins Leben zurückkehrt, war aber nur ein trügerischer; denn im Verlauf eines Jahres finden wir Don Carlos von neuen Fieberanfällen geplagt.

Seit seiner Rückkehr nach Spanien hatte sich Philipp vorgenommen, die Cortes einzuberufen, und hatte, wie wir gesehen haben, bei den Kastiliern mit seinem Vorhaben Erfolg gehabt. Zwei Gründe hatten ihn jedoch zurückgehalten, die Cortes von Valencia, Aragón und Katalonien zu berufen, die auch Don Carlos als Thronerben anerkennen mußten. Einer dieser beiden Gründe war der dauernd schlechte Gesundheitszustand des Prinzen, der andre wieder einmal Geldmangel. Nicht nur der Staatsschatz war erschöpft, Philipp steckte auch tief in Schulden: seine Gläubiger waren spanische, flamländische, deutsche Kaufleute und die Truppen, die etwa zwei Millionen Rückstände zu verzeichnen hatten. Eine Reise mit einem großen Gefolge nach Monzón zu den Cortes von Aragón und Valencia, nach Barcelona für die Katalanen ging weit über seine Mittel. Trotzdem entschloß sich der König in den ersten Monaten 1563 und kündigte seinen Aufbruch für den 16. August an. Don Carlos konnte ihn nicht begleiten: das Quartanfieber fesselte ihn ans Bett. Der König verschob seine Abreise auf den 18. August, in der Hoffnung, daß die wiederholten

Aderlässe, denen die Ärzte einen Monat lang täglich den Prinzen unterzogen, einen heilsamen Erfolg hätten. Doch schließlich mußte er allein aufbrechen, mit dem Trost, Don Carlos könne vielleicht später nachkommen; doch der Prinz bat ihn im Gegenteil im September des Jahres um Erlaubnis, nach Alcalá de Henares zurückkehren zu dürfen, wo er bis zum Juni des folgenden Jahres blieb, als auch Philipp nach der Auflösung der Cortes in die Hauptstadt zurückkehrte.

Inzwischen faßte Don Carlos, der in Alcalá durch einen erneuten Fieberanfall gezwungen war, das Bett zu hüten, am 19. Mai 1564 den Entschluß, sein Testament zu machen. Dieses interessante Dokument, das Gachard „voll Sinn, Verstand und Herz" nennt, wäre geeignet, Cabrera Lügen zu strafen, der behauptet, daß nach dem Unfall „das Gehirn des Prinzen sich als angegriffen erwies, so daß der Wille weniger dem Verstand gehorchte". Dieses Testament wurde aber nicht von Don Carlos aufgesetzt, der fast sicher dazu nicht fähig gewesen wäre, sondern vom Doktor Hernán Suárez, der, wie wir sahen, ein hohes Amt bei ihm bekleidete. Suárez war ein redlicher, frommer Mann, der den Prinzen liebte, was ihm dieser mit seinem ganzen Vertrauen vergalt: sehr wahrscheinlich beschränkte er sich in dem Wortlaut des Testamentes nicht auf die Obliegenheiten eines einfachen Schreibers, sondern gab dem Testator manchen guten Rat.

Der Gedanke, daß ein noch nicht zwanzigjähriger Jüngling es nicht abwarten kann, sein Testament aufzusetzen, muß ungewöhnlich und traurig erscheinen. Doch paßte diese Geste völlig zum Charakter Don Carlos' — auch wenn man von seinem Gesundheitszustand absieht —: das Dokument wimmelt von großartigen, nicht durchwegs gerechtfertigten Legaten und setzt noch einmal die Freigebigkeit des Prinzen in ein helles Licht. Noch etwas anderes, nicht Bedeutungsloses, taucht in diesem Testament auf: Don Carlos schuldete, sei es für empfangene Darlehen oder für Erwerbungen, einer unendlichen Anzahl bekannter und unbekannter Personen Geld. Philipp wurde beauftragt, alle diese Schulden zu begleichen, von denen man annehmen kann, daß er sie nicht kannte.

Als Mitte Juni Don Carlos wieder in Madrid erschien, fanden alle, daß er sich sehr herausgemacht habe. Er war schon längere Zeit fieberfrei, so daß er zum ersten Male — nach dem Bericht von Soranzo — an den Spielen teilnehmen konnte, welche die jungen Edelleute am Hof zum Johannisfest veranstalteten, „und er benahm sich wirklich sehr gut, so daß Seine Majestät der König darob außerordentliche Freude und Befriedigung empfanden".

Einige Tage darauf gewährte Philipp, der den Augenblick für gekommen hielt, den Prinzen zu den Staatsgeschäften heranzuziehen, ihm Zutritt zum Staatsrat; Don Carlos scheint sich aber keineswegs rühmlich ausgezeichnet zu haben: wenn man dem späteren Bericht des venezianischen Gesandten Cavalli Glauben schenken darf, stiftete er sogar große Verwirrung in allen Angelegenheiten an und machte jeden Beschluß unmöglich.

III.

Im Oktober des Jahres 1564 kam Herr von Brantôme auf einer Reise durch Madrid: angenehm im Verkehr, Franzose vom Scheitel bis zur Sohle, unermüdlicher Erzähler oft recht verfänglicher, aber mit Grazie vorgetragener Anekdoten, tadelloser Hofmann, Verfasser der „Vies des grands capitaines" und der „Vies des dames illustres", wurde er stets und überall gut aufgenommen. Die Königin Elisabeth, welche grade eine schwere Krankheit überstanden hatte, die den Hof lange Zeit in Atem hielt, bereitete dem französischen Edelmann einen festlichen Empfang. Es ist anzunehmen, daß Brantôme mit einem Auftrag von Katharina von Medici für die Tochter betraut war: jedenfalls versicherte er, als erster von der Möglichkeit eines Zusammentreffens der beiden Königinnen gesprochen zu haben, welches dann wirklich im Mai 1565 in Bayonne stattfand.

Während seines Aufenthaltes am spanischen Hofe hatte Brantôme Gelegenheit, allerhand zu sehen und zu beobachten; andres ließ er sich von Eingeweihten erzählen, immer beflissen, seine außerordentliche Sammlung wahrer oder erdichteter Tatsachen zu vermehren, die ihm später als Stoff zu seinen Büchern dienten. Diesem Schriftsteller in allem Glauben zu schenken, wäre nicht nur töricht, sondern auch naiv. In der Widmung eines seiner Bücher an die französische Königin sagte er selbst: „Ich versichere Ihnen, Madame, daß alles, was ich schreibe, ganz wahr ist: für das, was ich mit eigenen Augen gesehen habe, verbürge ich mich; aber für das, was ich von andern erfahren habe, bin ich, wenn sie mich angeschwindelt haben, nicht verantwortlich.“ Doch ist von dem, was Brantôme über Don Carlos schreibt, nicht alles als unglaubwürdig zurückzuweisen. Im Gegenteil: einige seiner Behauptungen, die sicher auf Grund von Kenntnissen aus der Zeit seines Aufenthalts am Hof von Madrid geschrieben sind, werden durch Berichte von Zeitgenossen bestätigt, die nicht wissen konnten, was Brantôme in seinen Aufzeichnungen eingetragen hatte, die erst lange nach seinem 1614 erfolgten Tode herausgegeben wurden.

Es sollten noch mehr als drei Jahre vergehen, bis sich das tragische Schicksal von Karls V. Enkel erfüllte. Bis jetzt war Philipps Verhalten gegen seinen Sohn ohne Zweifel das eines ausgezeichneten Vaters gewesen; wir sahen diesen Vater weinend am Krankenbett seines Sohnes wachen, sich verzweifelt im Schmerz über das bevorstehende Ende dieses Sohnes in einem Kloster vergraben: was ging in diesem Vater vor, daß er sich in einen so strengen und unerbittlichen Richter verwandelte? Wie man weiß, haben einige Historiker von der Eifersucht Philipps auf eine Beziehung zwischen Don Carlos und der Königin gesprochen: um diese völlig aus der Luft gegriffene Behauptung, zweifellos eine

Erfindung von Feinden des Königs, zu entkräften, genügt es, den ehrbaren, ruhigen und besonnenen Charakter der Königin zu bedenken, welche in den Briefen an ihre Mutter immer voller Liebe vom König spricht, ihn als guten Gatten und sich als die glücklichste Frau der Welt hinstellt. Die ehrerbietige Freundschaft, die Don Carlos seiner Stiefmutter freimütig, ohne das Licht des Tages zu scheuen, entgegenbrachte und in oft sehr kostbaren Geschenken ausdrückte, ist eine weitere Widerlegung der Verleumder Elisabeths von Valois. Wollte man andrerseits annehmen, daß ein Mann wie Philipp seine Haltung gegen den einzigen Sohn und Thronerben ohne einen tiefliegenden Grund ändern konnte, so würde das eine völlige Verkennung seines Charakters beweisen. Man muß also in Don Carlos selbst die Ursache seines Untergangs suchen. Wir wollen hier kein zu großes Gewicht auf seine Eigentümlichkeiten als Kind legen, die von den venezianischen Gesandten und andern Personen aufgezeichnet wurden, und denen, nach Cabrera, Philipp selbst seinerzeit keine große Bedeutung beilegte, „in dem Gedanken, er (der Prinz) würde noch Zeit haben, sich und die Größe und Würde seiner Stellung zu erkennen und zu lernen, welche Verpflichtungen diese ihm auferlegten"; wir wollen dem Leser diesen fast zwanzigjährigen Prinzen wie eine unbekannte Persönlichkeit gegenüberstellen, von der er nichts weiß; dazu sind die Indiskretionen des Herrn von Brantôme außerordentlich zweckdienlich.

Der französische Edelmann schildert Don Carlos als einen wunderlichen Menschen voller Eigentümlichkeiten: „Er drohte, schlug und schmähte derart, daß Don Ruy Gómez, ein großer Günstling des spanischen Königs (wenn überhaupt davon die Rede sein kann), welcher in der Jugend mit ihm erzogen war, nichts ausrichten konnte und ständig den König anflehte, ihn dieser Aufgabe als Oberhofmeister des Prinzen zu entbinden und ihm eine andre zu geben, worüber er glücklich gewesen wäre; doch wollte der König, der ihm Vertrauen schenkte, nichts davon hören; und der Prinz fuhr fort, Gómez zu bedrohen, und sagte ihm, er würde es ihn eines Tages noch büßen lassen, wenn er erst erwachsen wäre.“ Brantôme erzählt noch eine weitere Anekdote, die man auch bei Cabrera findet: ein Schuster hatte dem Prinzen ein Paar zu enge Stiefel gemacht; dieser geriet in Wut und befahl, „die Stiefel in winzige Streifen zu zerschneiden und wie Kaldaunen zu frikassieren“, und so mußte sie der Schuster essen. Immer nach Brantôme, liebte es Don Carlos, nachts und tags mit einem Dutzend Pagen aus den ältesten spanischen Adelsfamilien in den Straßen der Stadt herumzustreunen; begegnete ihm eine Frau, umarmte und küßte er sie mit Gewalt vor allen, nannte sie Hure, Hündin, Vettel und „beleidigte sie auf alle Weise“. Er hatte die schlechteste Meinung von Frauen im allgemeinen und von den vornehmen Damen im besonderen, welche er für sehr heuchlerisch und hinterlistig in der Liebe hielt, und von denen er überzeugt war, daß sie „im Verborgenen und hinter den Vorhängen mehr huren als die andern“. Brantôme nennt einen Franzosen, namens Bossulus, als Präzeptor des Prinzen, einen „der gelehrtesten und redegewandtesten Männer seiner Zeit, doch von üblen Sitten“. Von diesem Bossulus findet man keine Spur in irgendeinem Dokument, das den Prinzen betrifft; außerdem wäre es verwunderlich gewesen, wenn Philipp einen Mann, den Brantôme „de méchante vie“ nennt, an der Seite seines Sohnes belassen hätte. Liegt hier ein Irrtum des französischen Schreibers vor oder gehörte Bossulus zwar nicht zum Hofstaat des Prinzen, aber doch zu der Bande junger Lebemänner, die von Don Carlos angeführt wurde? In diesem Fall könnte man den Titel „précepteur“, den Brantôme ihm gibt, in einem ironischen Sinne auffassen.

Das kleine Sittenbild, das Brantôme zeichnet, stimmt mit den Eindrücken andrer Chronisten jener Zeit überein. Tiepolo schreibt, daß der Prinz niemals „an den Wissenschaften, Waffen, Pferden und andern ehrsamen und lobenswerten Dingen Gefallen fand, sondern nur am Übeltun an andern“, und fügt hinzu: „er liebt niemanden, haßt dagegen viele auf den Tod . . . und zeigt sich in jeder Weise abgeneigt, zu nützen, aber äußerst geneigt, zu schaden. In seinen Ansichten ist er starr und eigensinnig.“ Auch Soranzo, der Nachfolger Tiepolos, besteht in seiner Relation von 1565 darauf, daß Don Carlos „sehr grausamer Natur und voller Haßgefühle für viele Menschen“ sei.

Cabrera erzählt außer der Geschichte des Schusters noch andre, welche das Bild vervollständigen. Einmal läutete Don Carlos, der im Bett lag, die Glocke nach dem diensttuenden Kammerherrn, Don Alonso de Córdoba; dieser erschien nicht sofort, worauf der Prinz wütend aus dem Bett sprang, sich auf den Eintretenden stürzte und ihn gegen das Fenster drängte, mit der Absicht, ihn hinunterzustürzen. Auf die Schreie Don Alonsos liefen einige Edelleute herbei und hielten Don Carlos zurück. Auch Don García de Toledo wurde eines Tages vom Prinzen beschimpft und bedroht, als er ihn auf einem Spaziergang im Wald von Aceca getadelt hatte. Wenn ihm Fälle wie diese bekannt wurden — und das geschah häufig —, bat Philipp die Edelleute, die sein Sohn beschimpft oder geprügelt hatte, um Entschuldigung; bisweilen entschädigte er sie, indem er sie in seinen persönlichen Dienst nahm, ließ aber seinen Sohn nichts merken; warum, steht in der Relation von Soranzo, welcher schreibt, daß Carlos sich, wenn ihm sein Vater Vorwürfe machte, sofort mit Fieber ins Bett legte.

Blättert man weiter in Cabrera, so liest man, daß Don Carlos eine Vorliebe für einen Schauspieler namens Cisneros hatte, den er gerne vortragen hörte. Zu jener Zeit war man dem Theater nicht sehr gewogen: Philipp, immerhin ein Pfleger und Beschützer der Künste, machte mit dem Theater eine Ausnahme. In seine Regierungszeit fiel das Verbot für Frauen, auf der Bühne aufzutreten. Eines Tages nun befahl der Kardinal Espinosa, in seiner Eigenschaft als Präsident des Rates von Kastilien, dem Cisneros, Madrid zu verlassen, und der Schauspieler beeilte sich, dem Befehl zu gehorchen. Als Don Carlos dies erfuhr, packte ihn eine Wut gegen den Kardinal, den er schon deshalb haßte, weil sein Vater ihm so große Machtbefugnisse erteilt hatte. Als der Kardinal ihm das erstemal darauf im Palaste begegnete, stürzte er mit gezücktem Dolch auf ihn zu und schrie: „Wie könnt Ihr es wagen, Pfaffe, und Cisneros verbieten, mir zu dienen? Beim Leben meines Vaters, ich töte Euch!" Entsetzt warf sich der Kardinal Don Carlos zu Füßen; aber nur das Dazwischentreten andrer Personen rettete ihm das Leben. Als eines Abends wie gewöhnlich Don Carlos mit seinen Pagen durch die Straßen der Hauptstadt streunte, kamen sie durch ein Gäßchen, in dem jemand grade Wasser aus dem Fenster goß und den Prinzen nichtsahnend durchnäßte. Dieser kehrte im Sturmschritt in den Palast zurück und gab den Befehl, alle Inwohner des betreffenden Hauses zu töten und das Haus dem Erdboden gleichzumachen. Der mit dieser Strafexpedition beauftragte Offizier wußte nicht, wie er sich aus der Verlegenheit ziehen sollte. Schließlich entschloß er sich, eine Geschichte zu erfinden: während er sich anschickte, die Befehle auszuführen, habe er einen Priester gesehen, der gerade in jenes schuldige Haus gegangen sei, um einem Kranken die Sterbesakramente zu bringen; dadurch sei das Haus selbst in seinen Augen geheiligt, und er habe darauf verzichtet, den erhaltenen Befehl auszuführen. Don Carlos gab sich zufrieden.

Solche Zornausbrüche erschienen beim Prinzen jäh und furchtbar, so daß er von allen, die wegen ihres Dienstes in seiner Nähe leben mußten, gefürchtet war. „Diesem Jüngling", schrieb Soranzo, „ist überhaupt nicht mit Vernunft zu kommen ... und deshalb kann man, wollte man über diesen Prinzen sprechen, viele Dinge sagen, die nicht angebracht sind; es genügt zu sagen, daß wenn Unser Herrgott ihm nicht das Gemüt verändert, es ein schlimmes Ende mit ihm nehmen wird", und Tiepolo spielte noch deutlicher auf eine Geistesgestörtheit an, die sich beim Prinzen während der Anfälle von Quartanfieber zeigte, und nennt diese Erscheinung um so beachtenswerter, als sie ein Erbteil der Urgroßmutter zu sein schien.

Die Überzeugung, daß eine geheimnisvolle seelische Störung bei Don Carlos vorliege, brach sich Bahn: Fourquevaulx schrieb, Philipps Sohn sei ein junger Bursche „soujet à la teste",[66] und der Erzbischof von Rossano behauptete, sein Geist sei gestört und sein Verstand getrübt.

Die Schilderung ist düster und leidet keine Abschwächung, obwohl einige Historiker versucht haben, Don Carlos als das Opfer seines Vaters hinzustellen. Die Zeugnisse sind genau und durchaus glaubwürdig, da sie von Personen stammen, die keinerlei Interesse hatten, die Wahrheit zu fälschen. Wenn aber irgendein Lichtschimmer auf die düsteren Farben dieses Bildes fällt, ist er den gleichen Zeugen zu verdanken; denn von ihnen erfahren wir zum Beispiel, daß Don Carlos Mitleid mit den Armen hatte und es mit nicht gewöhnlichen Almosen zeigte; daß er hervorragend im Wohltun gegen andre und ein Freund der Wahrheit war.

Wohl könnte eine Stelle aus der Relation von Paolo Tiepolo 1563 („er trachtet danach, beschenkt zu werden, schenkt aber selbst andern nichts . . .") Zweifel an dieser gepriesenen Freigebigkeit des Prinzen erwecken; aber zum Glück zeugen die Abrechnungen seines Haushalts, in denen oft sehr große Summen für Geschenke und wohltätige Zwecke verzeichnet sind, zugunsten der entgegengesetzten Behauptung.

Daß Philipp II. sich schon frühzeitig über den Charakter seines Sohnes Sorgen machte, zeigt sich in der Wahl des neuen Oberhofmeisters (mayordomo mayor), als Don García de Toledo im Januar 1564 gestorben war. Dieser als sehr ehrenvoll angesehene Posten wurde von verschiedenen Edelleuten erstrebt; aber der König wollte ihn nur einem Menschen anvertrauen, auf den er sich blind verlassen konnte, und wählte deshalb Ruy Gómez de Silva, Prinzen von Eboli. Dieser genoß den Ruf eines der mächtigsten Männer am spanischen Hofe, so daß sich einige Leute nicht scheuten, ihn mit einem Wortspiel „el rey Gómez“ (König Gómez) zu nennen. Philipp, dessen Spielgefährte er in der Kindheit gewesen war, liebte und achtete ihn sehr. Aus den Beschreibungen der Zeitgenossen muß man schließen, daß Ruy Gómez klug und fähig war. Im Staatsrat befand er sich oft im Gegensatz zum Herzog von Alba, dem er, trotz aller Achtungsbeweise „mit Worten und Barett“, niemals auch nur eine Handbreit nachgab. Es besteht kein Zweifel, daß Philipp diese latente Feindschaft Vergnügen machte und daß er sie mit seiner gewohnten Berechnung ausnutzte, um zu verhindern, daß etwa der eine oder der andre seiner Ratgeber sich eine übermäßige Autorität anmaße. Als er Gómez an die Seite seines Sohnes berief, war allen seine Absicht so deutlich, daß Giovanni Soranzo schreiben konnte: „Da der Prinz sehr hochmütiger Natur ist, und Seine Majestät befürchtet, Seine Hoheit könne sich etwa zu irgendwelchen gefährlichen Unternehmungen verleiten lassen, wenn Sie ihm einen nachgiebigen Minister zuerteile, faßte Sie, sagt man, den Entschluß, ihn Don Ruy Gómez anzuvertrauen, als demjenigen, in den Sie das größte Vertrauen setze und die Gewähr habe, daß der Prinz keinen wichtigen Plan in die Tat umsetzen könne, ohne daß sein mayordomo mayor es erführe und Seine Majestät davon in Kenntnis setze.“

Augenscheinlich war sich Philipp darüber klar, daß er sich nicht zu sehr auf seinen Sohn verlassen könne. Dieser blasse, fieberkranke Jüngling fing an, ihm ernste Sorgen zu machen.

IV.

Aus eben dieser Zeit stammt das Charakterbild, das der Gesandte des Kaisers Maximilian, Baron von Dietrichstein, gleich nach seiner Ankunft in Spanien nach Wien schickte, und in dem der Prinz als außerordentlich blaß geschildert wird, eine Schulter höher als die andre, das rechte Bein kürzer als das linke, eingefallene Brust und „ain Puckele" am Rücken in Magenhöhe; der Gesandte berichtet weiter, daß Seine Hoheit leicht stottere und das R und L schlecht herausbringe, „doch weiß er zu sagen, was er wünscht, und kann sich verständlich machen". Die wenn auch weniger detaillierten Relationen der venezianischen Gesandten stimmen ganz mit Dietrichsteins Schilderung überein. Tiepolo sagt, Don Carlos sei „unansehnlich von Gestalt, abstoßend häßlich von Antlitz und von melancholischem Naturell"; Soranzo gebraucht fast die gleichen Worte. Der arme Don Carlos nahm sich sicher sehr seltsam und unvorteilhaft aus zwischen Don Juan de Austria, Alexander Farnese und den beiden Erzherzögen Rudolf und Ernst, Maximilians Söhnen, die seit kurzem am Hofe von Madrid erzogen wurden.

Dietrichsteins Interesse war nicht ohne Ziel: es entsprang den genauen Anweisungen, die Maximilian seinem Gesandten in Hinblick auf ein Ehebündnis zwischen seiner Tochter Anna und Don Carlos gegeben hatte. Dieses Projekt, welches die Bande zwischen den beiden Zweigen des Hauses Habsburg noch enger schlingen sollte und den dynastischen Traditionen völlig entsprach, war nicht neu: schon im Dezember 1560, als Anna von Böhmen kaum elf und ihr Vetter fünfzehn Jahre alt war, hatte Kaiser Ferdinand seinem Neffen Philipp eine Andeutung gemacht. Der spanische Gesandte in Wien, Graf Luna, hatte ein höchst schmeichelhaftes Bild von der Erzherzogin entworfen: was das Äußere betraf, so verspreche sie, sehr schön zu werden; im Punkt der Moral könne man nur Gutes sagen: ihre Mutter, die sie heiß liebte, habe sie mustergültig und in der richtigen katholischen Gesinnung erzogen.

So erstaunlich es auch klingen mag, Ferdinands Antrag war ein andrer von Katharina von Medici vorausgegangen, welche, wie schon gesagt, gern ihre Tochter Margarethe als

Gattin des spanischen Thronerben gesehen hätte. Margarethe war damals erst sieben Jahre alt gewesen, trotzdem hatte der König von Portugal schon um ihre Hand gebeten. Katharina jedoch hätte Don Carlos vorgezogen und empfahl daher unermüdlich der Königin Elisabeth, sich der Sache anzunehmen, wobei sie ihr unter anderm zur Erwägung gab, daß, wenn nach einem etwaigen Tod Philipps an Don Carlos' Seite eine Fremde auf dem Thron säße, ihre, Elisabeths Stellung am Hofe von Madrid unhaltbar werden würde. Den Anregungen ihrer Mutter gehorsam, ließ sich Elisabeth keine Gelegenheit entgehen, um mit Don Carlos von ihrer Schwester zu sprechen. Aber auch abgesehen von der böhmischen Cousine, die Philipp als die beste Partie für seinen Sohn gelten mußte, fehlte es nicht an Mitbewerberinnen; die zwei gefürchtetsten waren: Johanna von Österreich und Maria Stuart.

Johannas Ansprüche gingen auf das Jahr 1556 zurück. Als sie mit achtzehn Jahren Witwe geworden war, hatte sie sofort mit dem Gedanken gespielt, ihren Neffen zu heiraten, und hatte später, in dieser hartnäckigen Hoffnung, verächtlich die Heiratsanträge von seiten des Herzogs von Ferrara und Franz' von Medici abgelehnt. Wunderschön und über die Maßen stolz, meinte sie, nur ein Thron wie der spanische könne für sie in Frage kommen; das wurde auch von dem spanischen Volke gebilligt, das eine Heirat mit einem italienischen Duodez-Fürsten einer so vornehmen Dame unwürdig fand. Als Franz von Medici im Sommer 1562 in Madrid eingetroffen war, hatte er wirklich einen sehr kühlen Empfang gehabt. Johanna hatte erklärt, sie würde sich nie und nimmer dazu hergeben, einen Kaufmannssohn zu heiraten, und der ganze Hof, angefangen mit Don Carlos, hatte dem Sohn Cosimos von Medici deutlich seine Abneigung gezeigt.

Maria Stuart war durch den Tod Franz' II. im Dezember 1560 Witwe geworden. Der Ruf großer Schönheit umgab die junge Königin: Brantôme, der über sie vielleicht seine besten Seiten geschrieben hat, sagt, daß sie die strahlendste Sonne verdunkelte, „tant la beauté de son corps estoit belle“.[67] Gleich nach dem Tode Franz' II. hatten sich die Könige von Dänemark und von Schweden um ihre Hand beworben, waren aber abgewiesen worden. Anfang 1561 sprach der Kardinal von Lothringen, Marias Onkel, mit Chantonnay, Philipps II. Gesandten am französischen Hofe, über die Möglichkeit einer Verbindung zwischen der Schottenkönigin und Don Carlos. Dieser Antrag eröffnete dem König von Spanien unerwartete Aussichten: in erster Linie die Wiederherstellung des Katholizismus in Schottland, die Ausdehnung der spanischen Einflußzone und einen zuverlässigen nördlichen Stützpunkt zur Verteidigung der Niederlande; dann auch, falls Elisabeth kinderlos sterben und Maria Stuart rechtmäßige Erbin des englischen Throns würde, das Wiedereintreten der englischen Nation in den spanischen Interessenkreis. Um diese Dinge zu verwirklichen, hatte ja Philipp 1554 Maria Tudor geheiratet und nach deren Tode um Elisabeth angehalten. Trotzdem zögerte er jetzt. Wir wissen schon, daß der schwache Punkt seiner Politik die Furcht war, irgendwie Frankreichs Interessen zu fördern. Im Augenblick fürchtete er, eine Heirat Maria Stuarts mit seinem Sohn könne Elisabeth von England, aus Sorge um die mögliche Nachbarschaft Spaniens im Norden ihrer Staaten, Frankreich in die Arme treiben. Katharina von Medici hatte ihrerseits auf die Nachricht von den Philipp von den Guisen gemachten Anträgen, welche nicht nur ihre Pläne betreffs Don Carlos zu vereiteln drohten, sondern auf eine Machtzunahme Spaniens hinauslaufen konnten, ihre Gegenmaßnahmen getroffen. Am 3. März 1561 hatte sie dem Bischof von Limoges, der französischer Gesandter in Madrid war, geschrieben: „Ich werde heimlich alles ins Werk setzen, was ich kann, um diesen Plan zu verhindern.“ Als erstes hatte sie sich an die Guisen selbst gewandt, um an ihren Patriotismus zu appellieren. Maria Stuarts Rechte auf den englischen Thron waren unanfechtbar, hatte Katharina dem Herzog von Guise und dem Kardinal von Lothringen gesagt: heiratete sie aber Don Carlos, so konnte es früher oder später geschehen, daß Schottland und England den Staaten des Katholischen Königs einen Machtzuwachs brächten, mit was für einem Gewinn für Frankreich, war leicht zu erraten; aus diesen Gründen flehte sie Marias Onkel an, sich mit aller Macht einer Heirat zu widersetzen, die das größte Unglück für ihr Land bedeuten würde. Die Guisen, und besonders der Kardinal von Lothringen, fürchteten zu sehr den Verlust ihrer reichen Pfründe in Frankreich, um taub gegen die Bitten der Königin zu sein: sie hatten versprochen, zu gehorchen, und hatten ihr Versprechen gehalten. Der Kardinal war sogar in Unterhandlungen getreten wegen eines Ehebündnisses zwischen Maria Stuart und dem Erzherzog Karl, dem zweiten Sohne des Kaisers Ferdinand. Doch waren die Verhandlungen zwischen Maria Stuart und dem spanischen Hofe deshalb noch nicht abgebrochen.

V.

Der ganze Zeitraum zwischen 1561 und 1565 ist ausgefüllt mit Intrigen, um Don Carlos zu verheiraten. Die spanischen Gesandten — Chantonnay in Frankreich, Graf Luna in Wien, Alvaro de Cuadra in England — arbeiten fieberhaft. Die französischen Gesandten in Madrid bemühen sich, im Verein mit Elisabeth von Valois, Katharina von Medicis Hoffnungen zu verwirklichen. Johanna hat keinen Vermittler nötig; sie arbeitet selbst, und, wie Tiepolo 1563 schreibt: „obschon der Prinz von Spanien in so schlechtem Zustande ist . . ., trachtet sie nur danach, ihn zu heiraten, und um dies zustande zu bringen, unterläßt sie keinen Kniff und keine List und hat sich schon alle Granden bei Hofe günstig gestimmt“. Philipp entmutigt niemanden: die Heirat seines Sohnes ist eine gute Karte, und er will sie nicht unüberlegt ausspielen. Außerdem ist Don Carlos noch jung, ist krank, und es hat noch gute Zeit, ihn unter Dach zu bringen.

Auf die dringenden Vorstellungen des Kaisers hin, bei dem inzwischen Karl IX. um die Enkelin geworben hat (aber in jedem Fall, schreibt Ferdinand, würde er den spanischen Thronerben vorziehen), erklärt Philipp 1562, daß er nichts sehnlicher wünsche, als seinen Sohn mit der Prinzessin Anna vermählt zu sehen, sowohl ihrer hohen Geburt wegen als auch wegen der Sohnesliebe, die er für denKaiser empfinde; doch gebe die Unpäßlichkeit des Prinzen keine Hoffnung auf Besserung; seine Schwäche sei grade jetzt außerordentlich, und die Krankheit, die ihn so lange heimsuche, habe seine Entwicklung bemerkenswert zurückgehalten; aus diesen Gründen glaube er, Philipp, jetzt keinen Entschluß betreffs der Heirat fassen zu können. Zu gleicher Zeit erklärt Philipp in einem Privatbrief dem Grafen Luna, wie wichtig es in seinem Interesse und in dem der Christenheit sei, den Prinzen von jeder Verpflichtung frei zu halten, bis zu dem Zeitpunkt, wo er wirklich heiraten könne. Doch sagt er nicht, ob er schon einen Gedanken, eine Absicht bezüglich dieser Heirat habe. Graf Luna muß sich darauf beschränken, dem Kaiser zu versichern, daß das bis zu ihm gedrungene Gerücht von einer mutmaßlichen Heirat zwischen Don Carlos und der Fürstin Johanna jeglicher Grundlage entbehre. Im übrigen beschränkt sich seine Aufgabe darauf, des Kaisers Ungeduld zu besänftigen, indem er ihn mit Hoffnungen vertröstet, und er hat nicht wenige auf Lager.

„Es gibt Fürsten“, schreibt Guicciardini, „welche ihren Gesandten ihr ganzes Geheimnis verraten, und auch das Ziel der Unterhandlungen, in denen sie sich mit den andern Fürsten befinden, bei denen sie (ihre Gesandten) beglaubigt sind. Andre erachten es für besser, ihnen nur das zu eröffnen, womit sie den andren Fürsten überreden sollen, und wollen sie letzteren betrügen, halten sie es für nützlich, zuerst ihren Gesandten selbst zu betrügen . . .“ Philipp scheint, wie man vor allem aus den Heiratsverhandlungen um Don Carlos sieht, zu der zweiten Kategorie gehört zu haben, was übrigens völlig zu seinem unentschlossenen Charakter und seiner abwartenden Politik paßte.

Kaum ist der Kaiser mit außerordentlicher Geschicklichkeit hingehalten, wendet Philipp sich von neuem dem Problem Maria Stuart zu. Die schottische Königin kann nicht mehr lange Witwe bleiben: sie ist schön, jung, leichtsinnig und gibt den bösen Zungen reichlich Beschäftigung. Die Geschichte des tapferen Ritters Chastelard, eines Nachkommen von Bayard, der in wahnsinniger Liebe zu ihr entbrannte, sich zweimal in ihrem Schlafgemach versteckte, und, nachdem er seine Kühnheit mit dem Leben bezahlen mußte, auf dem Weg zum Schafott die „Ode à la mort" seines Freundes Ronsard deklamierte, hat an allen europäischen Höfen die Runde gemacht und ist ohne Wohlwollen kommentiert worden. Andrerseits hat Maria Stuart die Anträge des Herzogs von Ferrara und des Herzogs von Nemours zurückgewiesen und sich geschickt dem Drängen ihrer Cousine Elisabeth auf eine Heirat mit dem Earl of Arran entzogen. Sie hat auch erklärt, niemals einen Mann — katholisch oder protestantisch — zu heiraten, der ihr von der Königin von England vorgeschlagen würde. Anfang 1563 trifft der Sekretär Marias, Lethington, in London ein: er hat den Auftrag, dem spanischen Gesandten mitzuteilen, daß Maria Stuart, wenn sie Don Carlos nicht heiraten kann, entschlossen ist, Karl IX. die Hand zum Ehebunde zu reichen. Philipp ist entsetzt: die Bande zwischen Schottland und Frankreich sind schon allzu eng geknüpft, und ein Ehebündnis zwischen Karl IX. und Maria Stuart wäre für Frankreich ein unerhörtes Glück; deshalb antwortet er Cuadra, daß er, wohl erwägend, daß eine Heirat des Prinzen Don Carlos mit der Königin von Schottland der beste Weg sei, die Religionsfragen im Königreich England zu lösen, zu dem Entschluß gekommen sei, die Eröffnung der Verhandlungen zu diesem Zwecke zu erlauben. Sein Ziel ist deutlich: er will Zeit gewinnen. Er weiß von vornherein, daß Don Carlos Maria Stuart nicht heiraten wird. Dies sagt er natürlich Cuadra nicht; aber er schreibt ihm: wenn es eine Möglichkeit gäbe, eine Heirat zwischen dem Erzherzog Karl und der schottischen Königin zu kombinieren, die im Plane des Kaisers und des Kardinals von Lothringen läge, würde er aus Anhänglichkeit für den Kaiser und dessen Söhne diese Verbindung unterstützen und ihr geneigter sein als der andern. Wenn er die Möglichkeit einer Verbindung des Thronerben mit der Schottenkönigin so wohlwollend erwogen habe, ohne abzuwarten, ob der Kaiser auf seinen Plan verzichte, sei es nur auf Grund des Berichtes gewesen, den ihm Cuadra über die erwiesene Neigung der Königin und ihrer Minister zu einer Verbindung mit Frankreich gesandt habe; er könne nicht die Besorgnisse vergessen, die er empfunden, als Maria Stuart und Franz II. den Thron Frankreichs teilten. Wäre dieser König am Leben geblieben, so wäre ein Krieg zwischen Frankreich und Spanien unvermeidlich geworden, weil die Franzosen, wie beschlossen war, in England eingefallen wären und Spanien in die Notwendigkeit versetzt hätten, die Königin Elisabeth zu verteidigen. Cuadra solle jedenfalls klug und taktvoll vorgehen und „es zu keiner endgültigen Abmachung kommen lassen".

Der Brief ist sehr geschickt. Die Verhandlungen werden eröffnet. Cuadra sendet einen gewissen Luis de la Paz an den schottischen Hof und Maria Stuart beordert ihren Sekretär Raullet nach Brüssel zum Kardinal Granvela, der Philipps volles Vertrauen genießt. Zugleich trifft ein Sekretär der spanischen Gesandtschaft in London, Diego Pérez, den König in Aragón, der sich zu den Cortes dorthin begeben hat. Cuadra dirigiert die Angelegenheit mit Vorsicht, aber auch mit Begeisterung: in seinen Augen ist eine Heirat zwischen Maria Stuart und Don Carlos der grade Weg der Habsburger zur Weltmonarchie: „A mi juicio", schreibt er, „este casamiento está hecho, si Su Magestad quiere, y . . . sería camino derecho para la monarquía."[68]

Aber Philipp hat keine Eile. Er weiß, daß Katharina

von Medici sich zwei Jahre ausbedungen hat, um Maria Stuart eine Antwort wegen der Möglichkeit einer Verbindung zwischen ihr und Karl IX. zu geben. Was kann sich nicht alles in zwei Jahren ereignen!

Die Langsamkeit des Königs entmutigt Cuadra. Er fürchtet, daß Lethington und die schottischen Edelleute, die einer spanischen Heirat günstig gesinnt sind, hinter diesem Zögern die Absicht, nichts zu beschließen, argwöhnen. Außerdem hat sich, trotz der größten Vorsicht, die Nachricht von den Verhandlungen zwischen Philipp und Maria Stuart herumgesprochen und Frankreich und England nicht weniger als Schottland in Unruhe versetzt. In Schottland ereifern sich die protestantischen Prediger bei dem Gedanken einer möglichen Heirat Marias mit einem katholischen Fürsten. Knox, der Apostel der Reformation in Schottland, warnt den protestantischen Adel, daß, wenn er seine Einwilligung gibt, daß ein Ungläubiger — und was sind die Papisten sonst? — der Gemahl und Herr ihrer Königin wird, diese mit allen Mitteln dahin wirken wird, Jesus Christus aus dem Lande zu verjagen, und dadurch die Rache des Himmels auf Schottland herabgerufen würde. Im allgemeinen sind Apostel langweilig und unzugänglich; wenn sie aber isoliert sind, kann man leicht mit ihnen fertig werden. Zum Unglück hat Knox den reformierten Adel Schottlands hinter sich; er ist also mächtig, unangreifbar, und scheut sich nicht, im Namen Christi seine Macht und Unangreifbarkeit zu mißbrauchen. Darum fürchtet ihn Maria, wenn sie es auch nicht eingesteht.

Die Verhandlungen ziehen sich noch eine Weile träge hin; aber niemand glaubt jetzt mehr an den guten Willen des spanischen Königs. Der französische Gesandte, welcher mit Interesse die Entwicklung der Dinge verfolgt, kann Ende 1563 nach Paris schreiben, daß die bestinformierten Leute nicht mehr an eine Verbindung zwischen Don Carlos und Maria Stuart glaubten, und im Juni 1564 — kurze Zeit nach der Rückkehr Philipps von der periodischen

„Arbeit“ mit den Cortes von Katalanien und Aragón —, daß der Katholische König seinen Sohn mit der Prinzessin Johanna, seiner Schwester, verheiraten wolle, wie es ganz Spanien wünsche.

Doch erst in den ersten Augusttagen des gleichen Jahres zieht sich Philipp endgültig und offiziell von den Verhandlungen mit Schottland zurück.

VI.

Mignet behauptet, daß das Heiratsprojekt Don Carlos —Maria Stuart wegen der gewohnten Langsamkeit des spanischen Hofes ins Wasser fiel.[69] Wahrscheinlich aber wurde in diesem besonderen Fall die „gewohnte Langsamkeit“ vorsätzlich ausgedehnt. Philipp hatte, wie wir sahen, triftige Gründe, um den Gedanken einer solchen Verbindung nicht zu begrüßen, trotz der Vorteile, die sie auf den ersten Blick in sich schloß. Mit der Zeit waren auch zu den anfänglichen Gründen andre, nicht weniger wichtige hinzugetreten.

Zunächst wurde die Lage in den Niederlanden, wie wir noch sehen werden, immer ernster und ließ es Philipp rätlich erscheinen, sich den österreichischen Habsburgern so nahe wie möglich anzuschließen: diese Erwägung machte Anna von Böhmen zu der bei weitem vorteilhaftesten Partie, die sich Don Carlos bot. Dann wollte Philipp, soweit es in seiner Macht stand, den Kaiser zufriedenstellen, der ihn gebeten hatte, sich bei Maria Stuart für eine Heirat mit dem Erzherzog Karl zu verwenden. Im Grunde hatte Philipp die Wahrheit gesagt, als er Cuadra schrieb, er sei bereit, diese Heirat zu unterstützen; die Sache entsprach zu sehr den spanischen Interessen: wenn Maria Stuart erst einmal mit einem Prinzen des österreichischen Hauses verbunden war, würde jegliche Möglichkeit einer Wiederannäherung Schottlands an Frankreich verschwinden. Mehr verlangte Philipp nicht. Deshalb schrieb er am 6. August 1564 an Don Diego Guzmán de Silva, den Nachfolger des ein Jahr zuvor gestorbenen Cuadra in London, und beauftragte ihn, die Heiratsverhandlungen, seinen Sohn und Maria Stuart betreffend, abzubrechen und geschickt bei der Königin die Kandidatur des Erzherzogs Karl zu unterstützen. Schließlich betrachtete der König vielleicht auch mit einem gewissen Skeptizismus die von Cuadra so hoch angeschlagene Möglichkeit, durch die Heirat des Infanten die Länder, über die Spanien seine Macht erstreckte, um den Besitz Schottlands und des wieder katholischen Englands zu vermehren.

In einem vertraulichen Briefe an den Kardinal Granvela (ebenfalls vom 6. August 1564) schrieb Philipp: „In Anbetracht der Disposition meines Sohnes und manch andrer Dinge, die ich an ihm beobachtet habe, drängt sich mir die Überzeugung auf, daß die Zurückführung Schottlands und Englands zur katholischen Kirche durch diese Heirat wohl nicht zustande gekommen wäre; und nur aus diesem und aus keinem andern Grunde würde ich mich jeder Eventualität gern aussetzen."

Wie soll man wohl diesen Satz: „Considerada la disposición de mi hijo y otras cosas que en ello se me representan" verstehen? Er kann auf die verschiedenste Weise ausgelegt werden, wie, nebenbei gesagt, fast alles, was aus der Feder Philipps kam, der bestimmt niemals die Sünde zu großer Klarheit beging. Man darf aber mit gutem Recht annehmen, daß er hier auf die physischen und moralischen Qualitäten des Prinzen anspielen wollte, die sich bestimmt nicht gebessert hatten. Es kann sein, daß die ausweichenden Antworten, hinter denen sich Philipp jedesmal verschanzte, wenn von einer Heirat seines Sohnes die Rede war, zum großen Teil politischer Berechnung entstammten; es ist jedoch nicht von der Hand zu weisen, daß andre, ebenso mächtige Beweggründe den Willen des Königs lenkten.

Wie man sah, konnte die Prinzessin Johanna unter allen möglichen Bräuten am meisten auf die Sympathien der Spanier rechnen. 1563 hatten die Abgeordneten der kastilischen Städte während der Cortes in Madrid Philipp gebeten, das Ehebündnis zwischen der ehemaligen Regentin und dem Thronerben abzuschließen. Ein Jahr später schien Philipp die Möglichkeit, zugleich die Schwester und seine Untertanen zufriedenzustellen, mit einigem Wohlwollen zu erwägen. Es wurden Versuche gemacht, Don Carlos zu überzeugen, welcher immer einen heftigen Widerstand gegen diesen Heiratsplan gezeigt und mehrmals erklärt hatte, er würde niemals eine „mujer probada" heiraten.

Sicher hatte Philipp schwerwiegende Gründe, um eine Heirat innerhalb der Familie, ohne politische Vorteile (denn die Zufriedenheit des eigenen Volkes konnte man im Vergleich zu einer Allianz mit Schottland oder den österreichischen Habsburgern kaum einen Vorteil nennen), allen andern, die sich boten, vorzuziehen. Diese Gründe sind in einem vertraulichen Brief des französischen Gesandten Saint-Sulpice angedeutet, der am 12. Juni 1564 an Katharina von Medici schrieb, daß Philipp seine Schwester Johanna mit Don Carlos verheiraten wolle, in Anbetracht von dessen Schwachsinn („des qualitez assez imbéciles de luy"), den die Fürstin durch ihre geistige Überlegenheit ausgleichen und unterstützen könne.

Das Urteil über Don Carlos war also gesprochen. Mit wachsender Bestürzung hatte Philipp ihn beobachtet, erforscht, seine Lebensweise verfolgt: dieser zugleich schwache und heftige, haltlose und starrköpfige Mensch würde einen erbärmlichen König abgeben. Alle atavistischen Schwächen der Habsburger und der Trastamara[70] schienen sich in diesem armen, kränklichen Körper vereinigt zu haben, der, von Fieberanfällen erschöpft, oft von jähen, grundlosen Zornausbrüchen geschüttelt wurde, die bald verrauchten und ihn in einem zerschlagenen und fiebrigen Zustand zurückließen. Philipp wußte nur zu gut, welchen Schaden die Regierung schwachsinniger und entarteter Könige wie Johanns II. oder Heinrichs IV. Spanien zugefügt hatte. Er fühlte, daß die schmächtigen Schultern seines Sohnes niemals fähig sein würden, die Last eines so großen Reiches zu tragen, die, anstatt sich zu verringern, mit jedem Tage zunahm. Das große Kaiserreich Karls V. regieren, hieß einen Posten an einem von allen Seiten durch Ränke und Gefahren bedrohten strategischen Punkt beziehen; die geringste Zerstreutheit konnte sich in einen nicht wieder gutzumachenden Fehler verwandeln, ein Augenblick der Schwäche schreckliche Katastrophen heraufbeschwören. Nun hatte Philipp eine zu realistische Idee von Politik, um nicht zu wissen, daß die Macht eines Throns in engstem Verhältnis zu dem Wert eines Menschen, der ihn einnimmt, steht. Der spanische Thron war der mächtigste der Welt, weil zuerst Ferdinand und Isabella, dann Karl V. ihn zu einem solchen gemacht hatten, und weil er selbst ihn mit zähem Willen verteidigte. Was würde aber aus diesem Thron werden, wenn auf ihm dieser Prinz, sein Sohn, säße, in dessen Geist die zerstörende Krankheit Johannas der Wahnsinnigen wieder aufzuleben schien? Sie konnte ebensogut in fünfzig Jahren wie in einer Stunde ausbrechen. Der Gott, dem Philipp diente, konnte ihn selbst von einem Augenblick zum andern abberufen. Es ist keine Übertreibung der Phantasie, sich vorzustellen, daß Philipp, der unablässig in eine Vision des Todes vertieft war, solche Gedankengänge gehabt habe. Aber seine Pflicht gebot ihm, an das Morgen zu denken, vorzusorgen, daß die Kontinuität der leitenden Regierungsgewalt, in der er die einzige Bürgschaft eines Bestehens des spanischen Reiches als großer europäischer Weltmacht sah, keine Unterbrechungen erleide.

Nur wenige haben meines Wissens dieses innere Drama in Philipps Leben berücksichtigt. Wenn es auch weniger reich an oratorischen und pathetischen Möglichkeiten ist als die unzähligen andern, die der Katholische König Dichtern aller Zungen eingegeben hat, gehört es doch zu den tiefsten und verschwiegensten. In ihm ist die erste Wurzel jenes verzweifelten Entschlusses zu suchen, der Philipp II. veranlaßte, seinen Sohn gefangen zu setzen. In dieser Beleuchtung wird die Tragödie des Don Carlos jedes Geheimnisvollen beraubt und erscheint folgerichtig wie die definitive Proportion eines Syllogismus. Im Widerstreit seiner Vater- und Herrscherpflichten bleibt Philipp letzteren treu: man kann nicht leugnen, daß eine derartige Unterwerfung unter ein höheres Gesetz in außerordentlicher Weise dazu beiträgt, die große Persönlichkeit des spanischen Herrschers zu adeln. Die Tragödie bleibt, auch wenn sie von Don Carlos auf Philipp transponiert wird, bestehen. Merkwürdigerweise ist aber auch den Dichtern diese Tragödie Philipps entgangen.

1564 konnte Philipp noch auf eine physische und moralische Besserung hoffen: sicher glaubte er, daß die Obhut einer fast zehn Jahre älteren Frau einen heilsamen Einfluß auf den Prinzen ausüben könne, und daß er später, wenn er zur Regierung kommen würde, Halt und sichere Führung bei ihr fände. Außerdem würde eine derartige Verbindung den Vorteil haben, das Eheleben Don Carlos' vor der ungesunden Neugier der europäischen Höfe zu schützen; denn man scheute sich nicht, zu behaupten, er sei zur Ehe nicht tauglich.

Eine begreifliche väterliche Scham ist die Ursache, daß in keinem Dokument auch nur der leiseste Hinweis auf derartige Befürchtungen zu finden ist; aber es ist unmöglich, anzunehmen, daß Philipp wirklich frei davon war. Jedenfalls äußerte sich der König in den Instruktionen, die er Mitte September 1564 Chantonnay mitgab, der sich als Gesandter bei Kaiser Maximilian — Ferdinand I. war im Juli desselben Jahres gestorben — nach Wien begab, folgendermaßen: „obwohl mein Sohn nunmehr neunzehn Jahre zählt, und man auch andre spät entwickelte junge Leute sieht, war es Gottes Wille, daß er es mehr als andre sei . . ." Badoero hatte 1557 nach Venedig berichtet, der Prinz finde großes Gefallen an Frauen; aber damals war Don Carlos erst zwölf Jahre alt, weshalb man kein großes Gewicht auf die Behauptung des venezianischen Gesandten legen darf. Später hatte der Prinz während seiner Konvaleszenz nach dem Unfall in Alcalá de Henares — der Folge eines galanten Abenteuers — ein Gelübde getan, bis zu seiner Hochzeit keusch zu bleiben.

Dieses Gelübde mußte ihm nicht schwer fallen, wenn es wahr ist, was Giovanni Soranzo in seiner Relation von 1565 behauptet: „Mir ist vermeldet, daß auf Befehl Seiner Majestät ihm (dem Prinzen) schöne junge Mädchen zugeführt wurden, um zu sehen, wie er sich betrage; doch hat er kein Zeichen der Lust oder Begierde auf sie gezeigt; so daß Seine Majestät sehr wenig befriedigt ist und nicht weiß, wie man die Frage einer Heirat für ihn lösen soll." Auch Dietrichstein hatte sich mit diesem Problem befaßt und zu erfahren gesucht, ob der Prinz zeugungsfähig sei oder nicht; niemand konnte ihm etwas Genaues sagen, aber die allgemeine Meinung war, daß er sich noch nie einer Frau genähert hätte. Schließlich war Doktor Olivares, dem Leibarzt des Prinzen, ein anvertrautes Geheimnis entschlüpft, welches gewissermaßen auch das Keuschheitsgelübde erklärte: der erste Liebesversuch des Prinzen (es handelte sich wahrscheinlich um seine kurze Beziehung zu dem Mädchen in Alcalá) sei so unglücklich ausgegangen, daß Don Carlos ihn als eine Strafe Gottes angesehen und sich vorgenommen hatte, ihn bis zu seinem Hochzeitstage nicht zu wiederholen. Dies würde auch erklären, warum Philipp, als er den Brief eines Höflings erhielt, in dem dieser ihm das Gelübde seines Sohnes mitteilte, an den Rand schrieb: „Esta no vea nadie", diesen soll keiner sehen.

Dietrichstein hatte sich nicht darauf beschränkt, den Hofklatsch aufzufangen, sondern hatte auch den Infanten aufmerksam beobachtet, wie die schon erwähnte Schilderung an seinen Gebieter beweist; er hatte unter anderm einen sehr schlechten Eindruck von seiner schwachen, brüchigen, gar nicht männlichen Stimme erhalten, die nach seiner Meinung der Beweis geringer Männlichkeit war. Trotzdem hörte das Dringen des Wiener Hofes auf eine Verbindung der beiden Geschwisterkinder nicht auf. Als die Erzherzöge

Rudolf und Ernst von Österreich sich am 17. März 1563 in Barcelona ausschifften, war der erste Gegenstand, den der sie begleitende Dietrichstein berührt hatte, die Heirat Don Carlos' gewesen, und auch später hatte der österreichische Gesandte keine Gelegenheit versäumt, immer wieder von der Sache anzufangen, besonders dann, wenn die Gesundheit des Thronerben auf eine Besserung hoffen ließ.

Aber Philipp hatte immer eine Antwort bereit, um die eigene Entscheidung auf die lange Bank zu schieben: außerdem war die Besserung immer trügerisch; kaum fühlte sich der Prinz etwas wohler, warf er sich mit einer Maßlosigkeit, die an Karl V. erinnerte, über die Speisen, so daß man von ihm sagte, er habe nur Kraft in den Zähnen; er mußte sich dann immer nach ein paar Tagen ins Bett legen. Auf diese Weise vollendeten die Fieberanfälle langsam und sicher ihr Zerstörungswerk in diesem schon so geschwächten Organismus; dies trat recht zutage, als die Königin im August 1566 einem Mädchen das Leben schenkte, das die Namen Isabel Clara Eugenia erhielt. Am Tage der Tauffeierlichkeit erschien Don Carlos, der Taufpate der kleinen Infantin, in einem so entkräfteten Zustande, daß Don Juan de Austria das Kind an seiner Stelle über das Taufbecken halten mußte.

Inzwischen hatte sich die Schar der um Don Carlos werbenden Bräute gelichtet: Maria Stuart war ausgeschaltet und ging ihrem traurigen Schicksal entgegen, das sich sicher, hätte sie die Unterstützung Spaniens gehabt, anders gestaltet hätte. Die Prinzessin Johanna hatte, obwohl ungern, auf ihre Heiratspläne mit dem Neffen verzichtet. Katharina hatte als letzte das Feld geräumt: noch im Herbst 1565 erhielt Herr von Fourquevaulx, der sich als Nachfolger von Saint-Sulpice nach Madrid begab, den Auftrag, sich in jeder Weise für eine Heirat zwischen dem Thronerben und Margarethe von Valois einzusetzen; aber Philipp schloß ihm endgültig den Mund mit der Behauptung, daß er schon Verpflichtungen eingegangen sei, auf die er weder zurückkommen könne noch wolle.

VII.

Die junge Anna von Böhmen, die ferne Cousine, deren Anmut, Güte und Schönheit Dietrichstein bei jeder Gelegenheit gegenüber Don Carlos pries, hatte im Herzen des Prinzen ein Gefühl entzündet, das man vielleicht nicht Liebe nennen kann, das aber die Zähigkeit und Heftigkeitder Liebe hatte.

Früher war die Neigung des Prinzen auf die schottische Königin gefallen: der Ruf großer Schönheit, der Maria Stuart wie eine Strahlenkrone umgab, hatte sicher zu dieser Wahl beigetragen; vor allem aber sah der Prinz in einer Heirat wie dieser das schnellste und sicherste Mittel, sich der väterlichen Bevormundung zu entziehen, die ihm unerträglich war.

Don Carlos war ehrgeizig: der Gedanke, eine Macht auszuüben, beherrschte ihn. Schon in jungen Jahren sahen wir ihn sich an den Kriegsabenteuern Karls V. begeistern, sich einen Titel zulegen, auf den er kein Recht hatte, widerwillig unbedeckten Hauptes vor seinem Vater stehen. Nach der Erzählung Federico Badoeros pflegte er schon als Kind die Edelleute, die sich bei ihm vorstellten, um ihn ihrer Ergebenheit zu versichern, zu dem Schwur zu verpflichten, ihm in den großen Unternehmungen zu folgen, die er für später im Auge hatte.

Eine sechzehnjährige Phantasie macht lebhafte Sprünge: da die Jugend seines Vaters die Zeit der eignen Thronbesteigung in ziemlich weite Ferne rückte, hatte sich Don Carlos in der Hoffnung gewiegt, durch die schottische Heirat etwas mehr als „der Statthalter Philipps II. in den Niederlanden“ zu werden. Als er aber später das Bild seiner Cousine sah, erklärte er, diese und keine andre heiraten zu wollen, was den Kaiser, dem Dietrichstein sofort eine offizielle Mitteilung darüber nach Wien geschickt hatte, ungemein freute, so daß er ihn ermutigte, in Philipp zu dringen, er möge die Einwilligung geben.

Don Carlos dachte beständig an Anna, und man kann sich leicht vorstellen, daß Dietrichstein geschickt diese gefühlvolle Neigung des Prinzen immer neu anfachte, die sich sehr bald, wie es bei einem so wenig ausgeglichenen Gemüt begreiflich war, in eine Art krankhafter Zwangsvorstellung verwandelte. Als eines Tages die Königin Elisabeth während einer Spazierfahrt außerhalb Madrids den in Gedanken versunkenen Don Carlos scherzend fragte, wo denn seine Gedanken wären, antwortete der Prinz: „Zweihundert Meilen von hier." — „So weit? und wo denn?" drang die Königin in ihn. „Bei meiner Cousine Anna", war die Antwort.

Anna war nicht nur die ersehnte Frau, sondern auch die Botin der Freiheit. Nach vollzogener Ehe hätte Philipp nicht umhin können, dem jungen Paar die Regentschaft der Niederlande zu übertragen, um so mehr, als er schon 1559 den in Gent versammelten Generalstaaten versprochen hatte, den Thronfolger als Regenten jener Provinzen einzusetzen. Dies war sogar vielleicht eine der Erwägungen und nicht die geringste, die den König trieben, seine Entscheidung hinzuhalten. Die Niederlande machten, wie wir bald sehen werden, eine äußerst kritische Zeit durch: wie ein Pferd, dem der Knebel das Maul erhitzt hat, fühlte das flamländische Volk nicht mehr die Zügel, welche die Regentin Margarethe von Parma, Philipps Halbschwester, vom Kardinal Granvela unterstützt, in ihrer männlichen Hand hielt. Wer konnte so wahnsinnig sein, daran zu denken, einem Don Carlos die Regierung eines Landes anzuvertrauen, in dem der Geist des Aufruhrs sich täglich heftiger gebärdete, in dem ein ränkevoller und mächtiger Adel sich bemühte, eine religiöse Umwälzung in eine politische zu verwandeln? Genügten nicht etwa das Auftreten Don Carlos' im Staatsrat und seine verschiedenen Verrücktheiten als Beweise seiner völligen Unfähigkeit, irgendeinen verantwortlichen Posten zu bekleiden?

Man kann nicht oft genug wiederholen, in welchem Maße alle Handlungen Philipps von der hohen und strengen Idee gelenkt wurden, die er von seinen Königspflichten hatte. Zu glauben, er würde aus Schwäche oder väterlicher Nachgiebigkeit einem jungen Prinzen, dessen Unfähigkeit er kannte, einen Posten anvertrauen, der Charakterfestigkeit und politische Schlauheit gleicherweise verlangte, ist gedankenlos. Hinzu kommt, daß Don Carlos an der Spitze der Niederlande gerissenen und skrupellosen Männern ausgeliefert sein würde, welche ihn bei seinem maßlosen Ehrgeiz packen und keine große Mühe haben würden, ihn als die beste Karte in der gefährlichen und entscheidenden Partie auszuspielen, die sie gegen Spanien zu spielen gedachten. Philipp konnte es nicht darauf ankommen lassen, einen Habsburger, seinen Sohn, an der Spitze der flamländischen Aufrührer zu sehen. Der Gesandte Fourquevaulx deutet offen in einem Brief an Katharina von Medici auf diese Bedenken des Königs hin: er behauptet, daß Philipp nie seinem Sohn erlauben würde, Spanien ohne ihn zu verlassen, weil dieser etwas törichte Jüngling sich leicht von den Italienern oder den Flamländern verführen lassen könnte, Dinge zu tun, die er später bereuen müßte. Dieser Brief stammt aus dem November 1565; aber schon ein Jahr früher, im Juni 1564, hatte Saint-Sulpice nach Paris berichtet, Don Carlos beginne ziemlich widerborstig (assez à rebours) gegen seinen Vater zu werden und gegen alles, was er anordnete.

VIII.

In dem Drama, das sich zwischen Vater und Sohn abspielte, war zweifellos das Wichtigste die Abneigung, die der Prinz gegen seinen Vater faßte, als ihm klar wurde, daß er sich nicht ohne große Schwierigkeiten seiner Autorität entziehen könne. Die Gründe, welche Philipp zu diesem Verhalten veranlaßten, entzogen sich seinem Urteil; er sah nur die verhaßte Seite, und sein Stolz litt heftig unter den Grenzen, die der Entwicklung seiner Persönlichkeit gesetzt wurden. In dem Maße, wie die Zeit verstrich, ohne die geringste Veränderung in sein Leben zu bringen, nahm alles das, was er zu entbehren glaubte — an erster Stelle Macht und Liebe — die verführerischsten Farben in seiner kranken Phantasie an. „Allen ist es deutlich, daß er es kaum erträgt, noch nicht einen großen Staat regieren zu können", schrieb Fourquevaulx, und Dietrichstein: „Die hauptsächliche Beschwerde des Prinzen gegen seinen Vater ist, daß dieser ihm trotz seines Alters weder Befehlsgewalt noch Macht übertragen habe, sondern ihn wie einen ‚minor annis'[71] behandle."

Am Hofe waren diese Gefühle des Prinzen bekannt, da es ihm auch gar nicht daran gelegen war, sie zu verheimlichen, ja, sobald sich ihm die Gelegenheit bot, er die Handlungen des Königs in den freimütigsten Ausdrücken kritisierte. Brantôme erzählt, daß Don Carlos, um sich über seinen Vater lustig zu machen, ein Buch heften ließ und auf die erste Seite als Titel schrieb: „Los grandes y admirables viages del rey don Felipe".[72] Die andern Seiten waren leer, wie um zu beweisen, daß der König kein einziges erwähnenswertes Unternehmen fertiggebracht habe, mit Ausnahme einiger Untertitel wie: „Viage de Madrid al Pardo de Segovia, del Pardo al Escorial, del Escorial a Madrid"[73] usw. Brantôme erwähnt, daß Philipp sehr ungehalten war, als er von diesem Scherz erfuhr. Da der Prinz keinen andern Weg fand, um seiner Abneigung gegen den Vater Luft zu machen, hielt er sich an die Personen, die dieser zu seinem Dienst beordert hatte. Auch Ruy Gómez entging im Anfang nicht dem allgemeinen Schicksal: Don Carlos täuschte sich nicht im mindesten über die Gründe, die Philipp bewogen hatten, ihm einen der wenigen Männer, denen er blind vertraute, zur Seite zu stellen. Mit der Zeit jedoch gelang es dem geschickten Hofmann, das Mißtrauen des Prinzen zu entwaffnen. Nicht umsonst schrieb Antonio Tiepolo von Ruy Gómez: „die Geschicklichkeit dieses Mannes wickelte den größten Lümmel ein".

Aber nicht alle Edelleute im Dienste des Infanten waren so geschickt oder glücklich wie dieser Ruy Gómez und sie waren deshalb allen Rückschlägen der Laune des Prinzen ausgesetzt, welcher, nach den Worten des florentinischen

Gesandten, „sie bei der allergeringsten Gelegenheit mit Faustschlägen traktierte und sie zu erdolchen drohte“. Damals mußte Carlos allen als ein Besessener erscheinen: Soranzo, der 1565 in die Heimat zurückgekehrt war, schrieb in seiner Relation: „Alle Minister des Königs fürchten ihn; denn, wenn sie nicht tun wollen, was er gebietet, sagt er ihnen Grobheiten und wirft sich mit Fieber auf sein Bett.“

Philipp war Zeuge dieser Tollheiten und wurde täglich mehr in der Überzeugung bestärkt, daß eine strenge Überwachung des Prinzen nötig wäre. In früheren Zeiten hatte er seinen Sohn ermahnt und ihm vorgehalten, wie unwürdig eines Prinzen sein Verhalten sei; als er dann aber sah, daß Don Carlos nicht nur seinen Worten keine Beachtung schenkte, sondern sie mit stolzer Verachtung beantwortete, hatte er sich in ein drohendes Schweigen gehüllt. Es ist nicht unwahrscheinlich, daß er, seit Elisabeth ihm die erste Tochter geschenkt hatte, die Möglichkeit erwog, Don Carlos die Thronrechte zu entziehen. Es gab Leute, die in Don Juan de Austria den möglichen Nachfolger des Thronerben sahen; doch ist kaum anzunehmen, daß Philipp, so sehr er auch seinen Bruder liebte, sich einen solchen Akt der Willkür erlaubt hätte. Außerdem war der König ja noch jung und brauchte nicht die Hoffnung auf andre männliche Nachkommen aufzugeben.

Inzwischen häufte Don Carlos Tollheiten auf Tollheiten, grade als wolle er auf andren Wegen die Freiheit suchen, die er so heftig begehrte und die ihm von der vorausschauenden Klugheit seines Vaters versperrt war. Das Jahr 1567 war reich an verschiedenartigen Episoden, die eine Verschärfung des krankhaften Zustands verrieten. Eines Tages schloß er sich im Pferdestall ein und mißhandelte einige zwanzig Pferde derartig mit Dolchstichen, daß die Tiere jämmerlich zugerichtet wurden. Ein andres Mal bat er Don Antonio de Toledo, der das Amt eines Oberstallmeisters bekleidete, ihm Philipps Lieblingspferd zu zeigen, und schwor, er würde ihm nichts zuleide tun. Don Antonio willigte ein, aber Don Carlos mißhandelte das arme Tier derart, daß es nach einigen Tagen krepierte. Nicht allein das: die Einträge in den Rechnungsbüchern des prinzlichen Haushalts verzeichnen Summen, die gezahlt wurden, um Eltern den Mund zu stopfen, deren Kinder auf Befehl des Prinzen geprügelt worden waren: hundert Realen wurden an einen gewissen Damian Martínez, „padre de las niñas pegadas por mandado de Su Alteza", gezahlt.

Hier stehen wir vor echten sadistischen Ausschreitungen, welche, verbunden mit andern Dingen, der modernen Wissenschaft erlauben, Don Carlos der weitausgedehnten Kategorie der Sexualpsychopathen zuzuzählen. Ohne den Schluß auf Homosexualität zu ziehen, verweist Pfandl auf die Tatsache, daß der Prinz sich schon in Alcalá häufig mit dem Kammerherrn Gelves einzuschließen pflegte. „Was sie trieben, ist nicht bekannt", schreibt Pfandl; „daß sie nur die Leckerbissen zusammen aßen, die Gelves mitbrachte, ist kaum anzunehmen." Später entfernte Philipp den Gelves; Tiepolo, der dies berichtet, beschränkt sich darauf, zu sagen, der betreffende Herr sei vom Hofe gejagt. Don Carlos schloß sich oft an junge Leute, die in seinem Dienst standen, an und schlug dann plötzlich, ohne Grund oder unter Anführung eines unwichtigen oder gänzlich aus der Luft gegriffenen, in Haßgefühle gegen den früheren Günstling um, dessen Gegenwart er nicht mehr, selbst nicht im Dienst, ertrug. Ein charakteristisches Beispiel für diese gefährliche Unbeständigkeit ist der Fall des Juan Estebez de Lobón: dieser Edelmann war lange Zeit der Liebling des Thronerben gewesen, der ihn vom einfachen „ayuda de cámara" zum „guardarropas y joyas"[74] befördert hatte; von einem Tag zum andern faßte nun Don Carlos eine Abneigung gegen Lobón: als er ihm einmal entgegenkam, sprang er auf ihn los, überschüttete ihn mit Schimpfworten und versuchte, ihn aus dem Fenster zu werfen. Dann befahl er dem armen Teufel, strengste Rechenschaft über alles ihm Anvertraute abzulegen, und drohte ihm, ihn ins Gefängnis werfen zu lassen, sollten die Abrechnungen nicht befriedigend sein. Lobón erwuchsen noch viele Scherereien aus dieser Angelegenheit; 1583 behauptet sein Testamentsvollstrecker, Ruy Diaz de Quintanilla, daß eine Untersuchung über die Führung des ehemaligen „guardarropas y joyas“ angestellt wurde, in deren Verlauf einige Personen verhört wurden, die den Tobsuchtsanfall des Prinzen miterlebt hatten. Einer von ihnen behauptete, Don Carlos habe Lobón aus Gründen „que non se pueden declarar“[75] hinausgeworfen, Worte, die verschiedene Deutungen zulassen.

In dieser bewegtesten Zeit seines Lebens entschloß sich Don Carlos zu einer Mannbarkeitsprobe. Er zog zu diesem Zweck seinen Barbier ins Vertrauen, der ihn seinerseits drei Ärzten übergab. Diese bereiteten ihm ein Aphrodisiacum, der Barbier sorgte für eine Partnerin, und das Experiment fand statt. Am 24. Juli 1567 berichtete Leonardo Nobili in scherzendem Ton an Cosimo von Medici: „In diesen Tagen haben drei Ärzte und ein Barbier, sein Günstling, ihm (dem Prinzen) irgendein Tränklein eingegeben, dank dem er recht und schlecht mit einer Frau verkehren konnte; es schien ihm gefallen zu haben; denn er setzte ihr 12000 Dukaten aus, den Ärzten je 1000 Taler und dem Barbier 600 . . .“; und Fourquevaulx schrieb nicht weniger ironisch nach Paris: „Der Prinz ist jetzt im Rufe eines natürlichen Halbmenschen.“ Doch zwischen Freud und Leid ist die Brücke nicht breit: es gelang den Ärzten nicht, aus diesem „demi-homme naturel“ einen vollständigen und normalen Mann zu machen, und Nobili konnte schreiben: „Es scheint, daß Seine Hoheit nicht noch einmal der sinnlichen Freuden pflegen konnte, weshalb sein Vertrauen in die Ärzte sehr geschwunden ist.“

Diese Enttäuschung und fast sicher auch die Witze, zu denen sie den Stoff am Hofe lieferten, hatten auf Don Carlos eine merkwürdige Wirkung: wieder sah man ihn nachts, mit einer Flinte bewaffnet, das Kinn mit einem falschen Bart geschmückt, straßauf, straßab herumlaufen. Sein Ziel waren jetzt die verrufenen Häuser. Es ist nicht möglich zu sagen, ob er im Verkehr mit Prostituierten eine Stimulation suchte oder seine Impotenz unter einem leichten Exhibitionismus verbarg, der für gewisse Formen der Sexualpathologie charakteristisch ist.

Die Serie der Tollheiten des Prinzen in dieser Zeit wäre nicht vollständig, wenn man nicht den Fall des Don Diego de Acuña erwähnte, der einen völligen Mangel an Würde und moralischem Gefühl verrät. Als Philipp eines Tages im Ministerrat saß, horchte Don Carlos an der Tür des Kabinetts. Einer seiner Kammerherrn, Diego de Acuña, machte ihn darauf aufmerksam, daß die Hofdamen der Königin und die Pagen, die in einem Saal in der Nähe versammelt waren, ihn sehen könnten, und daß Seine Majestät oft plötzlich heraustrete und ihn überraschen würde. Don Carlos bekam einen seiner gewöhnlichen Zornanfälle, stürzte sich mit geballten Fäusten auf Don Diego und schlug ihn in rohester Weise. Die Sache sprach sich herum, und Acuña bat Philipp, ihn aus des Prinzen Dienst zu entlassen. Philipp gab seine Einwilligung und übertrug ihm ein höheres Amt als das, welches er beim Prinzen bekleidete.

Es wäre töricht gewesen, zu hoffen, Don Carlos' Verrücktheit geheimhalten zu können. Durch tausend Kanäle verbreitete sich das Gerücht über die Wunderlichkeiten des Prinzen in die übrige Welt: der spanische Thronerbe war eine genügend wichtige Persönlichkeit, um im Brennpunkt des Interesses aller europäischen Höfe zu stehen. Es gab keinen närrischen Streich, welchen die Gesandten ihren Herrschern nicht mitteilten: es sei hier flüchtig gestreift, daß dank dieser Geheimberichte, die jahrhundertelang in den Archiven begraben waren, es den Historikern des 19. Jahrhunderts ermöglicht wurde, an Stelle des legendären Don Carlos einen möglichst wahrheitsgetreuen Don Carlos zu setzen.

Man wird sich leicht vorstellen können, daß Don Carlos wenig Freunde besaß: doch gab es einen, dem sein guter Name immer am Herzen lag. Als 1566 dieser rechtschaffene Mensch, Honorato Juan, der damals Bischof von Osma war, erfahren hatte, wie unzufrieden Philipp mit der Aufführung seines Sohnes sei, hatte er dem Prinzen geschrieben und ihn gemahnt, drei wesentliche Dinge nie zu vergessen: Gott zu fürchten und zu lieben, seinem Vater die schuldige Achtung zu erweisen und seine Untergebenen liebevoll und sanftmütig zu behandeln; dies sei der einzige Weg zum Heil und zum Glück in dieser Welt; alle andren seien voller Gefahren und Fallstricke.

Dieser Brief scheint keine große Wirkung ausgeübt zu haben: Don Carlos war jetzt schon auf der schiefen Ebene, auf der er unabänderlich der Katastrophe zutrieb; die Worte seines alten Lehrers, eines der wenigen Menschen, die er verehrte und liebte, verhallten ins Leere. Es war das letzte Liebeszeichen gewesen, das Honorato Juan seinem Schüler sandte; einige Monate später weilte der Bischof von Osma nicht mehr unter den Lebenden. Don Carlos hatte aber mit ihm nicht den letzten Freund verloren: ihm blieb noch der Doktor Hernán Suárez. Auch dieser richtete zwei Briefe an den Prinzen, um ihn zur Besserung zu ermahnen: einen im Dezember 1566, den andern im März 1567. Der zweite ist von besonderer Wichtigkeit, weil in ihm nicht nur offen von einigen tollen Ausschreitungen des Infanten die Rede ist, sondern weil man auch erfährt, daß zu jener Zeit Don Carlos großes Ärgernis durch Außerachtlassen der Pflichten eines Christen erregte. „Eure Hoheit“, schrieb Suárez, „sind im Begriff, durch die Weigerung, zur Beichte zu gehen, ein schlechtes Beispiel zu geben. Schlimme Folgen werden daraus entstehen, und den größten Schaden werdet Ihr selbst erleiden!“ Suárez konnte sich eigentlich kaum darüber wundern, weil der Prinz in dem Maße, wie er seinen Vater haßte, selbst wissen mußte, daß ihm Beichte und Abendmahl deshalb versagt blieben; aber er hielt es für seine Pflicht, ihn darauf aufmerksam zu machen, daß sein Verhalten ihm mehr und mehr Freunde entfremde, und daß die Zahl seiner Feinde täglich wüchse. Und wußte denn Seine Hoheit nicht, daß diese Feinde sein Verhalten zum Vorwand nähmen, um ihn des Wahnsinns und der Unzurechnungsfähigkeit zu beschuldigen? „Seht selbst, was sie sagen werden", schloß Suárez, „wenn es bekannt wird, daß Eure Hoheit nicht mehr zur Beichte gehen, und wenn andre schreckliche Dinge ans Tageslicht kommen, deren es so viele gibt, daß, wenn es sich um jemand andren handeln würde, das Heilige Amt sich notwendig damit beschäftigen müßte, um nachzuprüfen, ob Ihr noch ein Christ seid oder nicht."

Was konnte Suárez mit seinen letzten Worten meinen, was waren die „otras cosas terribiles", um die sich die Inquisition kümmern sollte? Die Erklärung Gachards, es handle sich hier um die Vernachlässigung der religiösen Pflichten, ist nicht überzeugend: Suárez spricht davon zu wiederholten Malen in seinem Brief, und hätte also nicht nötig gehabt, mit so geheimnisvollen Worten auf den Gegenstand zurückzukommen. Es mußte etwas viel Ernsteres vorliegen, was Suárez vielleicht von Philipp selbst erfahren hatte, und das er, aus seiner langen Erfahrung an den Höfen, daß es gefährlich ist, die Geheimnisse der Großen dieser Welt zu kennen, nicht einmal in einem Privatbrief zu schreiben sich getraute, der an den Träger des Geheimnisses selbst gerichtet war.

FÜNFTES KAPITEL

Die Niederlande

I.

Vielleicht kann eine Untersuchung der Gefühle Don Carlos' für die Rebellen der Niederlande Licht auf die vorsichtigen Andeutungen von Suárez werfen. Man muß natürlich vorausschicken, daß man sich hier auf das Feld der Hypothesen begibt. Die Legende und besonders die nachrevolutionären Dramen eines Schiller und Alfieri gaben dem unglücklichen Sohn Philipps II. eine von unbestimmten Freiheitswünschen erfüllte Seele. Die Geschichte hat diese dichterischen Phantasien, wie die Fabel von angeblich blutschänderischen Beziehungen zwischen Don Carlos und Elisabeth, ins rechte Licht gerückt. Doch bestehen manche Anzeichen für eine geheime Verbindung des Infanten zu den am spanischen Hofe weilenden Abgesandten der Niederländer. Ehe man aber zur Prüfung dieser Verdachtsmomente schreitet, ist es nötig, ein kurzes Bild der Lage in den Niederlanden zu entwerfen, welche ein Gegenstand ernster Besorgnis für Philipp war.

Der Kampf gegen die Reformation war der große Fehlschlag im Leben Karls V. gewesen: nicht nur war es ihm nicht gelungen, der Ketzerei Herr zu werden; die Ketzerei hatte auch beständig alle seine Pläne durchkreuzt. Der Vertrag von Passau, den der Kaiser im August 1552 unterzeichnen mußte, nachdem das lutheranische Heer unter der Führung des Kurfürsten Moritz von Sachsen ihn mitten in der Nacht zur Flucht aus Innsbruck gezwungen hatte, dieser Vertrag, der den deutschen Protestanten das Recht gab, Abgeordnete in das Kammergericht zu schicken, besiegelte seine Niederlage im Kampf gegen die neuen Ideen. Man versteht nun, warum Karl V. auf seinem Totenbett dem Sohn die Pflicht auferlegte, den Kampf weiterzuführen, in dem er besiegt worden war.

Es handelte sich jetzt schon gar nicht mehr darum, die Reformation in Deutschland, ihrer Wiege, zu bekämpfen, sondern es galt, ihre Verbreitung in den andern Ländern des spanischen Machtbereiches zu verhindern, besonders in den Niederlanden, die durch ihre zentrale Lage zwischen dem lutherischen Deutschland, dem protestantischen England und den kalvinistischen Provinzen Frankreichs natürlich den verschiedenen ketzerischen Sekten ein breites

Wirkungsfeld boten. Nun war aber der Weg schon vorgezeichnet: zwischen 1522 und 1550 hatte Karl V. nicht weniger als elf Edikte in den Niederlanden erlassen. Das letzte, das sozusagen alle andern zusammenfaßte, verordnete, daß jeder der Ketzerei Verdächtige lebendig verbrannt, lebendig begraben oder enthauptet werden solle: „Feuer, Grube, Eisen“ war die dreifache Formel dieser erbarmungslosen Justiz. Als Katholik und Herrscher verteidigte Karl V. zugleich das Reich Gottes und sein eigenes: er wußte genau, daß jede religiöse Reform sich früher oder später in eine politische verwandelt. Für die Anwendung der Edikte hatte der Kaiser von Hadrian VI. eine Bulle erwirkt, kraft derer die Niederlande, ebenso wie das Allerkatholischste Spanien, ihren Großinquisitor bekamen, dessen Amt es war, zu verhören, gefangenzunehmen, zu foltern, zu verbannen und zum Tode und zur Beschlagnahme aller Güter der im Geruch der Ketzerei stehenden Personen zu verurteilen. Ein einziges Mal hatte das Volk den Großinquisitor, einen weltlichen Rechtsgelehrten aus Brabant, zu einer überstürzten Flucht gezwungen; aber Hadrian hatte sofort vier geistliche Inquisitoren an Stelle des Geflüchteten eingesetzt. Doch hatte es Karl V. 1546 angesichts der glimmenden Feindseligkeit des Volkes für nützlich gehalten, die Machtbefugnisse der Inquisitoren einzuschränken, und hatte bestimmt, daß jedes von ihnen gefällte Urteil dem Zivilgericht zur Genehmigung unterbreitet werden müsse.

Auf diese Weise hatte die Inquisition in den Niederlanden, trotz ihres Namens, weder als Organisation noch in ihrer Machtbefugnis, etwas mit der spanischen gemeinsam. In Flandern stieß sich die Arbeit der Inquisitoren ständig an den Sonderrechten der verschiedenen Städte, von denen die Zivilgerichte abhängig waren. Einige Provinzen, wie zum Beispiel das schwerreiche Brabant, machten den Kaiser darauf aufmerksam, daß ihre Interessen durch eine allzu große Einmischung der Inquisition in ihre

Angelegenheiten stark geschädigt würden; da Karl V. beständig seine braven flamländischen Untertanen um Geld angehen mußte, verstand er sofort und goß viel Wasser aufs Feuer seiner Edikte.

Wenn man dies alles bedenkt, erscheinen die Zahlen über die Opfer der Inquisition in den Niederlanden während der Regierung Karls V., von den Historikern auf der Basis vom Volk gemachter Zählungen angenommen, ungeheuer übertrieben. Außerdem machten die Niederlande, wenigstens in der ersten Hälfte des 16. Jahrhunderts, keineswegs den Eindruck eines durch ein erbarmungsloses Tribunal terrorisierten Landes, in dem der fürchterliche Anblick der zum Scheiterhaufen geführten Sünder den Fremden betrübt, der sich in Geschäften hier aufhält, ein Land, in dem jeder im Nachbar angstvoll den Angeber argwöhnt und Handel und Gewerbe in einer Atmosphäre des Mißtrauens und Schreckens brachliegen. Man kann sogar behaupten, daß der Wohlstand der Niederlande niemals so groß war wie unter der Regierung Karls V. „Überall", schrieb der Genueser Gesandte, „rollt das Geld und blühen Handel und Wandel, so daß es keinen Menschen gibt, sei er noch so niedrig und faul, der in seiner Art nicht reich wäre." Und Suriano, der venezianische Abgesandte: „Hier liegen die Schätze des spanischen Königs, hier seine Goldgruben ..." Und wirklich waren die Geldschränke der Kaufleute voll Geld, die Felder voll Korn, die Häfen voller Schiffe. Karls V. Blick ruhte befriedigt auf diesen Reichtümern, von denen ein großer Teil, trotz des flamländischen Geizes, bestimmt war, in seine Kriegskassen zu fließen. Deshalb hütete er sich sehr, ihnen einen Schaden zuzufügen, dessen Rückschlag schließlich nur auf ihn gefallen wäre. Ein Beispiel: 1540 hatte sich Gent wegen einer neuen Steuerauflage empört. Der Kaiser hatte die Stadt belagert, zu Fall gebracht und dann den Herzog von Alba um Rat gefragt, wie er sie behandeln solle. „Dem Erdboden gleich machen, Majestät", war die Antwort des grausamen Ratgebers gewesen. Darauf hatte ihn Karl, ohne ein Wort zu sagen, auf einen Turm der Zitadelle geführt. Vor ihnen breitete sich die schöne Stadt, ein herrliches Bild von Macht und Arbeitsamkeit. „Wieviel spanische Häute, Herr Herzog", hatte der Kaiser gefragt, auf den französischen Namen der Stadt anspielend, „wären nötig, um einen solchen ‚gant' (Handschuh) anzufertigen?" Gent wurde nicht dem Erdboden gleichgemacht, verlor aber seine alten Sonderrechte.

Unter Philipp bekam die Sache ein andres Gesicht. Philipp kannte keine gütlichen Vergleiche. Es ist bekannt, daß der Marschall von Montluc sich nach dem großen Hugenottengemetzel vor den immer neuwachsenden Köpfen der kalvinistischen Hydra besiegt erklärt hatte: „Man kann sie doch nicht alle töten!" Philipp verlor nicht so leicht den Mut; nach seiner Überzeugung stand dem nichts im Wege, daß alle Ketzer getötet wurden. Deshalb bekräftigte er vor seiner Abfahrt nach Spanien von neuem die Edikte Karls V. und befahl der Regentin, seiner Halbschwester Margarethe von Parma, ihre Vollstreckung zu überwachen. Dies war nur der erste Schritt zur Unterdrückung der Ketzerei in Flandern: die Bürger, die Philipp noch nicht kannten, kümmerten sich nicht viel darum. Was bedeuteten schon diese Edikte! Allein die Tatsache, daß Karl V. sie in achtundzwanzig Jahren gute elf Male erneuern mußte, bedeutete, daß sie wahrscheinlich nie streng angewandt wurden und oft in Vergessenheit gerieten. Doch gab es etwas andres, das den Flamländern bedeutend mehr Sorge machte: die Frage der Bischöfe.

Die Edikte und die mit ihrer Ausführung betraute Inquisition vertraten die Unterdrückung. Man bekämpft aber die Ketzerei nicht nur mit Ketzerverbrennungen: es waren vorbeugende Maßnahmen nötig, um die Katholiken zu verhindern, Ketzer zu werden. Philipp legte das größte Gewicht auf diese Art geistiger Prophylaxis. Als Beweis dafür denke man an die Pragmatik von 1559, in welcher er allen spanischen Untertanen verbot, sich zwecks Vollendung der

Studien außer Landes, an fremde Universitäten, zu begeben, bei Strafe der Verbannung auf Lebenszeit und Einziehung aller Güter. Dieses 1595 erneuerte Gesetz richtete um Spanien gradezu eine chinesische Mauer auf, die es abschloß und ihm verwehrte, in irgendeiner Form an der Entwicklung der andern europäischen Völker Anteil zu nehmen.

Der flandrische Adel schickte damals seine Söhne auf die Universität Gent, von der sie von kalvinistischen Ideen erfüllt zurückkamen. Dagegen gab es kein Mittel: es wäre sinnlos gewesen, zu hoffen, der flandrische Adel würde sich die gleichen Gesetze auferlegen lassen, die Spanien in der stolzen Sicherheit, die auserwählte Nation zu sein, ohne mit der Wimper zu zucken hinnahm.

Dennoch konnte und mußte etwas geschehen. Außer daß das flandrische Volk allen Verführungen der reformierten Religionen ausgesetzt war, wurde es grade von denen sich selbst überlassen, die darüber zu wachen gehabt hätten, daß die Rechtgläubigkeit erhalten bleibe. In ganz Flandern gab es zur Zeit von Philipps Thronbesteigung nur drei Bischöfe: in Arras, Tournai und Utrecht. Drei Bischöfe auf einem so ausgedehnten Gebiet waren völlig ungenügend: mit dem besten Willen der Welt konnten drei Oberhirten nicht die ganze Herde der Gläubigen überwachen, so daß die räudigen Schafe leichtes Spiel hatten, sich furchtlos und ungestraft zwischen die gesunden einzuschleichen. Karl V. hatte bereits den ganzen Ernst der Sachlage erfaßt und beschlossen, die Zahl der flandrischen Bischöfe zu verdreifachen. Doch war diese Absicht des Kaisers wie viele andre nicht zur Ausführung gekommen. Philipp griff sie auf und bat Paul IV., die Zahl der Bischöfe auf vierzehn zu erhöhen und außerdem drei Erzbischöfe einzusetzen, was ihm auch bewilligt wurde.

Dieser Plan erregte natürlich im ganzen Lande ungeheuren Widerstand: das Volk sah in dieser Verstärkung der geistlichen Rüstung einen Versuch, die Inquisition in den Niederlanden mit den gleichen Machtbefugnissen und

Formen wie in Spanien einzuführen; der Adel befürchtete die Entstehung einer neuen geistlichen Aristokratie, die, dem Papst und dem König von Spanien ergeben, ihn seiner Macht berauben und nach und nach aus den öffentlichen Ämtern drängen könnte, auf die er bis dahin das alleinige Anrecht hatte und die er nur zu oft dazu benutzte, die Anordnungen der fernen spanischen Regierung zu sabotieren, die in Brüssel nur durch die Herzogin von Parma vertreten war.

So hatten schon seit den ersten Regierungsjahren die Beziehungen Philipps zu seinen nordischen Untertanen etwas Feindliches angenommen, das sich immer mehr zuspitzte, einerseits durch die Schwäche und Verräterei des Adels, andrerseits durch die Unbeugsamkeit des Königs.

Es ist heute nicht mehr möglich, in dem Aufstand, der zu dem langen flandrischen Kriege führte, eine einfache religiöse Bewegung zu sehen; um den Gegenbeweis anzutreten, genügt es, daran zu erinnern, daß der größte Teil des Adels, der an der Spitze der Aufständischen stand, katholisch war. Selbst Wilhelm von Oranien, ein hochgebildeter Fürst, vorurteilslos, für alle neuen Ideen interessiert, in dessen Namen im entscheidenden Augenblick alle Hoffnungen der flandrischen Rebellen zusammenliefen, erscheint uns viel weniger als ein überzeugter Protestant, denn als ein Mensch von überlegener Gleichgültigkeit für alle religiösen Fragen; heute würde man sagen: ein Freidenker. Von Prescott erfahren wir, daß nicht wenige flandrische Adlige von dem Aufstand eine Wiederherstellung ihrer Lage auf den Trümmern des öffentlichen Wohlstands erhofften.

Die Regentin selbst war überzeugt, daß für die Rebellen die Religion nur ein Mantel oder eine Maske sei, hinter der sich ganz andre Ansprüche versteckten; auch wußte sie von einem Plan der Aufteilung der Niederlande unter die flandrischen Edelleute zu berichten: nach diesem Plan sollte Brabant an den Prinzen von Oranien fallen; Holland an Herrn von Brederode; Friesland und Oberyssel an den

Herzog August von Sachsen; Geldern an die Herzöge von Cleve und von Lothringen; Flandern, Hennegau und Artois an den König von Frankreich, mit dem Grafen Egmont als erblichem Statthalter auf Lebenszeit. Man kann heute schwer feststellen, was an dieser Darstellung wahr gewesen ist: jedenfalls spielte der flandrische Adel — unter denen viele dem Hause Österreich ihr Glück verdankten — ein doppeltes Spiel. Während er unaufhörlich den spanischen König seiner Ergebenheit versicherte, wiegelte er das Land gegen ihn auf. Philipp war von Spitzeln des Prinzen von Oranien umgeben, welche die vertraulichsten Briefe der Herzogin von Parma an ihren Bruder in Abschrift oder oft in Urschrift nach Brüssel zurücksandten. Auf diese Weise fielen diese Geheimdokumente Leuten in die Hände, die am allerwenigsten von dem Inhalt Kenntnis haben sollten. Es versteht sich von selbst, daß Philipps Antworten das gleiche Schicksal ereilte. Nicht genug damit: auch auf das intimste Privatleben Philipps II. erstreckte sich die Überwachung der Spitzel. Ein „ayuda de cámara" des Königs wurde von dem Prinzen von Oranien bezahlt, um an den Türen zu horchen und, während Philipp schlief, dessen Kleidungsstücke nach Briefen und Aufzeichnungen zu durchsuchen. Es kann einen daher nicht verwundern, daß ein moderner Schriftsteller wie Pfandl den flandrischen Adel der Unehrlichkeit zeiht. Trotzdem muß man heute anerkennen, daß der Prinz von Oranien und seine Pairs für eine gerechte Sache stritten: wieder einmal heiligte der Zweck die Mittel. Die religiöse Frage war nur die Determinante der Unruhe der flandrischen Provinzen; unter dieser Unruhe steckte etwas ganz anderes: eine in vielen noch dunkle Sehnsucht nach Freiheit, und vor allem ein Haß auf die Spanier, deren Herrschaft nach Karls V. Tode ihnen sinnlos erschien. „Natürlich ist, daß jeder in seinem eigenen Lande lebt", schrieb später der Prinz von Oranien in seiner „Apologie"; „warum denn ziehen diese verfluchten Spanier von Land zu Land und quälen die Welt?"

II.

Wenn man schon den Adel der Sache anerkennt, für welche die Niederländer stritten, kann man nicht die Rechtmäßigkeit der Sache leugnen, die Philipp verteidigte. Darin liegt kein Widerspruch: das Tragische solcher Situationen, wie der, welche in der zweiten Hälfte des 16. Jahrhunderts Spanien und Flandern in eine Gegnerschaft zwang, beruht grade in der Tatsache, daß beide Gegner recht haben. In allen Revolutionen gibt es zwei Rechte: eins diesseits, eins jenseits der Barrikade. Das eine strebt nur danach, sich in das andre zu verwandeln, durch einen Prozeß der Normung sich an die Stelle des andern zu setzen. Wichtig ist nur das Endergebnis. Jenseits des Rubikon ist Cäsar ein Rebell, diesseits der Retter Roms. Aber die Gründe, die Rom hat, sich dem Vormarsch Cäsars zu widersetzen, sind ebenso rechtmäßig wie die Cäsars, nach Rom zu marschieren. Heute sind unsre Sympathien auf seiten Cäsars und Wilhelms von Oranien, nicht so sehr, weil sie gesiegt haben, sondern weil in ihnen die Kraft einer Erneuerung war, deren weder das Rom von 49 v. Chr. noch das Spanien des 16. Jahrhunderts fähig war. Wir verstehen heute den Grund, das heißt die Notwendigkeit, welcher Cäsar und „der Schweigsame" gehorchten, weil die Zeit den Ereignissen, deren Protagonisten sie waren, einen tieferen Sinn gegeben hat. Um aber die Menschen und ihre Handlungen im gleichen Augenblick, in dem sie sich vollziehen, zu verstehen, muß man versuchen, sich in einen Zeitgenossen zu versetzen. Das wollen wir hier so unparteiisch wie nur möglich versuchen.

Für Philipp war die Frage der Niederlande äußerst einfach: die Flamländer waren Rebellen und mußten als solche behandelt werden. Darüber bestand in seinen Augen kein Zweifel und keine Strittigkeit. Die Niederlande gehörten ihm und hatten sich seinen Gesetzen zu beugen: widersetzten sie sich, so war es seine Pflicht, sie auf den rechten Weg zurückzuführen. Wären Philipp II. auch nur einen Augenblick Zweifel aufgestiegen, so wäre er nicht mehr

Philipp II. gewesen. In diesem Sinne bedeutsam ist die Antwort, welche er im November 1566 Pius V. gab, der ihn beschwor, die Niederlande nicht mit Gewalt zum Gehorsam zu zwingen: bei dieser Gelegenheit wurde der spanische Gesandte in Rom beauftragt, dem Papst zu antworten, daß keiner mehr als der König wünsche, die Niederländer möchten sich ohne Blutvergießen und Trümmerhaufen unterwerfen, weil niemand in ihrem Lande größere Güter besäße als er; in diesem besonderen Falle aber sei der Verhandlungsweg der ungünstigste und gefährlichste, um Gott zu dienen und den Heiligen Katholischen Glauben wieder einzuführen; er wolle sich lieber allen Gefahren des Krieges und allen Übeln und Unbequemlichkeiten, die daraus erwüchsen, aussetzen, als die geringste Unbotmäßigkeit gegen den Heiligen Stuhl dulden. Mit andern Worten: Philipp maßte sich das Recht an, päpstlicher zu sein als der Papst, und den Rat zur Mäßigung zurückzuweisen, den ihm das Haupt der Christenheit, dessen ergebenen Sohn er sich nannte, erteilt hatte. Doch überstürzte er nichts: denn er pflegte zu sagen: „El tiempo y yo á otros dos."[76] Hier lag gewissermaßen die Erklärung und Entschuldigung für die den Habsburgern eigne Unentschlossenheit, die bei Philipp oft in eine Art Lähmung des Willens ausartete. Aber in wenig Augenblicken seiner Regierung erscheint Philipp so unentschlossen wie angesichts des Aufstands der Niederlande. Seine Absichten erschöpften sich in Worten, und es ist möglich, daß dies Zögern den Niederländern Mut gab, ihre Sicherheit stärkte und sie zu den kühnsten Unternehmungen anspornte. Die Herzogin von Parma, die doch nicht leicht den Mut verlor, war in Verzweiflung. Die Historiker schildern sie uns als eine beherzte, tapfere, männliche Frau, eine echte Tochter Karls V. und würdige Mutter des Alexander Farnese, der einer der größten Heerführer seiner Zeit war. Es ist bekannt, daß sie gern auf die Jagd ritt und dabei eine Unerschrockenheit zeigte, die den kühnsten Jäger bestürzte. Strada schreibt, sie mache den Eindruck eines Mannes in Frauenkleidern, um so mehr, als die Natur sie mit einem Schnurrbart geschmückt und sie auch mit einem bei Frauen seltenen Leiden, der Gicht, beschenkt hatte.

Die Herzogin unterhielt die engsten Beziehungen zu dem Hofe in Madrid, aber oft ließ ihr königlicher Bruder sie monatelang ohne Nachricht, auf sich selbst angewiesen, zwischen einem Staatsrat, der in der Mehrzahl aus hinterhältigen Edelleuten bestand, und einem Volk, das sich die Karenz in der Regierung zunutze machte und täglich unverschämter wurde. In der ersten Zeit ihrer Regierung hatte die Herzogin den Bischof von Arras, einen der verschlagensten Politiker jener Zeit, als Ratgeber gehabt. Dieser äußerst fähige, kultivierte „Lebemann" im besten Sinne des Wortes war als Nachfolger seines 1550 gestorbenen Vaters zuerst Minister Karls V., dann Philipps II. gewesen. Er hieß Anton Perrenot, ist aber in der Geschichte der Niederlande, in der er eine große Rolle spielte, unter dem Namen Kardinal Granvela bekannt. Wenn man den Lobsprüchen seiner Zeitgenossen Glauben schenken soll, muß er ein ungewöhnlicher Mensch gewesen sein. Man sagte von ihm wie von vielen berühmten Männern, er könne sechs oder sieben Briefe in verschiedenen Sprachen zu gleicher Zeit diktieren. Zu diesen Gaben kamen noch andre, weniger auffällige hinzu, die erlauben, hinter diesem in den Listen der Politik erfahrenen Mann einen jener mit dem Purpur bekleideten „Humanisten" zu vermuten, mit denen die Römische Kirche sich in der Renaissance schmückte. Als Philipp seiner Schwester die schwierige Regentschaft der Niederlande anvertraute, wollte er ihr einen kräftigen Halt in einem Manne geben, der sein ganzes Vertrauen besaß: die Wahl war auf Granvela gefallen. Aber den Niederländern war der Bischof von Arras sofort als der Exponent zweier besonders verhaßter Dinge erschienen: der Politik von Madrid und der Römischen Kirche. Auf die wiederholten Angriffe von seiten des Adels und des

Volkes hatte der Bischof von Arras im März 1564 Brüssel verlassen und sich auf seine Besitzungen bei Besançon zurückziehen müssen. Als guter Spieler gab er die Partie in demselben Augenblick auf, als er sah, daß sie verloren war. Aus dem tückischen Meer der Politik zu seinen Studien zurückgekehrt, hatte er einem Freunde geschrieben: „Ich weiß, daß Gott die Menschen nach ihren Verdiensten belohnt, und habe das Vertrauen, daß Er mir beisteht, und daß es mir noch möglich sein wird, einigen Nutzen aus dem zu ziehen, was meine Feinde zu meinem Verderben angezettelt haben. Dies ist meine Philosophie, mit der ich so heiter wie möglich zu leben versuche, indem ich über die Welt lache, über ihre Verleumdungen und ihre Leidenschaften."

Die verlassene Margarethe von Parma verdoppelte ihre dringenden Bitten, der Bruder möge in die Niederlande kommen. Die Dinge verschlimmerten sich von Tag zu Tag, die Forderungen des vom Adel unterstützten Volkes mehrten sich: von allen Seiten wurde die Aufhebung der Edikte und der Inquisition gefordert; man versuchte auch, der Regentin die Hände zu binden und sie zu zwingen, die Versammlung der Generalstaaten einzuberufen.

Unterdessen entfalteten die Protestanten, zum Schaden Spaniens, in Flandern eine langsame und stetige Tätigkeit, ähnlich der Erosion des Meeres an manchen Ufern. Sie bildeten eine zähe, flüssige Masse, die sich auf Grund der Verfolgungen, die den Auszug von einem Punkt Europas zum andern ratsam erscheinen ließen, von einer Nation zur andern verschob wie Wasser in kommunizierenden Röhren. Die Religionskriege des benachbarten Frankreich hatten die Niederlande mit einer Menge Hugenotten überschwemmt, die, zahlenmäßig stark und vom Volk getragen, die neue Lehre öffentlich vortrugen, die Ausführung der Edikte hinderten und die wegen Ketzerei Verurteilten der Strafe entzogen. Um die Mitte des Jahres 1564 — kurz nach dem Rücktritt Granvelas — traten neue störende Elemente zu den schon vorhandenen.

Ein Jahr vorher hatte das Konzil von Trient endlich seine Arbeiten abgeschlossen, die mit Unterbrechungen und Wiederaufnahmen sich fast achtzehn Jahre hingezogen hatten. Die päpstliche Autorität war neugestärkt und befestigt daraus hervorgegangen; nach den Worten Sarpis lag „die Macht der Jurisdiktion völlig in den Händen des römischen Pontifex, und niemand anders in der Kirche erhielt einen Funken davon, wenn nicht von ihm"; am Schluß hatte die Heilige Synode, nach einem Gebet „zum ewigen Gedenken Karls V. und aller königlichen Schirmherren", „den Bannfluch auf alle Ketzer überhaupt, ohne Unterschied der früheren und jetzigen, geschleudert". Kurz, die Trennung zwischen Katholiken und Reformierten war endgültig vollzogen. Eine Zeitlang hatten die nördlichen Untertanen Philipps gehofft, dieser würde nach dem Beispiel Frankreichs die Beschlüsse des Konzils, welche die päpstliche Macht erhöhten und stärkten, ablehnen. Aber Philipp fühlte sich zu sicher, in seinen Staaten tun zu können, was ihm gefiele, als daß er dem Heiligen Stuhl diese offizielle Anerkennung verweigert hätte. Trotz einer Uneinigkeit mit dem Papst wegen einer Rangstreitigkeit zwischen dem spanischen und dem französischen Gesandten, in der Pius V. zugunsten des letzteren entschieden hatte, erklärte er in einem Brief an seine Schwester vom 6. August 1564, daß er in Glaubensdingen seine persönlichen Gefühle immer seinen Pflichten als Katholik untergeordnet habe. Die Beschlüsse des Tridentinischen Konzils wurden also in Flandern kundgegeben und stießen auf heftigen Widerstand beim Volk, welches auch in ihnen, wie in allem, was von der Madrider Regierung kam, eine Drohung der verhaßten Inquisition sah. Philipp verschloß sich angesichts dieser feindseligen Kundgebungen immer mehr in dem unzugänglichen Turm seiner Rechte und in der Intransigenz eines unumschränkten Herrschers. Auch daß er nur das Wohl seiner Untertanen im Auge habe, schrieb er, zweifellos gutgläubig, an die Schwester. In allem, was er getan habe und noch täte, wiche er nicht von den Spuren seines Vaters ab, unter dessen Regierung das flandrische Volk glücklich gewesen sei. Auch was die Inquisition betreffe, habe er keine wesentlichen Neuerungen gemacht, und wegen der Edikte müsse er sagen, daß er entschlossen sei, in dem Heiligen Katholischen Glauben zu leben und zu sterben, und sich auch deshalb nicht zufriedengeben könne, wenn seine Untertanen eine andre Religion annähmen; darum habe er eine Bestrafung der Schuldigen für nötig gehalten. „Gott weiß“, schloß er, „wie gern ich vermieden hätte, auch nur einen einzigen Tropfen Christenblut zu vergießen, vor allem das meines guten flandrischen Volkes.“ Gab ihm jemand die Gefahr einer solchen Haltung zu bedenken, so antwortete er: „Ich werde meine Haltung nicht ändern, und wenn ich die ganze Welt gegen mich hätte“ (aun cuando me viniese a caer el mundo encima).

Diese Taktik des passiven Widerstandes machte die Flamländer sehr besorgt. Während Margarethe von Parma, welche das dumpfe Grollen der Revolution vernahm, sich beklagte, im Stich gelassen zu werden, und ihren Bruder anflehte, selbst nach Flandern zu kommen, verhehlte sich der Adel nicht, daß dies kein gutes Ende nehmen werde. Das Volk war jetzt auf eine Bahn geraten, auf der es schwer aufzuhalten war. Noch gab es keine Ausschreitungen zu beklagen; aber wer konnte mit Gewißheit sagen, ob nicht Philipp grade auf einen Vorfall wartete, der einen bewaffneten Einspruch rechtfertigte? Die ehrenhaftesten Männer des Adels hielten es für nötig, den Weg der Versöhnung einzuschlagen, um ihrem Lande die Schrecken einer Revolution und eines Krieges zu ersparen; zu diesem Zweck entsandten sie in den ersten Tagen des Jahres 1565 den Grafen Egmont nach Spanien.

III.

Ein Beweis, wie ernst die Lage und wie groß das Mißtrauen des flandrischen Adels gegen Philipp war, liegt darin, daß die Freunde Egmonts, ehe sie ihn nach Spanien ziehen ließen, eine Erklärung aufsetzten und mit ihrem Blut unterzeichneten, in der sie sich verpflichteten, ihn zu rächen, falls ihm ein Unglück zustoßen würde. Egmont, der nur wenige Jahre später sein Haupt auf dem Schafott lassen sollte, war ein wackerer, durchschnittlich begabter Edelmann, ein treuer Vasall Karls V., der sich mutig bei St. Quentin und erfolgreich bei Gravelingen geschlagen hatte; am spanischen Hofe wurde er gradezu schmeichelhaft empfangen. Philipp ließ sich die Beschwerden seiner nördlichen Untertanen berichten, die in dem Grafen einen feurigen Sachwalter gefunden hatten, und schickte dann den Abgesandten mit einer guten Wegzehrung von Versprechungen und mit Anweisungen für Margarethe wieder nach Flandern zurück; doch der Entschluß des Königs, keine einzige Änderung in Religionssachen zu gestatten, war keineswegs erschüttert. Gleich nach der Ankunft Egmonts in Madrid hatte der König die hervorragendsten spanischen Theologen heimlich berufen, um ihnen die Frage vorzulegen, wie er sich gegenüber den flandrischen Rebellen verhalten solle. Sie hatten ihm geantwortet, daß es, angesichts der kritischen Lage in Flandern und der Gefahr eines Aufstandes dieser Länder gegen die Krone und eines Massenabfalls von der Kirche, nicht unverzeihlich wäre, wenn er den Flamländern Gewissensfreiheit gewähre. Philipp hatte seinen Ratgebern in strengem Ton erwidert, daß er nicht so viele Leuchten der Kirche versammelt habe, um zu erfahren, was er tun „könne“, sondern was er tun „solle“, hatte sich dann auf die Knie geworfen und zu Gott gebetet: „O Du Herrscher Himmels und der Erden; ich flehe zu Deiner göttlichen Majestät, daß sie mich in meinem Vorsatz stärken möge, mich niemals von solchen Herr nennen zu lassen, welche Dich nicht als ihren göttlichen Herrn erkennen wollen!“

Die Depeschen, welche Graf Egmont der Regentin überbrachte, waren nur eine endgültige Bestätigung dieses rasenden Willens: „Ich würde eher vorziehen, tausendmal das Leben zu verlieren“, schrieb Philipp, „als eine einzige Änderung in Religionssachen gestatten“. Diesen Standpunkt vertrat er noch in einem andren Briefe, vom 17. Oktober 1565, in dem er Margarethe und den Adel beschwor, seinen Befehlen treulich zu gehorchen. Das Schicksal der Niederlande war also besiegelt. In der Sitzung des Staatsrates, in der die Regentin diesen Brief verlas, drang einer der Anwesenden darauf, daß, um das Schlimmste zu verhüten, die Erlasse des Königs nicht der Öffentlichkeit zugänglich gemacht würden. Doch der Prinz von Oranien widersetzte sich dieser klugen Maßnahme mit der Begründung, die Zeiten der Winkelzüge seien vorbei; beim Hinausgehen äußerte er: „Jetzt werden wir den Anfang eines schönen Trauerspiels zu sehen bekommen!“

Die Folgen dieser Haltung des Königs sollten auch wirklich nicht lange auf sich warten lassen. Eine ungeheure Erregung, die besonders durch die Enttäuschung über die erträumten Erfolge von Egmonts Reise geschürt wurde, ergriff das ganze Land. Man drang in Wilhelm von Oranien und andre Edelleute, sich an die Spitze des Volkes zur Errettung der Niederlande zu stellen. Doch „der Schweigsame“ und die andern großen Herren des Staatsrates, Egmont, Hoorne und andre, bewahrten wenigstens nach außen noch eine klug reservierte Haltung. Der Kleinadel jedoch, der zu Karls V. Zeiten vom Soldatenhandwerk gelebt hatte und jetzt unter dem allzu friedensliebenden Philipp mühsam sein Leben fristete, blies kräftig ins Feuer. Im November jenes Jahres kamen etwa zwanzig dieser unzufriedenen Adligen in Brüssel zusammen, gründeten eine Liga und unterzeichneten das berühmte „Kompromiß“, das sie feierlich verpflichtete, gegen die Inquisition zu kämpfen, eine „schändliche und allen menschlichen und göttlichen Gesetzen widersprechende“ Einrichtung. Diese kleine Gruppe wuchs zusehends. Abschriften des „Kompromisses“ mit dem prunkvollen Titel „Liga des flandrischen

Adels gegen die spanische Inquisition" wurden im ganzen Lande verbreitet, und die Bürger aller Stände und, was noch viel mehr sagen will, aller Religionen wetteiferten, ihre Unterschrift darunter zu setzen. Die Revolution war im Gange. Aus Breda schrieb Wilhelm von Oranien an die Herzogin, daß Philipp durch seine Haltung seine Herrschaft über die Niederlande aufs Spiel setze. Vorsichtige Bürger, die das Schlimmste befürchteten, wanderten nach England aus, wo Elisabeth erfreut diesen Auszug tätiger, geschäftstüchtiger und gewerbsamer, besonders textilkundiger Leute in ihr Land sah, das dergleichen noch nicht besaß.

Inzwischen beschlossen die Herren von der Liga, der Regentin eine Bittschrift zu überreichen: am 3. April 1566 ritten zweihundert Ligisten, von Ludwig von Nassau, dem Bruder des Prinzen von Oranien, und dem Grafen von Brederode, der Seele dieser Liga, angeführt, in Brüssel ein. Diese Bittschrift, die Margarethe wohl oder übel entgegennehmen mußte, forderte die schleunige Einberufung der Generalstaaten zur Erforschung der wirksamsten Mittel, um die Übelstände des Landes abzustellen. Inzwischen sollten die Edikte zeitweilig außer Kraft gesetzt werden, bis der König geruhen würde, seinen Willen kundzutun. Die Regentin antwortete, sie würde über alles dem Könige, ihrem Bruder, Bericht erstatten und die Forderungen der Eingabe mit ihrem ganzen Einfluß unterstützen. Es stände nicht in ihrer Macht, die Edikte zu suspendieren, doch mache sie sich anheischig, den Inquisitoren Weisungen zugehen zu lassen, sie möchten bis auf weiteres die größte Mäßigung in der Ausübung ihrer Funktionen walten lassen.

Damals nannte einer der Edelleute Margarethens, der Graf Barlaymont, verächtlich die Liga „einen Haufen Bettler" (un tas de gueux). Das Schimpfwort fand Anklang, denn die Ligisten selbst wünschten von da an „Bettler" genannt zu werden, und gingen unter diesem Namen in die Geschichte ein.

Am 10. April verließ Ludwig von Nassau mit seinen Freunden Brüssel, und Margarethe von Parma faßte den Entschluß, zwei Edelleute nach Madrid zu schicken mit dem Auftrag, Philipp die Vorgänge zu berichten und mit ihm eine befriedigende Lösung auszudenken.

IV.

Die Wahl fiel auf den Baron von Montigny und den Grafen Bergen, beide vom besten flandrischen Adel, Ritter des Goldenen Vlieses und im Besitz der ansehnlichsten Vermögen des Landes. Der erste, Florent de Montmorency, Baron von Montigny, war schon einmal, 1562, als das ganze flandrische Volk sich einmütig gegen den Kardinal Granvela gewandt hatte, in Spanien gewesen, um Philipp die Lage des Landes auseinanderzusetzen. Damals hatte ihn der König wohlwollend empfangen und ihm Gehör geschenkt. Doch lagen die Dinge jetzt anders; und nicht ohne Furcht und nur auf die dringenden Bitten der Regentin und andrer Herren des Staatsrats nahmen Bergen und Montigny es auf sich, nach Madrid zu gehen.

Ihre Befürchtungen waren nur berechtigt: obwohl sie keinen unmittelbaren Anteil an den antispanischen und antikatholischen Unruhen genommen hatten, standen sowohl Bergen wie Montigny im Rufe zweier unruhiger Untertanen. Von Bergen wußte man, daß er das Wirken der Inquisition scharf verurteilt und eine gefährliche Freimütigkeit der Gedanken bekundet hatte; er hatte zum Beispiel die Äußerung getan: wenn ein Ketzer seinen Irrtum abschwöre, dürfe man ihn nicht strafen, sondern wie das verirrte Schaf, das in den Stall zurückkehrt, freudig aufnehmen; wenn also ein Protestant sich in seinem Irrtum verhärte, wäre es besser, ihn am Leben zu lassen, damit er Zeit gewänne, sich zu bekehren. Ein andres Mal hatte er einen Geistlichen gefragt, an welcher Stelle in der Heiligen Schrift vorgeschrieben sei, die Ketzer zu verbrennen. Obgleich Montigny Katholik war, gab er ihm in nichts nach.

Unter anderm stand er ununterbrochen in Beziehungen zu französischen Verwandten, den Châtillon, die nachweisbar Feinde Spaniens und der Religion waren. Dies alles genügte, um den beiden Herren keine große Lust auf die Reise nach Madrid zu machen, und Bergen, der sich beim Ballspiel verletzt hatte, benutzte dies als die beste Entschuldigung, um seine Abreise zu verschieben. Montigny mußte allein reisen und traf im Juni 1566 in Spanien ein. Philipp empfing ihn sehr wohlwollend, gewährte ihm mehrere Audienzen und hörte ihm geduldig zu, als er die drei Grundbedingungen einer Beruhigung der Niederlande auseinandersetzte: Abschaffung der Inquisition, Milderung der Edikte, Generalpardon für die Rebellen und alle, die sich eine Verletzung der Religion zuschulden kommen gelassen hatten.

Nun weiß man bereits, daß Philipp den unerschütterlichen Entschluß gefaßt hatte, den Flamländern nicht das geringste Zugeständnis in Sachen der Religion zu machen. Es ist sogar wahrscheinlich, daß er schon damals, im Geist wenigstens, in großen Linien den Plan einer grausamen Unterdrückung des flandrischen Aufstands entworfen hatte, mit dessen Ausführung der Herzog von Alba einige Wochen später betraut wurde. Doch war Philipp der Anlage nach sowohl als auch aus Berechnung kein Mann der unüberlegten Handlungen. Wenn das schöne, von Guicciardini gebrauchte Epitheton „cunctator" auf jemanden angewendet werden kann, so auf Philipp. Auch Balthasar Gracián dachte sicher an ihn, als er in seinem „Oráculo manual" schrieb: „Es beweist ein großes Herz mit Reichtum an Geduld, wenn man nie in eiliger Hitze, nie leidenschaftlich ist. Erst sei man Herr über sich; so wird man es nachher über andre sein. Nur durch die weiten Räume der Zeit gelangt man zum Mittelpunkte der Gelegenheit. Weise Zurückhaltung bringt die richtigen, lange geheimzuhaltenden Beschlüsse zur Reife. Die Krücke der Zeit richtet mehr aus als die eiserne Keule des Herkules. Gott selbst züchtigt nicht mit dem Knüttel, sondern mit der Zeit. Es war ein großes Wort: ‚die Zeit und ich nehmen es mit zwei andern auf' (‚El tiempo y yo á otros dos')."[77]

In den ersten Julitagen war der Hof in das Schloß Valsain bei Segovia übergesiedelt. Dort kam der Staatsrat, der aus sechs Herren bestand — dem Herzog von Alba, dem Prinzen Eboli, dem Grafen Feria, dem Prior Don Antonio de Toledo, Juan Manrique und Luis Quijada —, mehrere Male zusammen, um mit dem Könige schwerwiegende Fragen, die mit dem flandrischen Aufstand zusammenhingen, zu besprechen. Auch Montigny war auf das Schloß Valsain eingeladen, bekam aber keinen Zutritt zu diesen Beratungen und war darüber sehr beleidigt. Als er daher am 26. Juli die Antwort des Königs erhielt, gelang es ihm nicht, seinen Unmut zu verbergen. Die Antwort lautete folgendermaßen: Würden die Bischöfe der Niederlande persönlich für ihre Gerichtsbarkeit bürgen, so stünde einem Ende des Wirkens der Inquisition nichts im Wege; auch der König hielte eine Milderung der Edikte dem Buchstaben und dem Geiste nach für notwendig, brauche aber Zeit, um darüber nachzudenken, da der Vorschlag des Herrn von Montigny ihm zu radikal erscheine; die Herzogin von Parma sei ermächtigt, eine allgemeine Amnestie zu gewähren. Zum Schluß kündigte der König sein baldiges Kommen in den Niederlanden an, womit er ein der Regentin drei Monate früher gegebenes Versprechen einlösen wolle. Montigny war keineswegs befriedigt über diese Zugeständnisse; besonders die Frage der Edikte blieb ungelöst. Der wackere flandrische Edelmann machte kein Hehl aus seinen Gedanken: dem Könige scheine nichts mehr an den Niederlanden zu liegen, da er alles tue, um sie unwiederbringlich zu verlieren. Dies alles wiederholte er noch am gleichen Abend Philipp gegenüber, machte auch noch einige andre heftige Bemerkungen, so daß Philipp, nach der Aussage eines Zeitgenossen, die Farbe wechselte.

Von jetzt an überstürzten sich die Ereignisse. Wie man sich denken kann, hatten die Zugeständnisse Philipps II.

an seine flandrischen Untertanen keinen andern Zweck gehabt, als Zeit zu gewinnen. Am 9. August trat der König einen regelrechten Rückzug an, versicherte, daß die Zugeständnisse ihm durch die Umstände abgerungen wären, und behielt sich das Recht vor, die Urheber der Vergehen gegen die Religion exemplarisch zu bestrafen, besonders die Rädelsführer.

Das Geheimdokument, mit dem der König in den Augen der Nachwelt das Werk der Unterdrückung des flandrischen Aufstands, zu dem er sich vorbereitete, rechtfertigen wollte, wurde vom Notar Pedro de Hoyos aufgesetzt und von drei Zeugen bekräftigt. Es stellt ein wunderliches Beispiel jener Sucht nach Gesetzlichkeit dar (Gesetzlichkeit in diesem besonderen Fall ein wenig „sui generis"), die eine bezeichnende Eigenschaft Philipps II. war.

Mittlerweile klangen die Nachrichten aus Flandern täglich beunruhigender und schienen die geheimen Vorbehalte Philipps zu rechtfertigen. Mitte August hatten dreihundert Wahnsinnige die Kirchen einiger Ortschaften Flanderns gestürmt, mit Hämmern und Beilen die Statuen zertrümmert, die Bilder zerschnitten, die heiligen Meßgeräte zerstört. Dann war der Aufruhr nach Ypern, Valenciennes, Tournai weitergetragen worden. In Antwerpen hatte diese Volkserhebung einen äußerst ernsten Charakter angenommen im Verhältnis zum Reichtum der Objekte, welche die üppige Stadt der Wut der Bilderstürmer darbot. Die Kathedrale von Antwerpen war eine der schönsten Kirchen der Christenheit, reich an hervorragenden Kunstwerken aller Zeiten, mit einer großen Orgel, die in den ganzen Niederlanden berühmt war. In wenigen Stunden hatte eine zerstörungstrunkene Menge das wundervolle Heiligtum geplündert und alles kurz und klein geschlagen, was nur an Kostbarkeiten vorhanden war, ohne vor den furchtbarsten Tempelschändungen zurückzuschrecken. In der folgenden Nacht stürmten und plünderten die noch nicht befriedigten Zerstörer die kleineren Kirchen und die Klöster.

Mönche und Nonnen mußten fliehen und in den Häusern von Freunden Unterkunft suchen; nur wenige Städte blieben verschont. Innerhalb von vierzehn Tagen wurden mehr als vierhundert Kirchen von den Bilderstürmern entweiht und verwüstet, wobei die letzteren natürlich alle vorhandenen Kostbarkeiten mitnahmen. Soldaten hatten sich nur bei wenigen Gelegenheiten der Plünderung widersetzt; wo sie aber von ihren Waffen Gebrauch gemacht hatten, war reichlich Blut geflossen. In einer einzigen Stadt waren vierhundert Rebellen getötet worden.

Die Herzogin von Parma hatte ihren Bruder zu oft vor dem nahenden Orkan gewarnt, als daß die Bestätigung ihrer Ahnungen sie noch erstaunte. Doch der Sturm, der jetzt losbrach, konnte den Tapfersten aus der Fassung bringen. Mutig widerstand sie, solange sie konnte, dem Druck des Adels, der in diesem Augenblick des Schreckens die Zugeständnisse von ihr zu erhalten hoffte, die sie ihm immer verweigert hatte; schließlich gab sie, umgeben von hinterlistigen Feinden, die in diesem Augenblick durch das Bündnis mit dem Pöbel allmächtig geworden waren, krank, fiebernd, nach, nicht ohne stolz erklärt zu haben, sie weiche nur dem Druck der Umstände. Am 25. August erklärte sie in einer öffentlichen Sitzung: 1. daß kein Mitglied der Liga beunruhigt werden solle, wie auch immer seine Verantwortlichkeit in der Erhebung der Bilderstürmer gewesen sei; 2. daß sie die religiösen Versammlungen der Reformierten gestatte, bis der König oder die Generalstaaten darüber anders entschieden hätten. Darauf verpflichteten sich die Adligen zur kräftigsten Zusammenarbeit mit der Regentin, um Ruhe und Ordnung im Lande wiederherzustellen.

V.

Die ersten Depeschen der Herzogin von Parma trafen Anfang September in Spanien ein. Philipp befand sich noch im Schlosse von Valsain, ans Bett gefesselt durch rheumatische Schmerzen, die er sich bei einer Fahrt in die Wälder zugezogen hatte. Die Nachrichten aus den Niederlanden entfesselten einen Wutausbruch bei ihm, der sich noch steigerte, als andre Briefe von Margarethe das Bild der von den Bilderstürmern angerichteten Zerstörungen vervollständigten und die Lage, in der sie sich befand, genau beschrieben.

Man weiß schon, daß Philipp in seinem Innern einen fest umrissenen Plan zur Lösung dieser peinlichen flandrischen Frage hatte; aber es ist fast mit Sicherheit anzunehmen, daß er ohne die unerhörten Gewalttaten des protestantischen Pöbels im August 1566 wieder einmal seiner Natur nachgegeben hätte, die ihn die letzten Entschlüsse hinhalten ließ. Doch der Aufruhr der Bilderstürmer, der unsagbare Schimpf, der religiösen Dingen angetan wurde, die völlige Nichtachtung seiner Autorität, die seine Untertanen gezeigt hatten, machten das Maß voll. Philipps Krankheit, die sich durch die Nachrichten aus den Niederlanden verschlimmerte, zog sich bis in die ersten Tage des Oktobers hin. Kaum genesen, schrieb er an Margarethe, er habe seine Reisevorbereitungen beschleunigt; zu gleicher Zeit verbot er ihr ausdrücklich, die Generalstaaten einzuberufen.

Inzwischen war der Graf von Bergen in Spanien eingetroffen: seine Reise hatte vom 1. Juli bis 16. August gedauert, da er noch nicht völlig hergestellt war und deshalb in kleinen Etappen und im Wagen reisen mußte. Auf halbem Wege hatte er — wie in Vorahnung des Schicksals, das ihn in Spanien erwartete — seine Reise unterbrochen und einen Boten nach Madrid geschickt, um die Erlaubnis zu erfragen, nach Hause zurückkehren zu dürfen. Er erhielt aber von Philipp den ausdrücklichen Befehl, seine Reise fortzusetzen.

Auch dieser zweite Abgesandte war aufs schmeichelhafteste empfangen worden; aber die Nachricht von der Volkserhebung in den Niederlanden hatte das Gesicht der Dinge völlig verändert: die beiden Abgesandten, die nicht mehr zum König zugelassen wurden, fühlten die wachsende Feindseligkeit eines Hofes um sich, an dem jetzt der Gedanke der Gewalt die Oberhand gewann über den der Versöhnung, die nur noch von wenigen verteidigt wurde. Ihre Aufgabe war beendet, so viel war sicher: mit dieser Überzeugung schlich sich in ihre Seele das deutliche Gefühl der Gefahr, die ein längerer Aufenthalt in Spanien für sie bildete. Es war ihnen klar, daß allein die Tatsache, daß sie einem in offner Empörung begriffenen Volk angehörten, sie der Möglichkeit beraubte, sich gegebenen Falls auf die Immunität zu berufen, die sie als Gesandte genossen. Deshalb baten sie Philipp um die Ermächtigung, abreisen zu können, und schrieben an die Regentin, sie möge sie abberufen. Aber Philipp hatte nicht die Absicht, sich zweier so wichtiger Geiseln zu begeben, und Margarethe, welche die zwischen Katholiken und Protestanten im Schoß der Liga ausgebrochenen Meinungsverschiedenheiten benutzt hatte, um die ihr einen Augenblick entglittenen Zügel der Regierung wieder fest in die Hand zu nehmen, hatte keinerlei Interesse daran, zwei unruhige und unsichere Köpfe wie Bergen und Montigny in ihr Land zurückzurufen. So hatte der Aufstand der Bilderstürmer zu gleicher Zeit das Schicksal Flanderns wie das der beiden armen Edelleute besiegelt; sie sollten ihre Heimat nicht wiedersehen. Bergen starb zu seinem Glück am 21. Mai 1567 an einer Krankheit (einige behaupten, an Gift; aber es ist nicht bewiesen), Montigny blieb in einer Art Ehrenhaft bis September 1567 am Hofe, als der Herzog von Alba, der in die Niederlande geschickt war, aus Brüssel die Verhaftung der Grafen Egmont und Hoorne ankündigte. Darauf wurde auch Montigny gefangengesetzt und in die Festung von Segovia gebracht, aus der er später in die von Simancas überführt wurde. Dort wurde er am 16. Oktober 1570 auf Beschluß des vom Herzog von Alba geschaffenen Tribunals (dem traurig berühmten Bluttribunal, das schon Egmont und Hoorne als Hochverräter verurteilt hatte) in seiner Zelle, in Gegenwart des Festungskommandanten, eines Notars und eines Mönches heimlich erdrosselt. Ein trauriges Ende: Egmont und Hoorne konnten wenigstens als Edelleute, am hellichten Tag, angesichts einer vor Schreck versteinerten Menge, sterben, während ganz Brüssel sich in einer, nach dem Ausdruck eines Zeitgenossen, „Jüngsten-Gericht"-Stimmung befand: „que no parecía otra cosa si no día de juicio".[78]

VI.

Alle Historiker haben sich gefragt, welches wohl die Gefühle Don Carlos' gegenüber den flandrischen Rebellen gewesen sein mochten. Güell y Renté läßt seiner Phantasie die Zügel schießen, wenn er auf dies Thema kommt: nach ihm, der Saint-Réal und Pérez ernst nimmt und ihre Schriften als unwiderlegbare Dokumente wertet, hatte sich der Prinz zum Verteidiger der flandrischen Sache aufgeworfen. Er schreibt: „In seiner Haltung, seinen Gesprächen, in der Entschiedenheit, mit der er sich gegen die Unterdrücker wandte und auf die Seite der Bedrückten stellte, finden wir die Beweise, wo seine Anteilnahme und seine Stellung waren." Das Vorhandensein einer Verbindung zwischen Don Carlos und den nach Madrid gesandten Herren steht für Güell y Renté außer allem Zweifel. Montigny, entschlossen, aus Don Carlos einen mächtigen Bundesgenossen der flandrischen Rechtsansprüche zu machen, „gelang dies über alles Erwarten; er fand Don Carlos so, wie ihn die öffentliche Meinung geschildert hatte, das heißt in allem im Gegensatz zu Philipps II. Entscheidungen. Der schlaue Unterhändler beschloß, zugleich aus dem unseligen Ehrgeiz des Prinzen und aus seinem Wunsche, sich in einem andern Lande der väterlichen Autorität zu entziehen, Vorteil zu ziehen". Da Güell y Renté uns seine Quellen vorenthält, ist es schwer zu sagen, wie er zu diesen Behauptungen kommt. Er führt de Moüy als Gewährsmann an, der sich aber als ernsthafter Historiker wohl hütet, voreilige Behauptungen aufzustellen.

Gachard glaubt nicht an Beziehungen zwischen Don Carlos und den flandrischen Herren, sei es, weil weder die zahlreichen Dokumente aus Philipps Kanzlei, noch die

Depeschen der Gesandten etwas erwähnen, oder weil „die Haltung von Bergen und Montigny während ihrer Mission in Spanien durchweg die zweier loyaler Untertanen war, zweier ihrem Herrscher treuen Vasallen“.

Die Loyalität der flandrischen Herren dahingestellt, ist es doch erlaubt, anzunehmen, daß sie für Bergen und Montigny kein Hinderungsgrund gewesen wäre, sich die bestehenden Uneinigkeiten zwischen Vater und Sohn für ihr Land zunutze zu machen. Außerdem war der wenn auch nicht de facto, so doch potentiell bestehende Kriegszustand zwischen den Niederlanden und Spanien hinreichend, die beiden Herren zu rechtfertigen. Das Fehlen eines jeden Hinweises auf eine so ernste Angelegenheit in den amtlichen Dokumenten und Briefen jener Zeit ist nur zu erklärlich. Sowohl Philipp als auch die flandrischen Abgesandten hatten das größte Interesse an der Wahrung des Geheimnisses. Wir sahen und werden noch öfters Gelegenheit haben zu sehen, daß Philipp niemals etwas über die Verirrungen und Schäden seines Sohnes verlauten ließ: wie die Chinesen sagen, wollte er immer „das Gesicht wahren“. Wie könnte man also annehmen, er sei diesem so lange Jahre beobachteten Grundsatz untreu geworden; noch dazu, wenn es sich darum gehandelt hätte, den Sohn des Hochverrates gegen Vaterland und Dynastie zu bezichtigen? Wenn Bergen und Montigny aber wirklich die Kühnheit so weit trieben, den Prinzen aufzuhetzen, so mußten sie mit der äußersten Vorsicht zu Werke gehn. Es gab eine ganze Anzahl Flamländer am Hofe: Tisnacq, Hopperus und Courteville, Minister der Niederlande, und einen gewissen Alonso de Laloo, der den Grafen Hoorne über alles, was sich in Spanien zutrug, auf dem laufenden hielt. Wahrscheinlich aber schenkten Bergen und Montigny niemandem Vertrauen, aus Furcht vor einer Indiskretion, und vertrauten noch weniger einem der Briefe, die sie nach Hause schrieben, ein so gefährliches Geheimnis an. Die Gründe, welche Gachard anführt, um Beziehungen zwischen Don Carlos und den flandrischen Abgesandten zu leugnen, sind also nicht sehr stichhaltig. Dazu kommt, daß als Gegengrund eine von mehreren zeitgenössischen und nachfolgenden Historikern aufgenommene Überlieferung zusammen mit ein paar ziemlich bedeutsamen Tatsachen nicht gänzlich außer acht gelassen werden kann.

Vor allem eine wichtige Zeugenaussage: in einer Depesche von Fourquevaulx vom 22. Januar 1568 (wenige Tage nach der Gefangennahme des Prinzen) liest man: „Man sagt, daß er (Don Carlos) mit den Flamländern unter einer Decke stecke, besonders mit Herrn von Montigny." Anscheinend war also trotz aller Sicherheitsmaßnahmen das Gerücht über diese Beziehungen im Umlauf. An sich würde dies natürlich nicht von großer Wichtigkeit sein. Ein so klatschhafter Hof, wie es wohl selbstverständlich der Madrider war, konnte auf ein so ernstes und geheimnisvolles Ereignis wie das unvermutete Verschwinden des Thronerben nicht anders als mit mehr oder weniger „wilden" Gerüchten reagieren. Setzen wir aber die Erklärung des französischen Gesandten neben die Meinung der Historiker: Cabrera schreibt, daß Bergen und Montigny „die Sache weiter betrieben, die Graf Egmont eingeleitet hatte. Es handelte sich darum, daß sich der Prinz, mit oder gegen den Willen seines Vaters, in die Niederlande begeben solle, wo sie ihm gehorchen und ihm dienen, . . . und ihm, wenn es zu seiner Verteidigung nötig werden sollte, ein Heer aufstellen würden". Lorenzo van den Hamen[79] versichert, daß Montigny Don Carlos anbot „dinero y todo lo necesario para el viaje si se resolvía a ir";[80] Strada behauptet, daß die beiden flandrischen Herren den Auftrag gehabt hätten, den Prinzen zur Annahme des Oberbefehls über die Niederlande zu bewegen, und Brantôme schreibt, daß Don Carlos „sich ärgerte, tatenlos in Spanien bleiben zu müssen, besonders nachdem er den Grafen Egmont gesprochen hatte, der ihm einen Haufen schöner Sachen versprach, so daß ihm die Hände juckten vor heftigem Begehren, Krieg zu führen, und er am liebsten nach Flandern ausgerissen wäre".

Es ist wahr, daß man Brantôme nicht recht trauen darf, und daß Strada und van den Hamen ein halbes Jahrhundert nach den Ereignissen schrieben; aber Cabrera, dieser im großen und ganzen vertrauenswürdige Chronist, war acht Jahre alt, als Don Carlos' Leben so tragisch endete, also in einem Alter, in dem Ereignisse einen unauslöschlichen Eindruck hinterlassen; später lebte er lange Zeit am Hofe, eifrig beschäftigt, die Grundstoffe für seine großangelegte Geschichte der Regierung Philipps II. zu sammeln: man kann also nicht so ohne weiteres, wie es Gachard tut, sein Zeugnis von der Hand weisen. Es liegen außerdem noch andre bedeutsame Dinge vor, die seine Behauptungen bestärken: die Reise des Grafen Egmont lag zwischen Januar und April 1565. Es scheint nun, als hätte Don Carlos in eben diesem Jahr seinen ersten Fluchtversuch unternommen, der von Ruy Gómez vereitelt wurde. Der junge Prinz hatte die Absicht, Spanien zu durchqueren und sich in einem Mittelmeerhafen einzuschiffen unter dem Vorwand, in Malta zu kämpfen, das zu der Zeit von den Türken belagert und von den Hospitalitern vom heiligen Johann unter der Führung des heldenmütigen La Valette verteidigt wurde. War er aber erst einmal aus dem Königreich heraus, so würde es ihm gelingen, sich nach Italien einzuschiffen und über Deutschland, wo er die sehnlichst erträumte Heirat mit seiner Cousine Anna vollziehen könnte, Flandern zu erreichen. Wenn dieser Fluchtversuch wirklich stattgefunden hat, und das scheint sicher, so konnte es nur vor dem September gewesen sein, da zu jenem Zeitpunkt die Türken die Belagerung von Malta aufhoben. Der Infant hatte Ruy Gómez ins Vertrauen gezogen, dem es gelungen war, das natürliche Mißtrauen des Prinzen durch seine einschmeichelnde Art zu besiegen, und der versprach, ihn auf seiner Reise zu begleiten. Natürlich wurde alles Philipp hinterbracht, der aber keinen Gebrauch davon machte. Solange er den Prinzen Eboli an der Seite seines Sohnes wußte, beunruhigte er sich nicht. Tatsächlich gelang es Ruy Gómez, den Prinzen im letzten Augenblick zurückzuhalten, indem er ihm berichtete, daß die Belagerung von Malta zu Ende sei: man müsse zuwarten und einen andern Vorwand finden, der dem Flüchtling erlaube, durch Spanien zu reisen, ohne Gefahr zu laufen, verhaftet zu werden. Don Carlos fügte sich diesen Einwänden willig und schob seine Flucht auf eine gelegenere Zeit auf.

Einige Monate später, im Juni 1565, traf Montigny in Madrid ein; ihm folgte zwei Monate später Bergen. Es ist nicht verwunderlich, daß sie, wie Cabrera behauptet, die „Praktik" an dem Punkte wieder aufnahmen, wo Graf Egmont sie abgebrochen hatte. Wenn man van den Hamen Glauben schenken soll, war ein Kammerherr des Königs namens Vandosmes, also ein Flamländer, der Mittelsmann zwischen dem Prinzen und den niederländischen Abgesandten. Man könnte verfolgen, und jemand hat es wirklich getan, wie in den Akten des Prozesses Montigny, der mit seiner Verurteilung zum Tode und der Vollstreckung des Urteils in aller Heimlichkeit endete, nicht ein einziges Mal auf die Beziehungen des Angeklagten zum Prinzen hingewiesen wird. Zweifellos war in Philipps Augen Montigny, der Rebell und Gesandte der Rebellen, genügend schuldig, um den Tod zu verdienen; es erübrigte sich also, eine Anklage wegen Aufwiegelung gegen ihn zu erheben, die den Namen von Don Carlos, den fleckenlos zu erhalten Philipp sich immer bemühte, in die Verhandlungen hineingebracht hätte.

Kann man sich nach all diesem dagegen wehren, diese Tatsachen, so unwahrscheinlich sie auch klingen mögen, mit den geheimnisvollen Worten aus dem Briefe von Hernán Suárez in Verbindung zu bringen, die sich auf schreckliche Dinge beziehen, mit denen sich die Inquisition befassen konnte, um nachzuprüfen, ob Don Carlos ein Christ sei oder nicht? Man muß, um die Bedeutung dieser Worte ganz zu erfassen, bedenken, daß der Aufstand der Niederlande unter dem Banner des Ketzertums vor sich ging.

Wer Partei für die Rebellen ergriff, konnte mit gutem Recht für einen Ketzer gehalten werden. Bergen und Montigny waren bekanntermaßen sehr laue Katholiken, und Don Carlos vernachlässigte, wenn er mit ihnen unter einer Decke steckte, seine religiösen Pflichten. Das genügte, um Suárez' Drohung zu rechtfertigen.

Der in Frage stehende Brief wurde im März 1567 geschrieben, aber Suárez hatte schon einen andern, auf den hingedeutet wurde, im Dezember 1566 geschrieben; er wurde in der Bibliothek des Erzbistums von Toledo aufgefunden. In diesem Briefe spricht Suárez von gewissen Plänen des Prinzen, die seiner Meinung nach entstanden sind „de grandísimo engaño y error peligrosísimo, inventado y buscado todo por el demonio, y para desasosegar y aun inquietar la grandeza de la Monarquía", und weiter sagt er ihm, mit welchem Schmerz er erfahren habe „sus tratos y conversaciones con los procuradores" und versichert ihm, er habe geweint, so wenig schön fände er, daß „Su Alteza hablase a los procuradores, como dicen que lo hizo . . ."[81]

Wer sind die „procuradores", auf die der wackere Suárez anspielt? Für Gachard besteht kein Zweifel: es handelt sich um die Prokuratoren der Cortes von Kastilien, die grade in jenen Tagen in Madrid versammelt waren, um die flandrischen Fragen zu behandeln. Die ersten beiden Artikel der Denkschrift, welche die Cortes dem König überreichten, hatten den Zweck, ihn zu bewegen, auf seine Reise nach Flandern zu verzichten und die Heirat des Thronfolgers zu beschleunigen. Die spanischen Besitzungen in der Ferne — sagte die Denkschrift — könnten, ohne daß er sein Reich verließe, von fähigen Ministern verwaltet werden; was den Prinzen betreffe, so sei er jetzt in einem Alter, in dem er heiraten müsse. Die Abgeordneten der Provinzen hatten noch mündlich hinzugefügt, daß, wenn Philipp unerschütterlich entschlossen sei, sich nach Flandern zu begeben, er wenigstens den Prinzen Don Carlos als seinen Statthalter einsetzen möge, wie in früheren Zeiten sein

Vater Karl V. es mit ihm gemacht habe. Don Carlos wußte von allem. Als am 22. Dezember Philipp sich nach dem Escorial begeben hatte, um dort wie gewöhnlich die Weihnachtsfeiertage zu verbringen, hatte Don Carlos die Abwesenheit seines Vaters benutzt, um in den Saal einzudringen, in dem die kastilischen Abgeordneten versammelt waren, und mit heftigen Worten über sie herzufallen. Diese Worte sind wörtlich von dem Genueser Gesandten Marcantonio Sauli aufgezeichnet: „Ihr müßt wissen, daß mein Vater nach Flandern gehen will und daß ich in jedem Falle mitgehen will. Bei den Sitzungen in Toledo habt ihr eine ‚necedad' (Albernheit) gemacht, in meinen Vater zu dringen, er solle mich mit der Prinzessin, meiner Tante, verheiraten. Ich weiß nicht, wie ihr dazu kommt, euch einzumischen und euch darum zu kümmern, ob mein Vater mich mit dieser oder jener verheiratet. Ich möchte nicht, daß euch einfällt, eine ähnliche ‚necedad' zu begehen und in meinen Vater zu dringen, daß er mich nicht mitnimmt, sondern hier in Spanien läßt. Ich warne euch, diese Bitte zu tun; denn wenn ihr es tut und ich hierbleibe, wird er es euch wie mich entgelten lassen." Worauf er, ohne eine Antwort abzuwarten, den Saal verlassen hatte.

Wenn dies auch ein wichtiger Schritt war (und alle Gesandten beeilten sich, ihn ihren betreffenden Höfen zu berichten), so war er doch nicht so furchtbar, daß der wackere Suárez hätte Tränen vergießen müssen, und wenn es auch nur rhetorische waren! Es ist sehr bedauerlich, daß die Daten seiner Briefe so ungewiß sind; besonders wichtig wäre es, zu erfahren, ob jener Brief aus dem Jahre 1566 vor oder nach dem 22. Dezember geschrieben wurde: wenn vor, würde die Hypothese Gachards sich von selbst erledigen; wenn nach: in diesem Falle muß man sich an den Text halten und sich wie Moüy fragen, ob diese beiden Worte „tratos y conversaciones", von denen das eine „Verhandlungen, Praktiken" besagt, das andre selbstverständlich „Unterhaltungen", auf die heftige Strafpredigt, die Don

Carlos den Cortes hielt, passen könnten. Dies ist unwahrscheinlich. Was die andere Stelle betrifft, „como dicen que lo hizo“ (wie man sagt, daß er es machte), die einen leisen Zweifel enthält, so scheint sie sich kaum auf etwas beziehen zu können, von dem alle am Hofe Kenntnis hatten.

Dies sind die Elemente, die dazu führen, wenn auch nicht, wie Güell y Renté es möchte, eine ernstliche Verbindung und bestimmte Vorschläge der flandrischen Herren und eine begeisterte Aufnahme derselben von seiten Don Carlos', so doch wenigstens einen Versuch anzunehmen, den zuerst Graf Egmont, dann Montigny und Bergen gemacht haben könnten, um den spanischen Thronfolger in den Bannkreis der flandrischen Interessen zu ziehen. Außerdem wäre nichts natürlicher, als daß zwei geschickte Männer, die ihre Mission unheilbar kompromittiert sahen, daran dachten, ihrer Sache die kostbarste Geisel zu sichern, die Spanien ihnen bieten konnte.

VII.

Inzwischen hatte sich das Gerücht von Philipps bevorstehender flandrischer Reise in Europa verbreitet und heftige Neugierde an allen Höfen geweckt. Schon im Juli 1566 hatte der König in seiner Antwort an Montigny seine Absicht kundgetan, sich persönlich in die Niederlande zu begeben. Aber erst nachdem die Nachrichten vom Aufstand der Bilderstürmer nach Madrid gelangt waren, also im September, nahm der Entschluß des Königs festere Formen an. Bei dieser Gelegenheit schied sich der Staatsrat in zwei Lager, an deren Spitze je einer der beiden unversöhnlichen Gegner stand, Ruy Gómez und der Herzog von Alba. Der eine verfocht die Ansicht, Philipp müsse sich mit seinem Gefolge, aber ohne Heer, nach Flandern begeben, weil die stolzen und schwierigen Niederländer leichter durch Milde als durch Gewalt zu besiegen wären; der andre behauptete, die Niederländer müßten behandelt werden, wie man aufrührerische Vasallen behandelt. Der Herzog von Feria und

Antonio Pérez unterstützten die Meinung des Prinzen Eboli, aber der Herzog von Alba hatte den Großinquisitor und, was noch wichtiger war, die Seele des Königs auf seiner Seite. Außerdem war die Sache eigentlich schon lange entschieden; denn seit dem 31. Januar hatte der Herzog von Alba das Patent in der Tasche, das ihn zum Oberbefehlshaber der Niederlande ernannte. Einige Tage später erfuhr man, daß der König mehr denn je entschlossen sei, sich nach Flandern zu begeben, wohin der Herzog von Alba mit einem Heer vorausgegangen war, stark genug, um Ruhe und Ordnung wiederherzustellen. Philipp hatte die Absicht, seine Gattin, seinen Sohn und die Erzherzöge Rudolf und Ernst mitzunehmen; er wollte sich in einem Hafen des Mittelmeers einschiffen und die Gelegenheit wahrnehmen, den Thronfolger von den Cortes von Valencia, Aragón und Katalonien anerkennen zu lassen; auf dem Wege durch Italien würde er den Papst aufsuchen und sich auf der Reise nach dem Norden mit Maximilian II. in Innsbruck treffen.

Man kann sich leicht vorstellen, wie sehr diese Pläne Don Carlos freuten, der zweifellos alle seine Wünsche der Erfüllung näher glaubte: endlich würde er aus Spanien herauskommen und die Cousine Anna heiraten; und dann würde sich Philipp sicher entschließen, ihn zum Statthalter der wieder beruhigten Niederlande zu ernennen.

Die Reisevorbereitungen schritten langsam vorwärts, weil jetzt doch keine Hoffnung war, vor der Wiederkehr der guten Jahreszeit aufbrechen zu können. Philipp bat den französischen König um die Erlaubnis, ein Heer durch sein Land ziehen zu lassen, ernannte eine Kommission zum Studium der savoyischen Straßen, auf denen seine Soldaten marschieren würden, und ließ eine Karte jenes Gebietes anlegen; Lebensmitteldepots wurden an den Straßen gestaffelt, welche das Heer entlangziehen würde, und die Regimenter der spanischen Veteranen aus der Lombardei, Neapel, Sizilien und Sardinien erhielten den Befehl, sich marschbereit zu halten, um sich dem Herzog von Alba anzuschließen; sie sollten in ihren Garnisonen durch Rekruten ersetzt werden, die der Herzog selbst in Spanien ausheben wollte. Zu gleicher Zeit wurden die Schiffe für den König und sein Gefolge ausgerüstet, und in den Kirchen betete das gute spanische Volk für einen glücklichen Ausgang des Unternehmens. Inzwischen waren, wie schon erwähnt, die kastilischen Cortes einberufen, die zwischen Januar und März 1567 ein gewöhnliches Subsidium von 304 000 000 Maravedis und einen außerordentlichen Kredit von 150 000 000 Maravedis bewilligten, im ganzen 1 135 000 Scudi, in drei Jahren zahlbar. Die im September eingelaufene westindische Flotte hatte fünfeinhalb Millionen Golddukaten mitgebracht; dem Staat kamen davon 1 100 000 zu; wenn Philipp aber die Zinsen zahlte, hatte er auch die Nutznießung des Restes, und so machte er es auch. Auch das Königreich Neapel hatte ihm ansehnliche Hilfe zugestanden, und das gleiche würde sicher die Lombardei tun. Genua hatte dem König, durch Vermittlung seines Bankiers Nicolò Grimaldi, der sich in Spanien niedergelassen hatte, 800 000 bis 1 500 000 Scudi geliehen. Diese für jene Zeit ungeheuren Summen sollten von dem flandrischen Krieg geschluckt werden, dessen Ausgaben sich von 1568 bis 1598, Philipps Todesjahr, auf 110 000 000 Dukaten beliefen.

Ende März lag die Flotte, die unter dem Kommando Dorias den Herzog von Alba nach Italien führen sollte, segelfertig im Hafen von Cartagena, wo fünfzehn Kompanien Soldaten auf die Einschiffung warteten. Am 15. April begab sich der Herzog nach Aranjuez, um sich vom Könige zu verabschieden. Nach einer langen Unterredung mit Philipp ließ sich Alba bei Don Carlos melden und teilte ihm seine bevorstehende Abreise mit. Als der Prinz dies hörte, bekam er einen Wutanfall: er äußerte, ihm selbst gebühre es, nach den Niederlanden zu gehen, und er würde jeden töten, der es wagen sollte, vor ihm hinzugehn. Der Herzog suchte ihm ehrerbietig auseinanderzusetzen, daß es doch seine Pflicht sei, den Befehlen des Königs zu gehorchen, aber Don Carlos stürzte sich mit gezücktem Dolch auf ihn und brüllte: „Ehe Ihr nach Flandern geht, werde ich Euch das Herz aufschlitzen!“ Der Herzog packte den Prinzen am Arm und rief um Hilfe; mehrere Edelleute eilten herbei, um den Wahnsinnigen zu halten, und Alba entfernte sich.

Diese neue Tollheit seines Sohnes schmerzte Philipp tiefinnerlich, aber er ließ nichts durchblicken; vielleicht um zu sehen, ob man es nicht im Guten versuchen sollte, übergab er Don Carlos sogar den Vorsitz des Kriegsrats, erhöhte sein Jahreseinkommen von sechzigtausend auf hunderttausend Dukaten und versprach ihm ausdrücklich, ihn mit nach den Niederlanden zu nehmen. Aber alles war vergeblich, wenn man dem Gesandten Sigismondo Cavalli Glauben schenken darf. „Man wußte und hatte die Beweise, daß er, wenn er in den Rat kam, überall Verwirrung anrichtete und keine Entschließung zustandekommen ließ; die Gewalt, die ihm der König verliehen hatte, gebrauchte er im Gegenteil zu seinem Schaden; die Gelder vergeudete er vorsätzlich und sinnlos.“ Als Philipp auch diesen Versuch scheitern sah, entzog er dem Sohn, was er ihm zugestanden hatte, und „dadurch verstärkte sich die Mißstimmung“, schließt Cavalli.

Inzwischen war mit immer wachsender Dringlichkeit von der Reise des Königs die Rede. Es scheint, daß der Plan eines Reiseweges durch Italien und Deutschland fallengelassen wurde, und Philipp beschloß, die ganze Reise zu Schiff zu machen, sich in einem Hafen des Atlantik einzuschiffen und an der französischen Küste entlangzufahren. Obgleich dieses Projekt die europäischen Höfe ungemein interessierte, gab es doch viele Leute, die behaupteten, der spanische König würde nie und nimmer aus seinem Königreich herausgehen. Im Juli, als die Vorbereitungen hitzig betrieben wurden und die Abreise unmittelbar bevorzustehen schien, schrieb Fourquevaulx an Karl IX.: „Ich möchte keinesfalls auf mein Leben wetten, daß der König nach Flandern geht, da er alles, was ihm gefällt, vortäuschen kann", und Antonio Tiepolo meinte, daß, wenn der König schließlich doch auf die Reise verzichten würde, es wahrlich eine „schöne Finte und eine schöne Erfindung" gewesen sei, „jedermann und besonders die Niederländer im Glauben an seine Abfahrt gelassen zu haben." Obgleich der Papst den Entschlüssen Philipps nicht traute und auch der erste gewesen war, der seine Zweifel äußerte, hatte er doch im Februar den Erzbischof von Rossano nach Madrid geschickt, mit dem Auftrag, eine ausdrückliche Erklärung des Herrschers über diese Frage zu veranlassen. Philipp hatte nicht nur geantwortet, der Heilige Vater möge ruhig sein, da er entschlossen sei, nichts zu unterlassen, was dem Seelenheil der Niederländer nützen könne, sondern, als im August der Erzbischof ihn fragte, ob er ihn nach Flandern begleiten dürfe, erwidert, es würde ihm eine große Freude machen; worauf er aber den Prälaten des längeren über die Fährnisse einer Seereise von Spanien nach Seeland unterhielt.

Die Historiker sind sich noch immer nicht schlüssig, ob Philipp wirklich die Absicht hatte, sich von Spanien zu entfernen, oder ob er einfach mit der Androhung dieser Reise die Niederländer einschüchtern wollte. In dem Brief, den er am 22. Dezember 1567 an seinen Gesandten beim Heiligen Stuhl, den Marqués de Requesens, schrieb, und in dem er ihn beauftragte, ihn bei Seiner Heiligkeit wegen der unterlassenen Reise in die Niederlande zu entschuldigen, legt Philipp die Gründe dar, die ihn bewogen, seine Reise auf das nächste Jahr zu verschieben (am 20. September hatte der Kardinal Espinosa dem Erzbischof von Rossano angekündigt, daß der König entschlossen sei, im März 1568 aufzubrechen, falls er nicht bis dahin gestorben oder die Welt untergegangen wäre). Man kann die von Philipp angeführten Gründe folgendermaßen zusammenfassen: es sei ihm nicht klug erschienen, sich nach Flandern zu begeben, ohne daß ein Heer ihm vorausginge, das sowohl die Sicherheit seiner Person als auch die Erreichung des Ziels, das er sich gesetzt hatte, genügend verbürgte. Da nun dieses Heer bei der Unterdrückung der Ketzerei den unangenehmsten Teil des Unternehmens erledigen müßte, habe er es für eine bessere Politik gehalten, das Kommando einem erfahrenen Heerführer zu übertragen, als es selbst zu übernehmen. Er wolle dann später nachkommen und Gnadenbeweise und Amnestien austeilen, wodurch er sich das Herz seiner flandrischen Untertanen erobern würde. Nach den getroffenen Anordnungen müsse der Herzog von Alba Ende Juli mit dem Heer in Flandern eintreffen, wenn er nicht auf Grund einiger unvorhergesehener Umstände (unter anderm äußerst schmerzhaften Gichtanfällen), die ihn aufgehalten hätten, erst am 22. August in Brüssel eintreffen würde. Philipp wolle, ehe er Spanien verlasse, gewisse Unternehmungen abwarten, die ihm für die Wiederherstellung des Friedens in den Niederlanden unerläßlich schienen. Die Nachricht von dem überaus günstigen Erfolg dieser Unternehmungen — wahrscheinlich die Gefangennahme der Grafen Egmont und Hoorne — hätte Spanien erst am 18. September erreicht, in einer für eine Seefahrt höchst ungünstigen Jahreszeit. Dies alles, eingerechnet die Tatsache, daß die Flotte, deren Bemannung angeordnet sei, infolge von widrigen Winden sich nur mit großer Verspätung im Westmeere vereinigen könne, habe ihn, Philipp, bewogen, seine Reise bis zum Frühjahr aufzuschieben. „Und so sagt denn Seiner Heiligkeit“, schloß der Brief, „daß, wenn der inbrünstige und heilige Eifer, den Er für alles bezeugt, was Gott und die Religion betrifft, und wenn die besondere Liebe, von der Er mir wie einem wahren Sohne so viele und häufige Beweise gegeben hat, Ihn dazu drängen, jede Verzögerung für schädlich zu erachten und zu wünschen, daß so bald wie möglich an die Ausführung der festgesetzten Dinge gegangen wird, Er doch andrerseits in Seiner großen Weisheit erwägen möge, daß, da es sich um wichtige Dinge handele, bei denen es nötig sei, auf das vorsichtigste zu verfahren, man nicht in Übereilung vorgehen dürfe, sondern nach reiflicher Überlegung und unter Voraussicht aller Hindernisse (um sie zu vermeiden), die einem auf dem eigenen Wege begegnen könnten: denn was gut gemacht wird, wird niemals zu spät gemacht."

Dies alles ist sehr einleuchtend; aber Philipp erinnerte viele an den Hirten aus der Fabel, der zu oft „Der Wolf! der Wolf!" schrie, so daß niemand mehr auf ihn achtete, als es einmal Wahrheit wurde. Zu all diesen Verhinderungen traten nun auch noch die immer ernsteren Sorgen, die ihm sein Sohn machte; er hielt es für ebenso gefährlich, ihn in Madrid zu lassen, wie ihn mitzunehmen; „ihn in der Regierung zu lassen, scheint ihm nicht gut; ihn mitzunehmen, nicht ohne Unannehmlichkeiten", schrieb der Erzbischof von Rossano nach Rom; und ein andrer Gesandter versicherte, daß allein menschliche Rücksicht den König zurückhalte, Don Carlos in einen Turm einzusperren. Ein andrer Faktor, der die Art und Weise verständlich macht, in der der König sich bei dieser Gelegenheit betrug, ist in einer Depesche von Fourquevaulx an Katharina von Medici vom 23. September zu finden. Die Königin Elisabeth war damals in einem vorgeschrittenen Zustand der Schwangerschaft, und der französische Gesandte schrieb nach Paris, daß der König, nach Aussage des Prinzen Eboli, die Niederkunft abwarte, um eine Entscheidung auf Grund der Frucht, die ihm Gott schenken würde, zu fällen. Wahrscheinlich waren Don Carlos' Thronrechte nie so gefährdet wie jetzt. Wenn Elisabeth — die am 10. Oktober wieder von einem Mädchen entbunden wurde, das die Namen Catalina Micaela erhielt — einen Knaben zur Welt gebracht hätte, würde Philipp sicher Mittel und Wege gefunden haben, diesen zum Thronerben zu machen. Um aber einer solchen in jeder Hinsicht wichtigen Möglichkeit entgegenzusehen, mußte er in Spanien sein und nicht am andern Ende Europas.

Will man nun annehmen, daß sich Philipp vorgenommen hätte, zwei Jahre lang ganz Europa zu täuschen — und man sähe nicht den Zweck ein, da die Androhung seines

Besuches den Niederländern nicht mehr Furcht eingejagt hätte als der Einzug des Herzogs von Alba an der Spitze eines so kriegstüchtigen Heeres, daß nach einem zeitgenössischen Historiker „los soldados podían ser capitanes; los capitanes, maestros de campo; y los maestros de campo, generales"[82] —, so muß man wirklich anerkennen, daß nichts unterlassen wurde, um der Komödie einen großen Erfolg zu verschaffen. Jede Einzelheit wurde peinlich genau studiert: die Schiffe wurden mit allem Nötigen ausgestattet; Pedro Meléndez, der den Ruf des ersten spanischen Seemannes genoß, wurde aus Florida zurückgerufen, wo er ein Jahr vorher die Franzosen verjagt hatte, um ihm die Befehlsgewalt über die königliche Flotte zu übergeben; alles hatte man vorbereitet bis auf die karmesinroten Seidenfahnen mit dem St. Andreaskreuz, die an den Masten der Schiffe des Königs, Don Carlos' und der Erzherzöge flattern sollten; die Provinzen, durch die der König auf seiner Reise zum Seehafen kommen würde, hatten den Befehl erhalten, Relaispferde bereitzustellen. Als die Nachricht sich verbreitete, der König würde nicht reisen, war das Staunen groß. Die Skeptiker, welche den Worten Philipps nie Glauben geschenkt hatten, triumphierten. Dann verbreitete sich ein Gerücht, das, von Fourquevaulx aufgefangen, schnell seinen Weg nach Paris nahm: der König habe zu Elisabeth gesagt, daß es leicht zu erraten gewesen sei, daß er niemals die Absicht gehabt habe, nach Flandern zu gehen; schon zwei Jahre hintereinander habe er mit der größten Prahlerei davon gesprochen! Man muß hier gleich sagen, daß Philipp nicht der Mensch war, sein Spiel so aufzudecken — angenommen, er hätte gespielt —, nicht einmal seiner Gattin gegenüber.

De Moüy bemerkt, von dieser Stelle ausgehend, daß Philipp, wenn er wirklich gespielt hat (und man spürt, daß er gern „gemogelt" hätte), sich in diesem besonderen Fall nicht rühmen könnte, gesiegt zu haben. Nicht nur war es ihm nicht gelungen, den Niederländern Furcht einzujagen, wie er es sich gewünscht hatte, sondern er hatte auch seinen Gegnern das Geheimnis seiner Politik enthüllt: immer das Gegenteil von dem zu tun, was er sagte.

Die Bemerkung ist besonders naiv: das Überraschungskästchen der spanischen Politik war aufgegangen, und man kann nicht sagen, daß nur ein harmloser „schwarzer Mann" herauskam; daß die Niederländer keine Furcht hatten, spricht allein für die Ehre einer Nation, die die eigene Freiheit mit unerhörten Leiden erkämpfte. Es ist schwer zu glauben, Philipp habe sich der Täuschung hingegeben, ein ganzes Volk zur Vernunft bringen zu wollen (zu dem, was er sich unter Vernunft vorstellte), „indem er ihm Furcht einjagte", um so mehr, als dies Volk schon immer wußte, daß er nie Pardon geben würde. Die Politik aber ... nein, die Politik Philipps läßt sich nicht so leicht auf eine Formel bringen. Jetzt aber, wo alle glaubten, begriffen zu haben, daß er immer das Gegenteil von dem täte, was er sagte, jetzt blieb ihm die Möglichkeit, seine Handlungen mit seinen Worten in Einklang zu bringen.

SECHSTES KAPITEL

Die Stille um Don Carlos

I.

Über ein Jahr hatte Don Carlos in der Einbildung gelebt, daß er seinen Vater auf der Reise nach Flandern begleiten werde. Andre mochten an der Aufrichtigkeit des Königs zweifeln; er tat es nie. Er hatte tausend Pläne geschmiedet, hatte sich in tausend Hoffnungen gewiegt, so daß allmählich diese Reise zu einer fixen Idee bei ihm geworden war. Man kann sich leicht seine Enttäuschung vorstellen, als Philipp offiziell verkünden ließ, die Abreise sei aufs Frühjahr verschoben. Offenkundig zeigte er seine Entrüstung, seinen Groll gegen den Vater, seine Wut, seine Verzweiflung. Der französische Gesandte schrieb, es bestände „eine außerordentliche Entrüstung und eine böse Genugtuung zwischen dem Katholischen Könige und dem Prinzen", und wenn der Vater den Sohn hasse, so erwidere dieser es aufrichtig. Don Carlos hatte jegliche Zurückhaltung verloren und scheute sich nicht, jedem, der es hören wollte, zu sagen, daß unter den fünf oder sechs Personen, die er am meisten verabscheue, der König an erster Stelle stehe. Wenn man der Erzählung eines „ayuda de cámara", die Prescott[83] anführt, Glauben schenken darf, ging er noch weiter und erklärte, er habe keine Ruhe, ehe er nicht „a un hombre con quien estaba mal"[84] getötet habe.

Cabrera glaubt nicht, daß Don Carlos wirklich jemals daran gedacht hat, seinen Vater zu ermorden: er macht die sehr richtige Bemerkung, daß der Prinz genug Gelegenheit gehabt hätte, wenn er ein solches Verbrechen begehen wollte. Aber dies schließt doch nicht aus, daß diese Drohung über Don Carlos' Lippen ging.

Man weiß nicht viel über den Zeitraum zwischen den Monaten September und Dezember des Jahres 1567. Man darf aber vielleicht annehmen, daß Philipp mehr als je unter der Sorge um des Prinzen Aufführung und der Furcht litt, er könne den einmal verhinderten Fluchtversuch wiederholen. Doch ließ er nach seiner Gewohnheit nichts davon durchblicken. Sicher verdoppelte er seine Wachsamkeit; doch kann man nicht mit Gewißheit sagen, welcher Mittel er sich bediente. Da Ruy Gómez das Vertrauen des Prinzen verloren hatte, konnte er ihm nur Nachrichten aus zweiter Hand hinterbringen, die er von Personen aus der Hofhaltung Don Carlos' erfuhr. Dies ist weiter nicht verwunderlich: der geschickte Hofmann mußte über sehr verführerische Mittel verfügen, daß ihn der Infant, obwohl er die Ergebenheit des Prinzen Eboli für seinen Vater kannte, in einem entscheidenden Augenblick ins Vertrauen zog.

Man weiß nicht ganz genau, welcher Vorfall Ruy Gómez endgültig in den Augen des Infanten kompromittierte; vielleicht ging ihm auch erst nach und nach ein Licht auf;

denn so schwachsinnig Don Carlos auch war, mußte er sich doch irgendwann einmal fragen, wieso sein Vater immer über alles, was ihn betraf, auf dem laufenden war. Der erste Verdacht war ihm wohl nach seinem ersten Fluchtversuch aufgestiegen. Später, im August 1567, hatte er den Prinzen Eboli gebeten, ihm 200000 Scudi zu verschaffen, ohne daß es sein Vater erführe. Philipp hatte natürlich sofort davon Kenntnis, und der Prinz überzeugte sich von der Verräterei Ruy Gómez', der dann von ihm an zweiter Stelle auf der Liste der verhaßten Personen geführt wurde, gleich nach dem König. Philipp wurde auch weiterhin genau von allem unterrichtet, was sein Sohn tat und äußerte, und ließ ihn auch wiederholt durch Vertrauenspersonen zur Vorsicht und Besonnenheit mahnen, keinen verzweifelten Schritt zu tun.

Doch der verzweifelte Schritt war schon in der Seele Don Carlos' beschlossen: er war auf seinen alten Plan einer Flucht zurückgekommen und gab sich Mühe, das nötige Geld zusammenzubringen. Die Unvorsichtigkeit, mit der er sich in ein so gefährliches Abenteuer stürzte, würde genügen, des Prinzen Geistesverwirrung zu beweisen. Er bildete sich ein, es genüge, daß er seine Absichten vor Ruy Gómez verheimliche, damit sie dem König nicht zu Ohren kämen, überlegte aber nicht, daß eine Menge andrer Leute bereit waren, ihn zu verleumden, und jeden seiner Schritte belauerten. Macchiavelli hat die Gefahren der Verschwörungen gekennzeichnet; aber in diesem Falle konnte man nicht von einer Verschwörung reden: die ganze Angelegenheit rollte sich im Zeichen einer unglaublichen, fast kindischen Naivität ab. Man kann auch nicht sagen, daß sich Don Carlos nicht über den Ernst des Schrittes klar war, den er zu tun sich anschickte: er wußte, daß sein Fortgehen von Spanien möglicherweise dem Staat und dem Könige ernsthafte Unannehmlichkeiten bereiten konnte, da in Italien sowohl als in Flandern die spanienfeindlichen Elemente sich nichts Besseres wünschen konnten, als seinen Namen gegen

Philipp auszuspielen. Lag das in seinen Absichten? Wenn man auf die Äußerungen der zu jener Zeit am Madrider Hofe akkreditierten Gesandten etwas geben will, muß man die Frage bejahen: Fourquevaulx schrieb, des Prinzen Absicht sei, nach Genua zu gehen, um von Italien aus (wo es nicht an Personen fehlte, die ihn zu schlimmeren Schritten verleiten würden) dem Vater seine Bedingungen zu unterbreiten; nach Cavalli wollte Don Carlos, „wenn er erst die Flotte in seiner Gewalt hätte, sich mit Don Juan de Austria nach Italien einschiffen und dort in den Staaten Seiner Majestät einen Aufstand herbeiführen, um sich zum Herrn derselben zu machen; von dort sich nach Flandern begeben, um auch dieses in Besitz zu nehmen“; Nobili und der Erzbischof von Rossano berichteten das gleiche.

Natürlich darf man diese Aussagen nicht ohne Vorbehalt hinnehmen: auch als kluge Diplomaten, aufmerksame und scharfe Beobachter und fast immer genaue und glaubwürdige Berichterstatter mußten sich die Gesandten in diesem besondren Falle auf die Wiedergabe des Hofklatsches beschränken, da Philipp, wie wir später sehen werden, weiterhin strenge Zurückhaltung über die wahren Ursachen der Gefangennahme seines Sohnes übte. Man kann aber wirklich nicht annehmen, daß Don Carlos Spanien nur verlassen wollte, um sich der väterlichen Vormundschaft zu entziehen, auch nicht, daß er sich über die Tragweite dieses Schrittes täuschte. Wenn er die Geschichte seines Landes auch noch so wenig kannte, mußte er doch wissen, wie sich im 13. Jahrhundert der Infant Don Sancho gegen seinen Vater Alfons den Weisen aufgelehnt und dadurch einen Bürgerkrieg entfesselt hatte; und wie später derselbe Sancho, nachdem er König geworden war, die Eroberung von Algeciras aufgeben mußte, um gegen den Aufstand des Infanten Juan Widerstand zu leisten. Es ist sogar möglich, daß diese Beispiele Don Carlos anspornten, da er unfähig war, den tiefen Unterschied zwischen dem feudalen Kastilien des 13. Jahrhunderts, in welchem der Adel jede Gelegenheit benutzte, um sich gegen seinen Herrscher aufzulehnen, und dem treugesinnten Spanien Philipps II. zu erfassen. Daß Don Carlos wußte, daß er im Begriff sei, sich des Hochverrats schuldig zu machen und damit eine schwere Strafe verwirke, geht außerdem aus den Vorsichtsmaßregeln hervor, mit denen er sich nachts umgab: sein Zimmer war ein richtiges Arsenal; in einem Schrank verwahrte er alle seine Musketen und Pistolen. Bevor er abends schlafen ging, legte er seinen Degen, den Dolch und eine geladene Pistole in Reichweite des Bettes. Ferner ließ er sich durch einen gewissen Louis de Foix, den Uhrmacher des Königs, ein dickes Buch anfertigen, das aus zwölf Schiefertafeln in einem mit Gold inkrustierten Einband aus Stahl bestand, und mit dem man bequem einem Mann den Schädel einschlagen konnte. Der gleiche de Foix — der ein besonders geschickter Handwerker gewesen sein muß und mannigfaltige Kenntnisse auf dem Gebiet der Mechanik besaß — mußte an der Tür des prinzlichen Schlafzimmers eine so komplizierte Sperrvorrichtung anbringen, daß der Prinz von seinem Bett aus die Tür nach Belieben öffnen und schließen konnte. Hinzu kam, daß Don Carlos den diensttuenden Kammerherrn, der vorschriftsmäßig in seinem Zimmer schlafen mußte, ausquartiert hatte und allein schlief.

Diese ganze Angelegenheit wurde aber vom Prinzen mit einer Unvorsichtigkeit betrieben, die schon an Naivität grenzte. Seine Beauftragten eilten von Stadt zu Stadt, um auf Grund ihrer Beglaubigungsschreiben die für jene Zeit ungeheure Summe von 600000 Dukaten aufzubringen, die nach den Berechnungen für das Unternehmen nötig war. Diese Finanzierung ging nicht so einfach vonstatten: Don Carlos steckte bis über den Hals in Schulden und genoß keinen Kredit mehr. Seine Vertrauensmänner waren García Alvarez Osorio und Juan Martínez de la Cuadra: nach mehrmaligen Reisen nach Toledo, Medina del Campo, Valladolid und Burgos schickten die beiden Herren einige tausend Dukaten nach Madrid. Osorio befand sich Ende November in Sevilla, und Don Carlos schrieb ihm in den ersten Tagen des Dezember, um ihn zu weiterer Tätigkeit anzufeuern. Cuadra hatte kein Glück gehabt; der Gutschein eines gewissen Marschall Bernuy auf 7000 Dukaten war vom Bankier zurückgewiesen worden. Zu allem nahm der Marschall, der früher einmal eine Bürgschaft auf 15000 Dukaten versprochen hatte, sein Wort zurück. Einem gewissen Ippolito Affeitati, auf den der Prinz anscheinend große Hoffnungen gesetzt hatte, wurden mit Mühe 6000 Dukaten abgeknöpft. Osorio sollte also versuchen, mehr als die 100000 Dukaten zusammenzubringen, von denen ihm Don Carlos vor seiner Abreise gesprochen hatte. Er schickte ihm zu diesem Zweck zwölf Empfehlungsbriefe, deren er sich bei verschiedenen vertrauenswürdigen Leuten bedienen solle. Man weiß nicht, welchen Erfolg diese neuerlichen Versuche Osorios schließlich hatten; aber die Annahme ist begründet, daß sie den Erwartungen des Prinzen nicht entsprachen; denn im Augenblick seiner Verhaftung war er tatsächlich ganz ohne Mittel, mit Ausnahme von hundert Talern, die ihm sein Barbier geliehen hatte.

II.

Am 20. Dezember verließ Philipp Madrid, um die Weihnachtsfeiertage im Escorial zu verbringen. Pius V. hatte auf den Tag der Unschuldigen Kindlein einen Jubiläumsablaß gewährt, und der König wollte sich fern von Staatssorgen im Gebet darauf vorbereiten. Seine Rückkehr nach Madrid war auf den Tag nach Dreikönige festgesetzt. Ohne Zweifel wollte Don Carlos diese lange Abwesenheit seines Vaters benutzen, um seinen Plan auszuführen. Er hatte noch nicht die nötigen Geldsummen beisammen, aber vielleicht hatten ihm Osorio und Cuadra Versprechungen zukommen lassen, auf die er sich verlassen zu können glaubte; jedenfalls hielt er den Zeitpunkt für gekommen, zur Tat zu schreiten. Vielleicht war ihm bewußt, daß der Ausgang des Abenteuers von seiner Schnelligkeit abhinge; denn seine

Bemühungen, Geld flüssig zu machen, konnten dem Könige nicht verborgen bleiben. Don Carlos hatte gelernt, das Schweigen seines Vaters zu fürchten: von einem Augenblick zum andern konnte ein Ereignis eintreten, das die Flucht unmöglich machte. Die Atempause, welche der Aufenthalt Philipps im Escorial ihm gewährte, schien ihm ein Wink des Schicksals zu sein.

Er schrieb zuerst einen Rundbrief an die Granden des Reiches, in dem er sie bat, ihm bei der Verwirklichung eines wichtigen Plans zu helfen, der ihm sehr am Herzen liege. Der Erfolg war, daß einige der Herren, welche dieses wunderliche Sendschreiben erhalten hatten, ihm zur Antwort gaben, sie seien geneigt, ihm beizustehen, soweit dieser Beistand mit den Pflichten vereinbar sei, die sie dem Könige schuldeten; andre wieder schickten das Schreiben ganz einfach an Philipp. Nach diesem schrieb Don Carlos noch andre Briefe, die erst nach seiner Abreise fortgeschickt oder zugestellt werden sollten: an den König, den Papst, den Kaiser, die Hauptstädte des Reichs; in ihnen rechtfertigte er seinen Schritt mit der Versicherung, das Leben in Spanien sei unmöglich für ihn geworden. In andern, an die Granden des Reiches gerichteten Briefen behauptete er, Philipp wolle ihn nicht verheiraten, damit die Krone nicht an etwaige Kinder aus dieser Ehe fiele; er versprach Vergünstigungen und Belohnungen allen, die ihm folgen und beistehen würden.

Am Vorabend des Weihnachtsfestes hatte er eine Unterredung mit Don Juan de Austria, der vor kurzem zum Oberbefehlshaber der Flotte ernannt worden war. Güell y Renté behauptet, daß Philipp seinen Bruder zu einem so wichtigen Posten erhob, um ihn dafür zu belohnen, daß er den Angeber von Don Carlos machte. Doch hält diese Beschuldigung, wie so viele andre von Güell y Renté, einer näheren Prüfung der Tatsachen nicht stand. Die Ernennung von Don Juan de Austria zum Oberbefehlshaber der Flotte war schon im Oktober 1567 erfolgt. Man liest, daß der Erzbischof von Rossano am 29. jenes Monats nach Rom schrieb,

Don Juan sei „dermaßen glücklich über dieses Amt, daß er es gar nicht ausdrücken könne“. Es war also nur natürlich, daß sich Don Carlos an den Mann wandte, der das Meer und die ganze spanische Flotte befehligte, um ihn zu bewegen, ihm die Fahrt nach Italien möglich zu machen.

Der Prinz enthüllte seinem Onkel den Plan in seinem ganzen Umfang und bat ihn, nach dem Bericht von Nobili und Cavalli, sich seinem Unternehmen anzuschließen, versprach ihm auch, wenn es gelinge, das Königreich Neapel und den Staat Mailand. Don Juan zeigte sich äußerst bestürzt und erbat sich Bedenkzeit: doch darf man annehmen, daß ihm vom ersten Augenblick an der Weg klar war, den er gehen müsse: vor die Alternative gestellt, zwischen seinem König, der ihm ein großmütiger Bruder war und dem er alles verdankte, und einem wahnsinnigen Neffen, der Umsturzgedanken hatte, zu wählen, gab es für ihn kein Zögern. Zuerst suchte er dem Prinzen mit Vernunftgründen beizukommen; als er aber sah, daß jedes Zureden unnütz war, beschloß er, Philipp von allem zu unterrichten, und ritt nach dem Escorial.

Beim Anhören der von seinem Bruder überbrachten Nachrichten verlor Philipp nicht seine gewöhnliche Ruhe. Er war nicht nur schon lange an die tollen Streiche seines Sohnes gewöhnt, sondern war auch wohl schon genau unterrichtet, daß er etwas Neues im Schilde führe. Nicht einmal bei dieser Gelegenheit, vor der Möglichkeit eines Ereignisses, das die Geschicke der Dynastie und des Staates bedrohte, verleugnete Philipp seinen Charakter. Vier Wochen liegen zwischen der Anzeige Don Juans de Austria und der Gefangennahme Don Carlos’. Kardinal Espinosa, der Prinz von Eboli und der Herzog von Feria, die den geheimen Rat des Königs bildeten und sich mit der größten Wahrscheinlichkeit bei ihm im Escorial befanden, wurden sicher aufgefordert, ihre Meinung zu äußern. Cabrera erzählt wenigstens, daß Philipp eine Gruppe von Doktoren der Theologie zusammenrief, und berichtet auch das Urteil eines von ihnen, des Doktor Navarro Martín de Azpilcueta, welcher die Gefahren aufzählte, die Don Carlos' Flucht nach sich gezogen haben würde, und erklärte, der König müsse mit der größten Strenge vorgehen. Doch menschlicher Rat war für Philipp immer dem göttlichen untergeordnet; deshalb befahl er heimlich mehreren Ordensgemeinschaften, besondere Gebete zu sprechen, damit Gott ihn in seiner schwierigen Lage lenke. Obwohl Philipp ihnen strengste Wahrung des Geheimnisses auferlegt hatte, sickerte es durch und hatte, nach Fourquevaulx, „viele Randbemerkungen der ‚Spekulativen' am Hofe" zur Folge.

Trotzdem muß man daran festhalten, daß das Schicksal des Don Carlos schon besiegelt war. Ein von Pérez berichtetes Faktum zeigt, daß Philipp nicht im geringsten schwankte: entgegen seiner Gewohnheit wollte der König bei den Beratungen zugegen sein, in denen das Verhalten angesichts der Rebellion des Prinzen erörtert wurde. „Ich möchte", schreibt Pérez, „von der Regel, daß Könige nicht den Staatsratssitzungen beiwohnen, gerne eine Ausnahme machen, die mir die Erfahrung bestätigt: wenn in einer schwierigen Lage der Fürst einen Rat mehr der Billigung als der Entscheidung wegen erbittet, so muß er in diesem Fall anwesend sein, damit die Achtung ihn in seiner Absicht unterstütze. So tat der König, als er die Gefangennahme seines Sohnes beschloß." Wenn Philipp den Beratungen beiwohnte, so tat er es offenkundig, um seinen Standpunkt zur Geltung zu bringen, was übrigens mit der eisernen Logik übereinstimmt, die ihn bei seinen Handlungen lenkte; ihm allein oblag es, das Urteil über seinen Sohn zu sprechen, eine traurige Pflicht, die er auf niemand abwälzen durfte. Seine Räte konnten Milde walten lassen, er nicht. Die Verhaftung des Don Carlos wurde also nicht, wie manche Historiker glauben, von der Inquisition oder von Philipps Räten, den unversöhnlichen Feinden des Prinzen, gewünscht, sondern von Philipp selbst. Nur brauchte es einige Zeit, bis dieser Entschluß in der Seele des Königs reifte; das erklärt die vier Wochen, die er nach der Mitteilung des Don Juan de Austria im Escorial verbrachte und fast ausschließlich seinen Andachtsübungen widmete.

III.

Auch die Pläne Don Carlos' kamen zu einem Stillstand. Don Juan de Austria vermied es, nach Madrid zurückzugehn, wahrscheinlich um sich einer neuerlichen Unterredung zu entziehen, bei welcher er unmöglich einer deutlichen Antwort auf die Bitten des Prinzen hätte ausweichen können. Dieser jedoch hatte seinen ganzen abenteuerlichen Plan auf der Mitwirkung seines Onkels aufgebaut und wußte nun nicht, woran er war. Jeder andere wäre sich klar gewesen, daß bei dem vorliegenden Stand der Dinge jede Verzögerung eine Lebensgefahr bedeutete. Das Schweigen Don Juans wäre ihm von so schlimmer Vorbedeutung erschienen, daß er alles auf eine Karte gesetzt und unverzüglich die Flucht auf einem andern als dem verabredeten Wege versucht hätte. Wenn es keines andern Beweises der geistigen Inkohärenz bedürfte, die alle Handlungen des Infanten bestimmte, würde seine abwartende Haltung, in die er sich nach der Unterredung mit Don Juan versteifte, genügen. Philipp, der seinen Sohn gut kannte, zog wohl diese ihm eigentümliche Unfähigkeit, bei einem physischen oder moralischen Entschluß zu verharren, in Rechnung; denn nichts läßt darauf schließen, daß er nach Kenntnisnahme der Absichten seines Sohnes eine besondere Überwachung anordnete oder andre Vorkehrungen traf, um seine Flucht zu verhindern.

Am Abend des 27. Dezember, dem Vorabend der Unschuldigen Kindlein, begab sich Don Carlos in das königliche Kloster San Jerónimo, vor den Toren der Stadt, um zu beichten und zu kommunizieren und damit den Jubiläumsablaß zu gewinnen. Die erste Frage, die er seinem Beichtvater stellte, war, ob „jemand, der einen Haß gegen einen andern im Herzen trüge", die Absolution erhalten könne.[85] Natürlich war die Antwort verneinend. Der Prinz wollte aber um jeden Preis den Ablaß erhalten und kein schlechtes Beispiel geben; deshalb machte er den Vorschlag, er wolle trotzdem mit einer nicht konsekrierten Hostie kommunizieren. Der Priester gab ihm zu bedenken, daß dies ein Sakrileg wäre, überzeugte ihn aber nicht. Don Carlos gab sich nicht zufrieden und ließ augenblicklich mehrere Theologen aus dem Kloster von Atocha rufen, um ihre Meinung über den Fall zu hören. Sobald die Mönche erschienen waren, begann eine Diskussion über die folgende Frage des Prinzen: ob es möglich sei, die Absolution zu erlangen, ohne auf den Haß, den man gegen jemand empfände, zu verzichten; und ob es erlaubt sei, um den Anstand zu wahren, mit einer nicht konsekrierten Hostie zu kommunizieren? Die Antwort der Theologen war ein einstimmiges Nein; aber Don Carlos stritt hartnäckig weiter, bestand auf seiner Meinung, suchte seinen Fall zu erklären und hatte den einzigen Erfolg, das Mißtrauen des Priors von Atocha zu wecken. Dieser nahm ihn beiseite, fragte ihn, wer die Person sei, gegen die er einen so furchtbaren Haß hege, und spiegelte ihm die Möglichkeit eines Vergleiches vor. Der Prinz wehrte sich, gab ausweichende Antworten; aber der Mönch hatte einen längeren Atem: er trieb ihn in die Enge, fing ihn in einem Netz geschickter Fragen, die schließlich seinen Widerstand brachen, und da entschlüpfte auch schon der Name des Vaters seinen Lippen.

Es war zwei Uhr morgens geworden. Don Carlos verließ das Kloster ohne Absolution mit Hinterlassung eines weiteren Teilchens seines Geheimnisses, eines weiteren Indiziums gegen sich. Die Eile, mit der sich am nächsten Morgen der Prior von Atocha auf den Weg nach dem Escorial machte, um dem Könige zu berichten, was sich im Kloster San Jerónimo ereignet hatte, könnte erlauben, einer zeitgenössischen Relation Glauben zu schenken, nach welcher Don Carlos nicht nur zugegeben habe, Philipp II. zu hassen, sondern auch seine Absicht gestanden, ihn zu töten. Die schon früher angeführten Worte des Erzbischofs von Rossano und das Zeugnis des venezianischen Gesandten, welcher schrieb, er wisse aus bester Quelle, „daß der Prinz keinerlei Absicht hegte, dem Leben seines Vaters nachzustellen“, scheinen diese Version zu entkräften; man könnte aber doch vielleicht annehmen, daß im Verlaufe der langen nächtlichen Diskussion im Kloster San Jerónimo einer der Mönche Don Carlos gefragt hätte, ob sein Haß so groß sei, daß er ihn dazu treiben könnte, wenn sich die Gelegenheit böte, die verhaßte Person zu ermorden, und daß Don Carlos bejahend antwortete.

Nicht einmal die von dem Prior von Atocha überbrachten Nachrichten vermochten Philipp zu bewegen, den Escorial zu verlassen. Dagegen begab sich Don Carlos am 17. Januar in den Escorial, um eine letzte Besprechung mit Don Juan herbeizuführen. Man hat behauptet, diese Zusammenkunft habe im Pardo stattgefunden, wo Philipp sich auf seiner Rückreise aufhielt. Jedenfalls war Don Antonio de Toledo — sicher auf Wunsch von Don Juan — bei der Unterredung zugegen, weshalb der Prinz nicht von seinen Plänen zu sprechen wagte; er fragte nur, ob sein Vater sehr erzürnt gewesen sei, daß er nicht den Jubiläumsablaß erworben hätte, und kehrte nach einem kurzen Wortwechsel nach Madrid zurück. Denselben Abend traf auch Philipp II. dort ein und zog sich, wie gewöhnlich, in die Gemächer der Königin zurück. Vater und Sohn sollten sich also gegenüberstehen. Einige Stunden vorher hatte Philipp vom Generalpostmeister Raymund de Taxis erfahren, daß der Prinz am vorhergehenden Tage eine Anzahl von Pferden für die folgende Nacht bestellt habe. Der Generalpostmeister hatte ihm, in der Vermutung, er plane etwas gegen den Willen des Königs, geantwortet, alle Pferde seien schon bestellt. Diese Auskunft, welche die Absicht Don Carlos', die Ausführung seines Vorhabens zu beschleunigen, enthüllte, überzeugte wahrscheinlich Philipp, daß es nötig sei, rasch zu handeln.

Der erste Abend in den Gemächern der Königin verlief friedlich. Philipps Gesicht war undurchdringlicher als je. Elisabeth, die das sich vorbereitende Drama nicht ahnte, unterhielt sich in gewohnter Freundlichkeit mit Don Carlos. Der König, müde von der Reise, zog sich bald zurück. Nach seinem Aufbruch wurde wie gewöhnlich „clavo“ gespielt, und Don Carlos verlor die ihm von Quintanilla geliehenen hundert Taler. Als er die Gemächer der Königin verließ, befahl er einem seiner Kammerherrn, seine Geldbörse zu dem Barbier zu tragen und ihn zu bitten, sie ihm am folgenden Morgen mit weiteren hundert Talern zurückzubringen. Der nächste Tag war ein Sonntag. Philipp empfing die Botschafter, welche keinerlei Erregung auf seinem Gesicht wahrnahmen; dann begab er sich mit Don Carlos zur Messe, „außerordentlich ruhig und ohne das geringste Anzeichen“.[86] Vater und Sohn knieten Seite an Seite: einer wie der andre betete wahrscheinlich zu Gott um einen glücklichen Ausgang des Geheimnisses, das jeder in seinem Innern barg. Nach der Messe gelang es Don Carlos, Don Juan in sein Zimmer zu einer Aussprache zu entführen: jetzt sei die Sache entschieden, er habe beim Generalpostmeister Pferde für eine der kommenden Nächte bereitstellen lassen, jetzt müsse Don Juan ihm eine klare Antwort auf seinen Vorschlag von damals geben. Er allein verfüge über die Flotte, er müsse ihm also so schnell wie möglich die Instruktionen für die Kommandanten der Galeeren bringen, damit sie sich seinen, des Infanten, Befehlen unterwürfen. Don Juan war in der größten Verlegenheit und wußte nicht, was antworten. Er versuchte den Prinzen von der Sinnlosigkeit seiner Pläne zu überzeugen, um Zeit zu gewinnen; aber Don Carlos, dem wohl ein Verdacht auf Verrat aufstieg, fragte ihn, warum er sich so lange im Escorial aufgehalten habe. Don Juan gab zur Antwort, er habe den Befehlen des Königs gehorcht, der diese Ruhezeit benutzt habe, um ihn in alle Einzelheiten seiner neuen Pflichten als Oberbefehlshaber der Flotte einzuweihen. Auf diese Worte hin zog Don Carlos ohne ersichtlichen Grund seinen Degen und stürzte sich auf ihn. Don Juan zog sich zur Tür zurück, die aber verschlossen war, so daß er gezwungen wurde, auch Hand an den Degen zu legen, und rief dem Prinzen zu, er solle ihm nicht zu nahe kommen. Schließlich kamen einige Diener herbeigelaufen, so daß er sich vor der Wut seines Neffen retten konnte.

Don Carlos zog sich in dem richtigen Gedanken, daß dieser neue Skandal dem Könige bald zu Ohren kommen würde, in seine Gemächer zurück, um ihm nicht zu begegnen. Außerdem war er, wie immer nach einem solchen Tobsuchtsanfall, vollständig erschöpft. Gegen Abend ließ ihn Philipp rufen und erhielt die Antwort, er fühle sich nicht wohl und wolle sich früh hinlegen, was er auch wirklich nach einer kleinen Mahlzeit tat. In diesem Augenblick war das Netz um ihn schon gespannt. Während des ganzen Tages hatte ein lebhafter Austausch von Botschaften zwischen dem Könige und dem Kardinal Espinosa stattgefunden, und die „Spekulativen" am Hofe, wie Fourquevaulx sich ausdrückte, hatten es bemerkt und prophezeiten, daß ein wichtiges Ereignis im Gange sei. Doch wäre sicher niemand auch nur auf den Gedanken gekommen, daß der König vorhätte, den Thronerben gefangenzunehmen. Philipp hatte alle seine Anordnungen so getroffen, daß ihm seine Aufgabe erleichtert wurde und er die Handlung mit der gebührenden Feierlichkeit vollziehen konnte. Don Rodrigo de Mendoza und der Graf von Lerma, beide Kammerherrn und Freunde von Don Carlos, hatten dafür zu sorgen, daß die Tür des Prinzen unverschlossen blieb. De Foix war befohlen worden, den Mechanismus, den er selbst an der Zimmertür des Infanten angebracht hatte, außer Funktion zu setzen. Die äußere Tür zu den Gemächern sollte von Ruy Gómez geöffnet werden, der als Majordomus des Prinzen den Schlüssel verwahrte.

Um elf Uhr abends läßt der König Ruy Gómez, den Herzog von Feria, Don Antonio de Toledo und Don Luis

Quijada zu sich rufen: diese vier Edelleute hatte er zu Zeugen des bevorstehenden großen Ereignisses ausersehen. Als sie in seinem Zimmer versammelt sind, unterrichtet er sie von der traurigen Notwendigkeit, in der er sich befände, den Prinzen in eine Lage zu versetzen, in der er dem Staat nicht mehr schaden könne; seine Worte machen einen tiefen Eindruck auf die Anwesenden, von denen einer später schrieb: „Niemals hatte man solche Worte aus dem Munde eines Königs vernommen.“ Mitternacht. Die kleine Gruppe macht sich auf den Weg. Der König trägt unter den Kleidern einen Panzer, einen Helm auf dem Kopfe, den bloßen Degen unterm Arm. Er weiß, daß sein Sohn bewaffnet und zu allem fähig ist. Vor der Tür zu den königlichen Gemächern warten zwei Edelleute, Don Pedro Manuel und Don Diego de Acuña, mit zwei „ayudas de cámara“, Santoro und Bernato, die Hammer und Nägel mit sich führen.

Die nächtliche Prozession durch die eiskalten, leeren Gänge des ungeheuren königlichen Palastes scheint kein Ende zu finden: Don Diego leuchtet mit einer Kerze voran. Die neun Männer treten behutsam auf und bemühen sich, keinen Lärm zu machen. Endlich sind sie am Schlafzimmer des Prinzen angekommen: Ruy Gómez öffnet die Tür, und der König tritt leise ein; die andern folgen. Ein Lichtstreifen und Stimmengeräusch dringen aus dem Schlafzimmer Don Carlos', der sich vom Bett aus mit Don Rodrigo de Mendoza und dem Grafen Lerma unterhält. Auf den Ellbogen gestützt, wendet er der Tür den Rücken zu, so daß einer der Edelleute vorsichtig nähertreten und Degen und Dolch wegnehmen kann, die sich am Kopfende des Bettes befinden.

Bei dem Geräusch wendet sich der Prinz um und fragt: „Wer ist da?“ Darauf tritt Ruy Gómez vor und antwortet: „Der Staatsrat“. Die Edelleute drängen sich ins Zimmer; Don Carlos sucht seine Waffen; als er sie nicht findet, macht er Miene, aus dem Bett zu springen und zu dem Schrank zu stürzen, in dem er seine Arkebusen und Pistolen verwahrt hat; aber in diesem Augenblick tritt der König vor.

„Was soll das bedeuten?“ schreit der Prinz. „Will Seine Majestät mich töten? oder einsperren?“ — „Weder das eine noch das andre“, antwortet Philipp. „Beruhige dich. Was ich tue, geschieht nur zu deinem Besten.“ Er spricht leise, mit großer Weichheit, „con mucha blandura“.

Aber der Prinz gerät in einen wahren Schreckzustand. Er sieht, wie die „ayudas de cámara“ auf einen Wink des Königs die Fensterrahmen zunageln, wie die Edelleute seines Vaters das Zimmer durchsuchen, sich seiner Waffen, der Kassette mit seinen Papieren, der Geldbörse unter seinem Kopfkissen bemächtigen; er sieht seinen Vater schweigend und streng vor sich stehen, springt jäh aus dem Bett, wirft sich im Hemd ihm zu Füßen und fleht: er wolle lieber sterben als seine Freiheit verlieren, der König solle ihn töten und ihm die Schmach einer Gefangenschaft ersparen: ein Schwall von unverständlichen, von Schluchzen erstickten Worten. Schließlich springt der Prinz wieder auf und tobt, wenn der König ihn nicht töte, werde er sich selbst das Leben nehmen. Philipp hat kaum Zeit, zu rufen: „Das wäre Wahnsinn!“, als Don Carlos auch schon auf den Kamin zustürzt, in dem ein großes Feuer brennt. Aber sein Toben zerbricht in den Armen von Don Antonio de Toledo, der sich ihm in den Weg stellt, ein neuer Tränenausbruch überwältigt ihn; in abgerissenen Worten beklagt er sich über Philipps Härte: er sei nicht verrückt, nur verzweifelt, und daran sei allein sein Vater schuld. „Von heute an werde ich dich nicht mehr behandeln wie ein Vater den Sohn, sondern wie ein König den Untertan“, antwortet Philipp II.

Da gibt es nichts mehr zu erwidern: die Fenster sind vernagelt, der Herzog von Feria bürgt mit seiner Person für den Prinzen, der Graf von Lerma und Don Rodrigo de Mendoza werden ihn wie früher bedienen, mit aller Aufmerksamkeit, doch ohne ein Wort an ihn zu richten und ohne auf seine Fragen zu antworten. Ruy Gómez, Antonio de Toledo und Luis Quijada werden den Herzog von Feria in der Überwachung des Gefangenen unterstützen. „Ich zähle auf Eure Treue, meine Herren!“ sagt der König. Alle Gegenstände, die der Prinz benützen könnte, um eine Verzweiflungstat zu begehen, sogar die Feuerböcke im Kamin, werden beschlagnahmt. Das Kaminfeuer ist erloschen. Don Carlos bleibt allein in seinem finsteren Zimmer, in das nach und nach die Winterkälte dringt. Jetzt ist er von der übrigen Welt für immer getrennt. Nur eine kleine Weile, und man wird von ihm wie von einem Toten sprechen.[87]

Eine Woche später schreibt der Erzbischof von Rossano nach Rom, daß Philipp bei der ganzen Angelegenheit „eine ruhige und gefaßte Seelengröße“ bewies, was jeden, wie Nobili hinzufügt, „verwunderte, der es mit ansah“.

IV.

Philipp II. wird in jener Nacht kaum ein Auge zugemacht haben. Man weiß, daß die fast übermenschliche Ruhe, die er in den schwierigsten Lebenslagen bewahrte, kein Zeichen der Gefühllosigkeit war, sondern die Frucht einer völligen Herrschaft über die eigenen Gefühle. Aber es ist klar, daß eine solche Vergewaltigung seiner selbst nur mit einem großen Nervenaufwand erkauft wird. Man kann sich kaum vorstellen, daß Philipp, als er sich nach Gefangennahme seines Sohnes in seine Gemächer zurückzog, nicht völlig zusammenbrach. Und doch war zum Ausruhn keine Zeit. Die eben vollzogene Handlung hatte eine unnatürliche Situation geschaffen, der man notwendigerweise augenblicklich die Stirn bieten mußte. Der Morgen des 19. Januar würde eine Menge von Problemen mit sich bringen, deren Lösung alles andre als leicht war.

Als Thronerbe des größten Weltreichs stand Don Carlos im Vordergrund der politischen Bühne des Jahrhunderts, und Philipp beging nicht den Irrtum, zu glauben, er könne ihn seiner spanischen Thronrechte berauben und ihn auf unbestimmte Zeit gefangenhalten, ohne der Neugierde Europas stichhaltige Gründe zu liefern. Er wußte nur zu gut, daß die höchsten Befehlsstellen die Menschen, die sie inne haben, allen Kritiken und Anklagen aussetzen. Er machte sich auch nichts vor: sowie sich die Nachricht von den Ereignissen der Nacht verbreitet hätte, würden tausend Stimmen ihn zur Verantwortung ziehen. Er würde sich vor dem Kaiser rechtfertigen müssen, der ihn immer wieder zu einer Heirat zwischen Don Carlos und Anna von Böhmen gedrängt, vor dem Papst, der dem Infanten unzählige Beweise seines Wohlwollens gegeben hatte, vor den Granden des Reichs und den Cortes von Kastilien und Toledo, die ihm den feierlichen Treueid geleistet und ihn als Thronfolger anerkannt hatten, vor den befreundeten und feindlichen Herrschern, vor dem spanischen Volke und den untergebenen Ländern. Philipp wußte, daß die Gefangennahme seines Sohnes die Einbildungskraft aller entzünden und eine Wolke von Klatsch aufwirbeln würde, den seine Gegner sich beeilen würden, gegen ihn auszuspielen.

Es gab nur ein einziges Mittel für Philipp, alles das mit einem Schlag abzustellen: und das war, den Prozeß gegen Don Carlos sofort und in aller Öffentlichkeit einzuleiten, Spanien, Europa, der ganzen Welt zu beweisen, daß der Thronfolger sich des Hochverrats schuldig gemacht habe. Der Ausgang dieses Prozesses konnte nicht im unklaren sein: es fehlte nicht an Beweisen und Zeugen. Philipp brauchte nur den Inhalt der Kassette durchzusehen, die man im Zimmer des Prinzen beschlagnahmt hatte (und wahrscheinlich tat er das in jener Nacht), um außer den Briefen, die Don Carlos in Voraussicht der Flucht geschrieben hatte, auch die Liste der Personen zu finden, die der Infant haßte, „von denen“, schrieb später der Erzbischof von Rossano, „er sagte, er würde sie bis in den Tod verfolgen“. Der Name Philipps stand auf der Liste obenan; es folgten: Ruy Gómez und seine Gattin, der Kardinal Espinosa, der Herzog von Alba und noch einige andre Namen. Es gab auch eine Liste der Personen, die Don Carlos für seine Freunde hielt: in dieser stand obenan der Name der Königin Elisabeth, dann Don Juan de Austria, Don Luis Quijada und andere mehr.

Aber eigentlich war es Philipp, der (entgegen der Behauptung Cabreras, der sich dieses Mal zu irren scheint) nicht wünschte, Don Carlos den Prozeß zu machen. Es ist nicht schwer, die Gründe dieses Widerstrebens zu erraten: Philipp wußte, daß sein Sohn nicht für seine Handlungen verantwortlich gemacht werden konnte. Dies war wohl ein hinlänglicher Grund für seine endgültige Entfernung vom Thron, machte aber zugleich jeden Grund zu einer Anklage hinfällig. Philipp war ein zu gerechtigkeitsliebender Mensch, um über eine Erwägung dieser Art hinwegzugehen, um so mehr, als es sich um seinen Sohn handelte. Dazu kam noch, daß ein Prozeß von solcher Resonanz, wie der des Erben der spanischen Habsburger und Enkels Karls V., schließlich auch die groteske und tragische Geschichte der Überspanntheiten Don Carlos' der ganzen Welt ausgeliefert hätte; und wenn der erste Grund Philipps Gerechtigkeitsgefühl verletzte, so verletzte der zweite seinen nicht weniger empfindlichen Stolz. Aus allen diesen Gründen kam der Prozeß nicht zustande.

Cabrera schreibt, daß der König „eine Kommission, die sich aus dem Kardinal Espinosa, Ruy Gómez de Silva und dem Lizenziaten der Rechte Don Diego Bribiesca Muñatones zusammensetzte, aus seinem Privatrat bildete, um ein Verfahren einzuleiten, das die Haft des Prinzen rechtfertigen könne. Er ließ aus dem Archiv von Barcelona die Akten des Prozesses kommen, den König Johann II. von Aragón gegen den Prinzen von Viana Karl IV., seinen Erstgebornen, angestrengt hatte, und ließ ihn aus dem Katalanischen ins Kastilische übersetzen, um sich selbst von dem Verlauf des Prozesses zu überzeugen".

Dabei ist der Fall des Prinzen von Viana und Johanns II. von Grund aus verschieden von dem Don Carlos' und Philipps. 1441 war der Prinz von Viana mit Hilfe des Königs von Kastilien gegen seinen Vater zu Felde gezogen, der sich weigerte, ihm Navarra zu überlassen, auf das er als Erbe seiner Mutter ein Recht hatte. Der Prinz wurde besiegt und zwei Jahre lang von Johann II. gefangengehalten. Nach einer zweiten Verhaftung, 1460, unter der Anklage erneuter Verschwörungsabsichten, war er ein Jahr darauf wieder aus der Haft entlassen worden. Gachard zweifelt mit Recht daran, daß der Prinz von Viana gerichtlich vernommen wurde; andrerseits versteht man auch nicht ganz, daß Philipp das Bedürfnis hatte, sich eines Verfahrens auf Grund katalanischer Gesetze zu bedienen, die von den kastilischen so verschieden waren. Cabrera fügt hinzu, daß sowohl die aus Barcelona stammenden Prozeßakten als auch das Material über Don Carlos 1592 in einem grünen Koffer im Archiv von Simancas hinterlegt wurden. Tatsächlich gab es — nach Gachard — im Archiv von Simancas einen grünen Koffer, den die Archivare, wie es hieß, bei Todesstrafe nicht anrühren durften. Trotzdem wurde er während der napoleonischen Besetzung geöffnet; man fand aber nur Dokumente aus einem ganz andern Prozesse, der 1621 gegen einen gewissen Don Rodrigo Calderón, Marqués de Siete Iglesias, angestrengt wurde, welcher gemeinsam mit dem Grafen Lerma Philipps III. Gunst genossen hatte, dessen sich aber Philipp IV. gleich nach seiner Thronbesteigung entledigen wollte. Aller Wahrscheinlichkeit nach ist also der Prozeß gegen Don Carlos aus den schon dargelegten Gründen wirklich niemals zustandegekommen: derselben Meinung sind Gachard und de Moüy. Es ist andrerseits möglich, daß die Kommission, von der Cabrera spricht, wirklich eingesetzt wurde, um Nachforschungen über das Vorleben Don Carlos' anzustellen, Nachforschungen, die Philipp zu dem vorgesetzten Ziel, den Infanten seiner Thronrechte verlustig zu erklären, unentbehrlich waren. Diese Erklärung mußte von den Granden des Reiches und den kastilischen Cortes abgegeben werden, die Don Carlos am 22. Februar 1560 den Treueid geschworen hatten: um dies tun zu können, mußten die Granden des Reichs und die Cortes ihrerseits vom Papst ihres Eides entbunden werden.

Niemand weiß, was aus den Dokumenten über die besagten Nachforschungen geworden ist, die heute ein unschätzbares Material für denjenigen bedeuten würden, der die Geschichte des Don Carlos schreiben will. So drängt sich einem der Gedanke auf, daß Philipp selbst nach dem Tode des Sohnes Sorge trug, alles zu zerstören, ohne zu überlegen, daß die Schriftstücke eines Tages dazu dienen könnten, sein Vorgehen zu rechtfertigen.

Wahrscheinlich wurden diese Nachforschungen überhaupt nicht sehr gründlich betrieben. Der mißliche Gesundheitszustand des Infanten, der sich noch durch die Haft verschlimmern sollte, konnte von einem Augenblick zum andern diese ganze Arbeit als nutzlos, um nicht zu sagen unmenschlich erweisen, weshalb sie bald aufgegeben wurde.

V.

Als der Morgen des 19. Januar anbrach, hatte Philipp seinen Aktionsplan entworfen. Man kann nicht sagen, daß er rühmlich für ihn war; doch war er seinem ausweichenden und hinhaltenden Charakter völlig gemäß. Die Gesandten der fremden Höfe wurden über das Vorgefallene unterrichtet, aber zugleich ersucht, ihre Kuriere bis auf weiteren Bescheid zurückzuhalten. Philipp traf alle nötigen Vorsichtsmaßregeln, um sich vor Indiskretionen zu schützen: der Generalpostmeister erhielt den Befehl, jeden, wer es auch sei, zu hindern, aus Madrid oder nahegelegenen Orten abzureisen; außerdem durfte niemand, weder zu Fuß noch zu Pferd, die Stadt verlassen. Der Erzbischof von Rossano wurde durch den Kardinal Espinosa von den Vorgängen der Nacht unterrichtet; dieser gab ihm eine Rechtfertigung, die später die offizielle Version der Tatsachen wurde: Philipp sei keineswegs dazu bestimmt worden, den Prinzen abzusondern, weil etwa ein besonderer Schuldfall vorläge; es entspräche keineswegs der Wahrheit, daß Don Carlos den Tod des Vaters geplant habe, wie einige behaupteten. Außerdem hätte der König in diesem Fall andre Mittel zu seinem Schutz gefunden. Nein, wenn Philipp einen so furchtbaren Entschluß gefaßt habe, so handle es sich nur um den Dienst an Gott, um die Erhaltung der Religion, um die Verteidigung seines Reiches und seiner Untertanen, die ihm mehr am Herzen lägen als sein eigenes Leben; ihnen habe er seinen eigenen Sohn geopfert, da er keinen andern Weg gesehen und nicht als ein Undankbarer vor dem Angesicht des Allmächtigen dastehen wolle. Ebenso sprach Ruy Gómez zu den andern Gesandten, mit besonderer Berücksichtigung des französischen. Inzwischen verhandelte Philipp mit dem Baron Dietrichstein und bevollmächtigte ihn, den beiden österreichischen Erzherzögen das Schicksal des Infanten mitzuteilen.

Die Nachricht verbreitete sich mit Windeseile im Palast und in der Stadt und versetzte alle Menschen in große Bestürzung. Die Königin Elisabeth und die Prinzessin Johanna, die beide Don Carlos sehr zugetan waren, waren von seinem Unglück schmerzlich betroffen. Natürlich wagte weder die eine noch die andre ein Wort zu dem Könige zu sagen; doch aus einem Briefe von Fourquevaulx an Katharina von Medici erfährt man, daß Elisabeth zwei Tage hintereinander weinte, „jusques à ce que le roy lui eut défendu les pleurs", bis der König ihr zu weinen verbot.

Im Laufe des Tages gab Philipp den verschiedenen Kronräten die Festnahme des Prinzen bekannt: mehrmals verließ ihn seine gewohnte Kälte, und seine Augen füllten sich mit Tränen. Am Tage darauf (es war der 20. Januar) versammelte er den Privatrat zu einer achtstündigen Besprechung in seinem Zimmer. Vielleicht würde ein ausführlicher Bericht über diese lange Sitzung eine Menge dunkler Punkte in der Geschichte des Don Carlos aufhellen: aber Philipps Räte waren gewohnt, restlose Verschwiegenheit über ihre Beschlüsse zu wahren. Auf alle Fälle ist sicher, daß der König in der Sitzung vom 20. Januar, wenn er auch nicht alle Gründe enthüllte, die sein Vorgehen gegen den Thronerben geleitet hatten (man weiß, daß er aus Gewohnheit oder von Natur sich niemals ganz deutlich über die Triebfedern seiner Handlungen ausdrückte), dennoch seinen Räten die eigenen Absichten klarlegte sowie die Weisungen, nach denen sich alle gleichmäßig zu richten hatten, um für eine Situation voll fragwürdiger Punkte gewappnet zu sein.

Philipp wußte noch nicht, wie das Land die Gefangennahme des Prinzen aufnehmen würde: ihm war nicht unbekannt, daß der Unzufriedenen viele waren — besonders bei den Juden und bekehrten Mauren —, die nur auf ein Zeichen warteten, um sich zu erheben. Cabrera weist offen, vielleicht ein wenig übertreibend, auf diese Befürchtungen Philipps hin, und berichtet ebenfalls den Klatsch der Straße, der, wie immer in ähnlichen Fällen, die unsinnigsten Deutungen der Tatsachen enthielt. Fourquevaulx schrieb, der Hof gleiche einem von panischem Schrecken ergriffenen Feldlager, in dem jeden Augenblick blinder Lärm geschlagen und alles, was einer sagt oder vermutet, für wahr gehalten wird. Am Ende aber geschah gar nichts: kein Volksaufstand zur Befreiung des Prinzen (dies scheint Philipps größte Sorge gewesen zu sein) störte das friedliche Madrid, und gegen Ende Februar konnten die Gesandten berichten, daß vom Prinzen überhaupt nicht mehr gesprochen wurde, als hätte er nie unter den Lebenden geweilt.

In den vier ersten Tagen, die auf die Gefangennahme des Prinzen folgten, hatten Philipp und seine Sekretäre alle Hände voll zu tun. Dutzende von Briefen aus dem „despacho del rey" gingen in alle vier Himmelsrichtungen: Briefe an die kastilischen Städte, an die Granden des Reiches, an die Bischöfe, die Generäle, die Provinziale der Ordensgesellschaften, die obersten Behörden der Provinzen Aragón, Valencia, Navarra, Katalonien. Das Muster dieser Schreiben, das Philipp selbst ausgearbeitet hatte, war für alle das gleiche: der Thronerbe sei gefangen gesetzt, und der König halte es für seine Pflicht, dies seinen Untertanen mitzuteilen; die Beweggründe dieses ernsten Beschlusses seien so wichtig und dringlich, daß der König ihn nicht habe aufschieben können, um so mehr, als er durchaus den Interessen des Staates und den Pflichten, die Philipp gegen Gott und seine heilige Religion zu haben glaubte, entspreche. Eine besondere Bitte erging an die Bischöfe, die ihre Prediger ermahnen sollten, nicht von der Kanzel auf das Schicksal des Thronerben anzuspielen.

Wieder andre Briefe schrieb der König eigenhändig; an den Kaiser; seine Schwester, die Kaiserin; an den Papst; an die Königinmutter von Portugal, die Großmutter von Don Carlos; an die eigenen Gesandten am Wiener Hofe und an dem von Rom; an den Herzog von Alba und an den Herzog von Albuquerque, Vizekönig von Navarra. In allen diesen Briefen tritt das Bemühen deutlich zutage, die Gefangennahme des Don Carlos als eine von Erwägungen allgemeiner Natur geleitete Maßnahme hinzustellen. Philipp habe nicht beabsichtigt, den Sohn zu bestrafen, obwohl genügend Gründe dafür vorlägen[88], sondern nur, ihn so unterzubringen, daß er dem Staate nicht schaden könne. Aber grade weil es sich nicht um eine Strafe oder einen Besserungsversuch handle, könne der Gefangenschaft des Don Carlos keine Frist gesetzt werden.

Diese Erklärungen sind klar, einfach, bestimmt; man versteht nicht ganz, warum die Historiker sie unklar gefunden haben. Der Stil dieser Briefe hat zweifellos das Gewundene, das die ganze Korrespondenz Philipps und seines Kabinetts auszeichnet; doch kann man andrerseits nicht von ihm erwarten, daß er ausgerechnet bei dieser Gelegenheit seine Schreibweise änderte. Doch wir wollen einen Augenblick den leeren politischen „Gongorismus“ des Textes beiseite lassen, welcher der „forma mentis“ Philipps entsprach, und der Sache auf den Grund gehen.

Was wollte Philipp? Vermeiden, daß sich in Europa das Gerücht verbreite, Don Carlos habe sich im Einvernehmen mit den flamländischen Rebellen des Hochverrats schuldig gemacht und einen Anschlag auf das Leben seines Vaters geplant. Es hieß also, sein anhaltend schlechtes Benehmen und alle jene Elemente, die eine völlige Unfähigkeit zum Regenten bewiesen, als bestimmende Gründe zu seiner Verhaftung angeben. Im Grunde also Don Carlos' Wahnsinn zugeben? Wie man gesehen hat, wollte Philipp sich dieser Ansicht auf keinen Fall anschließen. Dies ist der Grund seiner unbestimmten und allgemeinen Andeutungen auf die Fehler und Verirrungen des Infanten, welche die Historiker ihm vorwerfen, und aus denen einige das Fehlen jeglichen wahren Grundes ableiten, der die Verhaftung des Prinzen rechtfertigen könnte. Was man aber auch sagen möge, Philipps Darstellung des Falles ist in unzweideutigen Worten gehalten, und es bedarf keines weiteren Beweises als des Briefes an seine Schwester Maria, die Gattin Kaiser Maximilians.

„Ich möchte", schrieb der König, „zur größeren Befriedigung Eurer Hoheit mit voller Offenheit über das Leben und die Handlungen des Prinzen berichten, bis zu welchem Grad er die Zügellosigkeit und Unordnung getrieben hat, welche Mittel ich anwendete, um ihn zu bewegen, sein Betragen zu ändern, ohne das geringste zu unterlassen, was mir möglich und geziemend erschien, und wie lange Zeit meine Vaterliebe und mein Wunsch, in einem so wichtigen Fall mit der nötigen reiflichen Überlegung und Rechtfertigung vorzugehen, mich bewogen, zu tun, als ob ich nichts bemerke; aber eine solche Erzählung würde sehr lange Zeit beanspruchen . . . Heute beschränke ich mich also darauf, Eurer Hoheit zu sagen, daß, wenn der Prinz sich nur des Ungehorsams, des Mangels an Achtung und der Beleidigungen gegen mich schuldig gemacht hätte (obwohl er in dieser Beziehung genug geleistet hat, um jede Art Strafe zu rechtfertigen), ich noch einmal versucht hätte, etwas andres zu ersinnen, was seine Ehre, welche die meine ist, gerettet hätte. Doch haben seine Handlungen so sehr das Urteil bestätigt, das schon seit vielen Jahren über seinen Charakter, seine Natur und seine Fehler bestand, daß ich mich gezwungen sah, vorauszuschauen, und im Interesse des Dienstes Gottes und zum Wohle meiner Reiche und meiner Staaten, wozu ich verpflichtet bin (ohne Rücksicht auf mein Fleisch und Blut und alle andern menschlichen Interessen), den ernsten und bedeutenden Folgen zuvorzukommen, die zu befürchten ich allen Grund hatte, wenn ich nicht diese Maßnahme treffen würde."

Dem Herzog von Alba gegenüber, der schon so lange sein Vertrauen genoß und um viele Dinge wußte, war Philipp deutlicher. Er sandte zwei Briefe an ihn: einen offiziellen, auf französisch; den andern, privaten, auf spanisch. In diesem letzteren sagte er unter anderm: „Herr Herzog, lieber Vetter, Ihr kennt zu gut den Charakter und die Natur des Prinzen, meines Sohnes, als daß es vieler Worte bedürfte, um zu rechtfertigen, was in seiner Hinsicht unternommen ist, und damit Ihr verstehen könnt, worauf dies alles hinzielt. Nach Eurer Abreise ist Don Carlos so weit gegangen in seinen Ausschreitungen, und es sind so besondere und bemerkenswerte Dinge vorgegangen, daß ich mich entschließen mußte, ihn in seinen Gemächern einzusperren, was auch geschehen ist ... Obwohl dieser Entschluß sehr schwer wiegt und die Maßnahme gegen ihn überaus streng ist, so werdet Ihr doch anerkennen, in Anbetracht dessen, was Ihr gesehen habt und was Ihr wißt, wie sehr begründet und berechtigt ich gehandelt habe"; dann schloß er mit folgenden Worten: „Ich konnte mich also in keiner Weise dieser Maßnahme begeben, die mir die einzig richtige und beste schien, um allem vorzubeugen."

Hier steht ein wichtiger Satz, in dem Philipp sich einen Augenblick dem Herzog anzuvertrauen gewillt scheint: worauf mag er anspielen, wenn er von „actos tan particulares y de tanta consideración" spricht, welche der Prinz nach der Abreise des Herzogs von Alba nach Flandern begangen hätte, wenn nicht auf Don Carlos' Fluchtversuch?

Aber auch dieses Mal hält er sich zurück. Wahrscheinlich dünkte ihn, ein solches Geheimnis habe schon allzu viele Mitwisser.

Aber das Unglück will, daß sich nicht alle Briefempfänger mit seinen absichtlich dunklen Erklärungen zufriedengeben. Wohl nehmen die Granden des Reiches, ohne mit der Wimper zu zucken, das Urteil des Königs hin; die kastilischen Städte, seit langem an Gehorsam gewöhnt, wissen nichts zu sagen; der „ayuntamiento" von Murcia schreibt sogar einen zustimmenden und so lobrednerischen Brief, daß der König, sehr geschmeichelt, nicht unterlassen kann, an den Rand zu bemerken: „Esta carta está escrita cuerda y prudentemente", dieser Brief ist verständig und klug geschrieben. Doch die Provinzen Aragón und Katalonien, die zu allen Zeiten die unabhängigsten waren und sich nicht scheuen, die Nase in die Angelegenheiten ihrer Herrscher zu stecken, schicken Abgeordnete, um die volle Wahrheit zu erfahren, worüber der König sehr ungehalten ist. Die Königinmutter von Portugal fragt an, ob sie persönlich nach Madrid kommen kann, um den Enkel in Obhut zu nehmen. Diesmal macht Philipp dem portugiesischen Edelmann, der ihm die Botschaft seiner einstmaligen Schwiegermutter überbracht hat, ein schönes Geschenk und schickt ihn nach Lissabon zurück.

Inzwischen hat sich die Nachricht von der Gefangennahme des Prinzen weiter verbreitet: sie trifft in Paris am 5. Februar, in Brüssel am 9., in Wien am 17., in Rom am 26. ein und begegnet überall ungläubiger Verwunderung. Natürlich wird von nichts anderem gesprochen, und Fourquevaulx kann im März schreiben, diese Sache sei „dans la bouche de toute la chrétienté", im Munde der ganzen Christenheit.

In Rom, wohin die Nachricht über Lyon und Genua noch vor den Eilbriefen des Königs eingetroffen ist, weigert sich Don Juan de Zúñiga, spanischer Gesandter am Heiligen Stuhl, sie zu glauben. Aber einen Tag später muß er sich der eindeutigen Gewißheit fügen und Pius V. Philipps Brief überreichen. Der bestürzte Papst antwortet mit einem Breve, „in dem er sein Bedauern über die Gefangenhaltung des Prinzen äußert, zu gleicher Zeit aber den hochherzigen und edlen König außerordentlich lobt, daß er Leidenschaft und Eigenliebe der öffentlichen Ruhe geopfert habe; er ermahnt ihn, fest bei seinem Entschlusse zu verharren und immer Gott und das allgemeine Wohl vor Augen zu haben".[89] Diese Worte bewegen Philipp so mächtig, daß der Erzbischof von Rossano Tränen in seinen Augen glänzen sieht.

In Wien wird die Nachricht Maximilian und der Kaiserin durch den Gesandten von Chantonnay und den außerordentlichen Gesandten Luis Vanegas de Figueroa überbracht. Der Kaiser, im Begriff sich zu Tisch zu setzen, bittet die beiden spanischen Edelleute, der Kaiserin vor Beendigung der Mahlzeit nichts zu sagen. Im Kabinett des Kaisers überreichen Chantonnay und Vanegas später Maria den Brief ihres Bruders; die Kaiserin ist schmerzlich bewegt („como si fuera su propio hijo", als handelte es sich um ihren eigenen Sohn, schreibt de Chantonnay), beschränkt sich aber auf die Äußerung, daß Philipp als Vater am besten wisse, was dem Wohle des Prinzen Don Carlos dienlich sei. Natürlich zerstört diese Nachricht für immer den Heiratsplan, den Maria und Maximilian lange für die Erzherzogin Anna geträumt haben, und ihre Enttäuschung ist so augenscheinlich, daß der piemontesische Gesandte darüber an den Herzog Filibert folgenderweise schreibt: „Es ist bemitleidenswert, den Kummer mitanzusehen, der über den Kaiser und die Kaiserin wegen der Verhaftung des spanischen Prinzen gekommen ist, weil sie nun die Heirat ihrer Tochter, der erstgebornen Prinzessin, in die Ferne rücken oder gar in Rauch aufgehen sehen." Die Erzherzogin selbst schien entschlossen, in einem spanischen Kloster den Schleier zu nehmen; doch wollte das Schicksal es anders: nach dem Tode von Elisabeth von Valois sollte sie die vierte und letzte Gattin Philipps II. auf dem spanischen Thron werden.

Drei Personen beruhigten sich nicht bei Philipps Erklärungen: Maximilian, Pius V. und der Herzog von Alba. Der erste hatte nicht übel Lust, sich selbst nach Madrid zu begeben; da aber der Stand seiner Angelegenheiten es ihm nicht erlaubte, war er entschlossen, seinen Bruder, den Erzherzog Karl, zu schicken. Diese Aussicht war alles andre als erwünscht für Philipp. Er täuschte sich nicht über den Zweck, den der Kaiser mit der Sendung seines Bruders verfolgte: anscheinend wollte Maximilian durch einen Menschen, auf den er sich verlassen konnte, Gewißheit über die wirkliche Lage des Don Carlos und die wahren Gründe, die zu seiner Verhaftung geführt hatten, erlangen. Sicher würde der Erzherzog verlangen, den Prinzen zu sehen, und versuchen, zu seinen Gunsten die Beschlüsse des Königs umzuwerfen. Eine abschlägige Antwort — und Philipp konnte keine andere geben — würde Maximilian verletzen: man mußte also den Erzherzog hindern, die von seinem Bruder geplante Reise auszuführen. Chantonnay und Vanegas erhielten Instruktionen in diesem Sinne; aber jeder ihrer Versuche bei Maximilian schlug fehl. Nun beschloß Philipp, persönlich an den Kaiser zu schreiben und ihm weitergehende Erläuterungen des Vorgefallenen zu geben. Schon am 6. April hatte er an den Herzog von Alba und am 9. Mai an den Papst in der gleichen Absicht geschrieben. Diese Briefe bringen nichts Neues, sondern verbreiten sich nur etwas mehr über die von Philipp in der Hast der ersten Mitteilung nur flüchtig berührten Punkte. Der Zweck des Gewahrsams — schreibt er an den Herzog — ist der, eine wahre und vollständige Abhilfe für die Zukunft herbeizuführen und den Schäden vorzubeugen, welche Natur und Charakter des Prinzen für den Staat fürchten ließen. Der Herzog möge sich bemühen, das von Ketzern verbreitete Gerücht, als sei die Verhaftung des Infanten auf Grund eines Zweifels der Inquisition an seinem rechten Glauben erfolgt, Lügen zu strafen. Dem Papste beteuert er von neuem, daß allein die Fehler Don Carlos', das aus langer Erfahrung stammende Wissen um ihre Unheilbarkeit, ihn, Philipp, veranlaßt hätten, sich mit der größten Strenge zu wappnen. Maximilian gegenüber wird er schließlich noch deutlicher: „Die Schäden, welche nach Gottes Ratschluß zur Strafe für meine Sünden am Prinzen haften", schreibt er, „sowohl was seinen Verstand als auch was seine Natur betrifft, haben sich im Laufe seines Lebens derart geäußert und wiederholt gezeigt, daß ich schon seit langem überzeugt war, ihn in Gewahrsam nehmen zu müssen, um meinen Verpflichtungen gegen Gott und meine Reiche zu genügen. Trotzdem verschob ich die Ausführung dieser Pflicht aus väterlicher Liebe und aus dem Wunsch, diese Maßnahme völlig rechtfertigen zu können, und um mir nicht später vorwerfen zu müssen, daß ich auch das geringste Mittel vernachlässigt hätte, um Abhilfe durch weniger unschickliche Mittel zu schaffen.

Wäre ich auch willens gewesen, die Schäden, die aus diesen Fehlern des Prinzen erwachsen konnten, zu meinen Lebzeiten zu ertragen und zu verschweigen, Schäden, die sowohl zahlreich als unmöglich zu verheimlichen gewesen wären und mir sicher große Sorgen, Widerwärtigkeiten und Beunruhigung verursacht hätten, so schienen mir diejenigen, welche nach meinem Tode erfolgt wären, zu einer Zeit, wenn der Prinz zu meiner Nachfolge berufen würde, so ernst und den öffentlichen Angelegenheiten nachteilig zu sein, daß es unumgänglich nötig war, ihnen vorzubeugen; hätte ich noch weiter gezögert und mich nicht entschlossen, die Maßnahme zu treffen, die vollzogen ist, würde nicht allein alles, was ich später angeordnet hätte, eine ungenügende Abhilfe gewesen sein, sondern hätte sicher weit größere Verwirrung angerichtet . . .

Das Obengesagte wird Eurer Hoheit deutlich den von mir gefaßten Beschluß und sein Ziel erklären. Eure Hoheit wird verstehen, daß die Haft des Prinzen nicht wegen eines gegen mich begangenen Verbrechens erfolgt ist, daß auch keine religiöse Schuld zugrunde liegt; und ebenso ist diese

Haft kein Mittel, das angewendet wurde, um ihn zu bessern; denn dazu ist keine Hoffnung vorhanden, da seine Schwächen in seiner Natur liegen und sich mit den Jahren verstärkt haben; sie ist schließlich auch nichts Vorübergehendes, sondern etwas Unabänderliches."

Maximilian wird verstanden haben, daß diese Äußerung unwiderruflich war.

VI.

Die sechs Monate der Haft des Prinzen bilden die geheimnisvollste Zeit seines Lebens. Wenn man, wie sie die elementare Ehrlichkeit des Historikers verlangt, „die Klatschereien und Schauergeschichten" — wie sie Nobili beim rechten Namen nennt — außer acht läßt, die über die Haft und den Tod des Thronerben entstanden, so schmelzen die Dokumente über diesen Zeitraum sehr zusammen: alles läßt sich zusammenfassen in ein kleines Bündel mit Briefen der verschiedenen am Hofe von Madrid beglaubigten Gesandten, ein paar anonyme Berichte,[90] einige Seiten bei Cabrera (die so dunkle Stellen enthalten, daß die Historiker nach Belieben die widersprechendsten Behauptungen an sie anknüpfen konnten) und in die „Relación de la enfermedad y fallecimiento del príncipe nuestro señor", die in der „Colección de documentos inéditos para la Historia de España"[91] steht. Die wichtigste Quelle bilden wieder einmal die Briefe der Gesandten: man muß allerdings zugeben, daß sie in diesem Fall nur Nachrichten aus zweiter Hand enthalten. Philipp hatte seine Anordnungen so getroffen, daß es, nach dem Geständnis Fourquevaulx', äußerst schwierig war, zu erfahren, was bei dem gefangenen Prinzen vorging. Selbst Elisabeth wußte nur, was der König für passend hielt, ihr anzuvertrauen. Die Gesandten mußten sich also damit begnügen, die zahllosen Indiskretionen im Fluge zu erhaschen, die ja gewöhnlich in Situationen ähnlich der hier am Madrider Hofe wie Pilze aus dem Boden schießen.

Dennoch gibt es für den Historiker viele Gründe, sich auf diese wenn auch noch so ungewissen Dokumente zu stützen, welche Philipp von der Anklage, er habe seinen Sohn ermorden lassen, freisprechen. Erstens gibt es nichts, was die Wahrheit, die in diesen Dokumenten enthalten ist, entkräftet; das heißt, es sind keinerlei zeitgenössische Dokumente vorhanden, die eine ihnen widersprechende Behauptung aufstellen. Als Don Carlos starb, und noch geraume Zeit nach seinem Tode, gab es keine zwei Auffassungen der Todesursache: jedermann war überzeugt, daß er eines natürlichen Todes gestorben sei. Vielleicht waren im Volk Gerüchte im Umlauf: das waren die „Klatschereien und Schauermärchen", die Nobili so verächtlich und richtig kennzeichnet. Man kennt aber das Datum der Entstehung der Behauptung, daß Philipp ein Sohnesmörder sei: es liegt dreizehn Jahre nach dem Verschwinden des Prinzen. Tatsächlich erschien erst 1581 die „Apologie" des Prinzen von Oranien, in der zum ersten Male der König von Spanien beschuldigt wurde, der Mörder seines Sohnes zu sein. Damals war noch Antonio Pérez der allmächtige Sekretär Philipps und genoß dessen Vertrauen in hohem Maße; 1593 dann, als er aus Spanien ausgewiesen und zum Tode verurteilt war, stärkte er die von Wilhelm von Oranien geschleuderte Anklage. Sein Zeugnis wurde als das eines Mannes, vor dem Philipp keine Geheimnisse gehabt, den er sogar zum Mitschuldigen seiner Verbrechen gemacht habe, bis er aus Furcht vor Enthüllungen anfing, ihn zu verfolgen, als entscheidend gewertet. Hinzu kam, daß der Ton der Schriften des Pérez in hohem Maße überzeugend war. Philipp habe das von den Inquisitoren gefällte Todesurteil gegen seinen Sohn unterzeichnet, aber „Gott allein weiß, welche Gewalt er sich antun mußte, und welche Seelenqual er ausstand, um die unsichtbaren Bande väterlicher Liebe zu zerreißen. Trotz allem war er doch der Vater, und man mußte fühlen, wie er mit dem Verdammungsurteil seines Sohnes sich selbst verdammte." Nach Pérez hatte

Philipp den sinnigen Gedanken, vor Vollstreckung des Inquisitionsurteils Don Carlos einige Bilder vorzulegen, auf denen verschiedene Todesarten dargestellt waren, „damit er die angenehmste auswählen könne“. Niemand wird die groteske Unwahrscheinlichkeit dieser Erfindung leugnen können. Im weiteren Verlauf seiner Erzählung beschreibt Pérez die Vollstreckung des Todesurteils wie folgt: „Eines Morgens traten vier Häscher in sein Zimmer und weckten ihn, nur um ihn in einen ewigen Schlaf zu versenken. Nachdem er auf diese Weise erfahren, daß seine letzte Stunde geschlagen hatte, wurden ihm einige Minuten gewährt, damit er seine Seele Gott befehlen könne. Er fuhr jäh in die Höhe und flüchtete sich in eine Ecke seines Bettes; zwei der Häscher packten ihn an den Armen, ein andrer an den Füßen, ein vierter schnürte ihm die Kehle mit einer seidenen Schnur zu und erwürgte ihn langsam.“ Die Beschreibung aller Einzelheiten ist so genau, daß man auf den Gedanken kommen könnte, Pérez sei bei dem grausigen Werk, das er beschreibt, zugegen gewesen: aber er selbst zerstört diese Annahme, wenn er bemerkt, „andre behaupten, daß er (Don Carlos) mit den Füßen im Wasser und mit geöffneten Pulsadern starb“. Das stimmt: und andre sprachen von Vergiftung und wieder andre von Enthauptung. Wer vermag alle Versionen dieser Geschichte zu verzeichnen?

Mme. d'Aulnoy — die Spanien nie gesehen hat, aber trotzdem in einem Reisebuch mit dem Titel „La cour et la ville de Madrid vers la fin du XVIIe siècle“ die närrischsten Legenden, die man ihr zutrug, als unwiderlegbare Wahrheiten aufnimmt — versichert, in der Galerie des Schlosses von Pastrana ein Bild gesehen zu haben, das sie tief erschütterte, und das den sterbenden Don Carlos darstellte. „Er saß in einem Sessel“, schreibt die berühmte Fabulistin, „den Arm auf einen Tisch gestützt, der neben ihm stand, und den Kopf in die Hand gelegt. In der andern Hand hielt er eine Feder, als ob er etwas schreiben wolle. Vor ihm stand ein Gefäß mit einem Rest einer braunen Flüssigkeit, die nach Gift aussah. Etwas im Hintergrund sah man ein Bad bereiten, in welchem man ihm die Adern öffnen sollte. Der Maler hatte in ausgezeichneter Weise den Zustand dargestellt, in dem man sich in einer so verhängnisvollen Lage befindet. Da ich seine Geschichte gelesen hatte und sie mich sehr rührte, schien es mir, als sähe ich ihn wirklich sterben." Es erübrigt sich, zu sagen, daß dieses Bild nie existierte, außer in der Phantasie der zartfühlenden Mme. d'Aulnoy.

Ludwig XIV., der manchmal einen Scherz machte, wenn er jemand auf die Bastille schickte, pflegte zu sagen: „Ich tat es ‚zu seinem Besten', wie Philipp II. sagte, als er seinen Sohn erwürgen ließ". Und der Herzog von Saint-Simon, einer der boshaftesten Geister seiner Zeit, hatte eines Tages, als er während einer Reise in Spanien den Escorial aufsuchte, eine lange Unterredung mit einem Mönch, der behauptete, Don Carlos sei eines ganz natürlichen Todes gestorben. Saint-Simon aber war der Meinung, Philipp II. habe seinen Sohn enthaupten lassen, und erzählte dem Mönch, Philipp V. habe, kurz nach seiner Ankunft in Spanien, aus Neugierde den Sarg des Don Carlos öffnen lassen und den Toten mit dem Kopf zwischen den Beinen vorgefunden.[92]

Hier muß man erwähnen, daß das Leichenbegängnis für Don Carlos nicht in aller Heimlichkeit, sondern mit dem ganzen Pomp und nach der strengen Etikette des Hofes stattfand. In der Kirche San Domingo, wo das Totenamt abgehalten wurde, öffnete man den Sarg, damit die Würdenträger des Reiches die Anerkennung der Echtheit des Leichnams vollzögen. Der französische Gesandte sah das gelbe Gesicht Don Carlos', das nur noch Haut und Knochen war.[93] Als 1573 die irdische Hülle des Prinzen nach dem Escorial überführt wurde, öffnete man noch einmal den Sarg, um die Identität des darin liegenden Leichnams zweimal festzustellen: das erste Mal beim Aufbruch aus der Kirche

San Domingo durch den Bischof von Zamora und einige Edelleute; das zweite Mal bei der Ankunft, durch die Mönche des Klosters. Unmöglich, daß bei dieser Gelegenheit niemand bemerkt hätte, daß der Kopf vom Rumpfe abgetrennt war!

Doch nicht auf die Sinnlosigkeit und offenkundige Zusammenhangslosigkeit dieser einzelnen Tatsachen (und vieler andrer, die der Kürze halber hier nicht dargelegt werden) stützt sich die Überzeugung von der Unschuld Philipps an dem Tode seines Sohnes, sondern auf viel tiefer liegende Gründe. Es ist belanglos, wenn einige darunter den Verleumdern Philipps ungenügend und willkürlich erscheinen (sowie all denen, die gewohnt sind, in ihm noch immer den traditionellen „demonio del mediodía“ [94] zu sehen), nur weil sie grade in jener Gerechtigkeitsliebe wurzeln, die ein grundlegender Charakterzug des Königs war.

Warum sollte Philipp Don Carlos ermordet haben? Er wußte, daß es sich um einen Unzurechnungsfähigen handelte. Es steht außer allem Zweifel, daß, hätte es sich um einen Schuldigen gehandelt, dem man mit allem Recht die volle Verantwortung für seine Handlungen aufbürden konnte, ihn nichts hätte hindern können, ihn exemplarisch zu bestrafen. Die Blutsbande wären kein Hindernis gewesen, sondern eher ein Grund, noch strenger und gradliniger in der Anwendung des Gesetzes zu verfahren. Aber Don Carlos war nur ein armer gefährlicher Schwachsinniger, mit dem man so verfahren mußte, daß er weder dem Staat noch der Monarchie schaden konnte; die Haft war für den Augenblick mehr als genügend für diesen Zweck. Als Gefangener konnte er nicht die Taten jener Thronerben wiederholen, die mit einem Aufstand gegen die königliche und väterliche Gewalt in früheren Zeiten das Reich gestürzt und den Bürgerkrieg heraufbeschworen hatten. Philipp hatte ja selbst einmal gefürchtet, es könne eine Volkserhebung zugunsten des Prinzen ausbrechen, aber diese Befürchtungen waren gleich angesichts der unterwürfigen Haltung der Spanier geschwunden. Warum also sollte Philipp Don Carlos getötet haben?

Man weiß, daß gleichlaufend mit der Legende, die den spanischen König zum Henker seines Sohnes macht, eine andre besteht: die Liebe des Don Carlos zu seiner Stiefmutter Elisabeth. Das bedeutet, daß Philipps Feinde selbst den schwachen Punkt der schrecklichen Anklage fühlten, die sie gegen ihn schleuderten.

Ein andrer Gesichtspunkt ist auch der: Warum hätte Philipp nach der Verhaftung des Sohnes in der Nacht zwischen dem 18. und 19. Januar noch sechs Monate gewartet, um sich seiner zu entledigen? Warum hätte er nach einem Zeitraum von sechs Monaten noch einmal die Aufmerksamkeit Europas auf den Gefangenen gelenkt? Um den Tod rechtfertigen zu können, indem vorher beunruhigende Nachrichten über seine Gesundheit verbreitet wurden, wird man sagen. Aber war das unumgänglich nötig? Gab es nicht ebenso stichhaltige Gründe, einen unmittelbar auf die Verhaftung folgenden Tod zu rechtfertigen?

Im Augenblick seiner Gefangennahme hatte Don Carlos versucht, sich zu töten: konnte man nicht geschickt das Gerücht über einen zweiten gelungenen Selbstmordversuch verbreiten? Im Gegenteil: in der ersten Woche des März stellt Philipp ein in allen Einzelheiten genaues Reglement für die Edelleute auf, denen die Obhut des Prinzen anvertraut ist, und gibt somit dieser Haft den Charakter eines Dauerzustandes. Man könnte nun behaupten, daß Philipp es nie fertiggebracht hätte, den Sohn zu beseitigen, ohne ihn der Tröstungen der Religion teilhaftig werden zu lassen, da ihm ja im allgemeinen die Seelen mehr am Herzen lagen als die Körper. Man weiß auch, daß Don Carlos schon einige Zeit vor seiner Verhaftung seine Christenpflichten vernachlässigt hatte. Auch in der ersten Zeit seiner Haft wollte er weder beichten noch kommunizieren. Der Einwand hat also eine gewisse Berechtigung. Aber an Ostern schmolz der Widerstand des Infanten: er beichtete und kommunizierte sehr andächtig und war also, nach dem hier erörterten Einwurf, reif zu sterben. Trotzdem starb er erst drei Monate später, am 24. Juli 1568.[95]

Man darf aber nicht vergessen, daß, nach Pérez, der Tod des Prinzen erst auf Grund des Urteils der Inquisitoren beschlossen wurde. Dies würde die Verzögerung erklären, wenn auch sechs Monate etwas lang für die Erledigung eines Prozesses gleich diesem hier erscheinen könnten. Das Unglück will nun, daß, wie schon bewiesen, gar kein Prozeß gegen Don Carlos angestrengt wurde, sondern nur eine Untersuchung, die in den Händen von Kardinal Espinosa, Ruy Gómez und des Rechtsgelehrten Bribiesca lag; da also kein Prozeß stattfand, gab es logischerweise auch keinen Urteilsspruch.[96]

Zwischen dem 19. Januar und dem 24. Juli geschieht nichts, was ein Todesurteil und eine heimliche Vollstreckung rechtfertigte. Im Gegenteil: die Entwicklung der Dinge könnte zur Milde und zu der Überzeugung führen, daß es unnötig sei, dem Drama des Thronerben einen tragischen Schluß anzuhängen, wenn man nicht schon das Ende vorausfühlt, das sich verhängnisvoll näherte. Tatsächlich erlitt die schwankende Gesundheit des Prinzen durch die Haft den entscheidenden Stoß.

Die Schlußfolgerung all des Gesagten ist also, daß Philipp, hätte er den Tod seines Sohnes sechs Monate hinausgezögert und dann beschlossen, ihn ohne überzeugenden Grund töten zu lassen, keine abscheulichere, aber auch keine zwecklosere Tat hätte begehen können.

VII.

In der ersten Zeit seiner Haft überließ sich Don Carlos einer blinden Verzweiflung: der Gedanke, daß er Selbstmord begehen könne, war ein so naheliegender, daß Philipp die Bewachung des Prinzen strenger handhabte. Don Carlos' Wohnräume lagen im Zwischenstock des alten königlichen Palastes, der bei einer Feuersbrunst in der Weihnachtsnacht

1734 zerstört wurde. Der letzte dieser Räume gehörte zu einem Turm und war, wie Nobili schreibt (der sicher Gelegenheit hatte, ihn zu sehen), „ein sehr heller Raum mit einem vergitterten Fenster“. Hierhin wurde der Prinz verbannt; das Zimmer vor dem Turmzimmer wurde als Hauskapelle eingerichtet. Die Tür zwischen beiden Zimmern war immer verschlossen; aber in der Zwischenwand war eine große Öffnung mit einem Holzgitter angebracht. Der Prinz, dem verboten war, die Schwelle des Zimmers zu übertreten, konnte durch dieses Gitter die Messe hören, die in der Kapelle für ihn gelesen wurde.

Diese ersten Anordnungen wurden am 25. Januar ausgegeben. An Stelle des Herzogs von Feria, dem der Gefangene im ersten Augenblick anvertraut wurde, hatte nun Ruy Gómez den Überwachungsdienst und mußte im königlichen Palast wohnen; Philipp wies ihm die Gemächer Don Carlos' mit Ausnahme der beiden oben erwähnten Zimmer an. Die ganze Hofhaltung des Prinzen wurde geändert: vielleicht fürchtete der König irgendeine Nachgiebigkeit von seiten der Edelleute, die so lange im Dienst des Infanten gestanden hatten. Ruy Gómez unterstanden sechs Edelleute als Helfer, von denen sich zwei Tag und Nacht abwechselnd im Zimmer des Häftlings aufhalten mußten, ohne ihn aus den Augen zu lassen. Alle diese Edelleute durften aus Schonung in Gegenwart des Infanten keinen Degen tragen. Nach einem Ausdruck von Fourquevaulx wurde der Prinz „servi et traité en prince de bonne maison“, aber andrerseits so streng bewacht, daß er auf keine Weise jemandem etwas antun oder aus Spanien entfliehen konnte, „ainsi qu'il en avoit délibéré“.[97] Die wachhabenden Edelleute durften sich mit dem Gefangenen unterhalten, aber ohne sich auf seine gegenwärtige Lage zu beziehen. Außer ihnen durfte niemand das Turmzimmer betreten. Ein „montero“[98] brachte die Speisen für den Prinzen in die Kapelle, wo sie von einem der wachhabenden Edelleute abgeholt wurden. Das ganze Essen wurde in kleine Stückchen zerschnitten aufgetragen, weil es Don Carlos durchaus verboten war, ein Messer zu gebrauchen.

In der letzten Zeit seiner Freiheit hatte sich der Prinz sehr an Don Rodrigo de Mendoza, einen schon erwähnten jungen Edelmann, angeschlossen, der noch nicht lange in seinen Diensten stand. Als er erfuhr, daß auch Don Rodrigo entlassen sei, umarmte er ihn schluchzend. „Don Rodrigo", rief er, „ich kann Euch nicht sagen, wie schmerzlich es mir ist, Euch nicht genügende Beweise meiner Zuneigung gegeben zu haben, die ich für Euch empfinde und immer empfinden werde. Gebe Gott, daß es mir eines Tages vergönnt sei, diese Unterlassung wieder gutzumachen." Don Rodrigo mußte sich mit sanfter Gewalt aus seiner Umarmung lösen.

Don Carlos hatte den Gedanken eines Selbstmordes nicht aufgegeben. Jeden Tag, schrieb Fourquevaulx[99], hört man von irgendeiner neuen Verrücktheit; zum Beispiel: „da er gehört hatte, daß ein eingeführter Diamant einen Menschen töte, verschluckte er einen aus dem Ring, den er an der Hand trug; weil er aber ein harter Gegenstand und nicht pulverisiert war, kam er nach einigen Tagen zum Vorschein, ohne ihm im geringsten geschadet zu haben."[100] Ende Februar begann der Gefangene, die Nahrungsaufnahme zu verweigern; alle glaubten, er lege es darauf an, an Entkräftung zu sterben; aber Philipp maß der Sache keine weitere Bedeutung bei.[101] Das Fasten des Prinzen dauerte drei Tage; dann siegte die Natur und er begann wieder zu essen.

In der Nacht vorher hatte ihn der König besucht, den der Bericht über die Schwächezustände des Sohnes doch beunruhigt hatte. Dieser nächtliche Besuch ist angezweifelt worden, da die Gesandten, besonders Fourquevaulx und Nobili, ihn zwar zuerst als sichere Tatsache ihren Regierungen gemeldet, dann aber erklärt hatten, sie könnten für die Zuverlässigkeit der Nachricht nicht bürgen. „Früher einmal schrieb ich Eurer Exzellenz", bemerkt Nobili in einem Brief an Cosimo de Medici, „daß Seine Majestät bei ihm (Don Carlos) gewesen sei; ich hatte es von einem glaubwürdigen Manne, aber seitdem ist mir keine Bestätigung geworden, so daß ich die Nachricht nicht als sicher nachweisen könnte“. Der französische Gesandte dagegen schreibt, daß Philipp in jener fraglichen Nacht nicht über das Zimmer hinausging (wahrscheinlich die Kapelle), aus dem er den Prinzen deutlich sehen und hören konnte. Diese Vorbehalte machen den Vertretern von Florenz und Frankreich alle Ehre und legen Zeugnis ab für eine große Gewissenhaftigkeit als Berichterstatter, die nur den historischen Wert ihrer Berichte erhöht, beweisen aber doch nicht genügend, daß Philipps Besuch bei seinem Sohn nicht stattfand; um so mehr, als Cabrera sich in diesem Falle ganz deutlich ausdrückt. „Desanimado (Don Carlos)“, schreibt er, „como dexado de la esperanza de libertad, estuvo tres días tan sin comer, con profunda melancolía, que ya casi le tenía la mitad de la muerte, quando le visitó y confortó el rey.“[102]

In den ersten Tagen des März übergab also Philipp allen mit der Überwachung des Prinzen betrauten Personen ein Reglement, nach dem sie sich genau zu verhalten hatten. Nachdem der Notar Hoyos das lange Dokument verlesen hatte, schworen Ruy Gómez, die andern Edelleute und die „monteros“, sich pünktlich an die Vorschriften zu halten. In Wirklichkeit bestätigte das Dokument nur eine schon vorhandene Sachlage, und es ist daher nicht nötig, noch einmal darauf zurückzukommen.

Mit dem Prinzen war inzwischen eine Veränderung vorgegangen: eine große Ruhe war auf die Verzweiflung der ersten Tage gefolgt. Er verlangte zu beichten, und man ließ einen Beichtvater, Pater Diego de Chaves, schleunigst herbeirufen, der sehr erbaut von der Verfassung seines Beichtkindes war. Der König, den Don Carlos bitten ließ, ihm seine vergangenen Fehler zu verzeihen, ließ ihm antworten, er verzeihe ihm aus ganzem Herzen und sei geneigt, ihm, falls es sein Wunsch sei, ein andres Zimmer zu überlassen, in dem er sich mit größerer Freiheit bewegen könne. Don Carlos' Antwort beweist, wie sein alter Stolz noch nicht gebrochen war: er ließ dem Vater sagen, daß ihm als Gefangenen das Zimmer, in dem er sich befände, groß genug sei; daß ihm aber, sobald er frei wäre, alle Reiche Seiner Majestät zu klein erscheinen würden. Da Ostern nahe war, nahm er, vielleicht aus Berechnung, seine frühere Haltung völliger Demut wieder an und verlangte, zu kommunizieren.

Man stand nun vor einem sehr ernsten Problem: Durfte ein anerkannter Narr die Kommunion empfangen? Die Sache wurde weitläufig von den Theologen erörtert, die schließlich (nach Fourquevaulx) erklärten, „daß geistig zerrütteten Personen, welche vorübergehend wieder Urteil und Vernunfterkenntnis zeigen, das Heilige Sakrament in einem derartig lichten Augenblick gereicht werden darf".[103] Philipp war sehr froh über diese Lösung, da sie ihm erlaubte, der Welt zu beweisen, daß Don Carlos, entgegen allen von den Protestanten ausgestreuten Gerüchten, kein Ketzer sei. In diesem Sinne schrieb er auch am 19. Mai an die Kaiserin, um ihr allerdings auch verständlich zu machen, daß die Tatsache, daß Don Carlos Zulassung zu den Sakramenten erhielt, nicht zu viele Hoffnungen in betreff seiner Gemütsverfassung aufkommen ließe (dies ist das erste Mal, daß Philipp auf den Wahnsinn Don Carlos' anspielt, wenn er ihn auch nicht beim Namen nennt).

„Wenn nun jemand", schrieb er, „daraus den Schluß ziehen wollte, daß kein irgendwie gearteter Mangel an Vernunft beim Prinzen vorläge . . . wollte ich Eurer Hoheit zu wissen tun . . . wie bei dieser Art von Dingen alles vom Augenblick abhängt. Es gibt wirklich Augenblicke, in denen der Geist sich einer größeren Klarheit zu erfreuen scheint als in andern; doch muß bei diesen Unvollkommenheiten unterschieden werden, ob es sich um die Regierung und die öffentlichen Angelegenheiten handele oder um persönliche Handlungen und Dinge des Privatlebens: da es wohl möglich ist, daß ein solcher zwar unfähig für die ersteren sei, sich aber leidlich und erträglich bei den letzteren benähme."

Während sich die Theologen über seinen Fall aussprachen, bat Don Carlos seinen Beichtvater unaufhörlich, ihm die Zulassung zum Heiligen Sakrament zu gewähren. Als er das Osterfest verstreichen sah, ohne daß sein Wunsch Gehör fand, wurde ihm klar, daß irgendein Grund vorliegen müsse, weshalb ihm das Sakrament verweigert wurde, und eine tiefe Niedergeschlagenheit bemächtigte sich seiner. Pater Diego suchte ihn zu trösten und zur Geduld zu vermahnen, indem er die Verzögerung auf das Fehlen einiger nötiger Gegenstände zum Schmuck der Hauskapelle schob. Worauf Don Carlos antwortete, daß, wenn kein andrer Grund vorliege, er gern ohne jeglichen Prunk, wie ein gewöhnlicher Sterblicher, als Christ kommunizieren wolle. Inzwischen war die Entscheidung der Theologen gefallen, die nun aus dem Escorial, wohin sie der König berufen hatte, die Ermächtigung für den Prinzen, die Hostie zu empfangen, sandten.

Pater Diego las die Messe in der Hauskapelle, und Don Carlos wohnte ihr bei, kniend, hinter dem Holzgitter. Als der Augenblick der Kommunion kam, wollte der Priester Don Carlos veranlassen, in die Kapelle einzutreten; aber dieser weigerte sich mit der Begründung, er wolle ohne die Erlaubnis seines Vaters nicht die Schwelle seines Zimmers überschreiten. Nach dieser von Demut durchdrungenen Erklärung wurde ihm die Hostie durch das Gitter gereicht. Philipp war hocherfreut über die bei dieser Gelegenheit bewiesene Unterwerfung seines Sohnes. Der Prinz schien auch wirklich ganz verändert: Fourquevaulx nannte ihn „sanft und menschlich geworden gegen seine Gewohnheit", und der Erzbischof von Rossano versicherte, er sei jetzt „in dem Zustand, daß er seine Haft in Geduld hinnehme". Es gab schon Stimmen, die meinten, die Strafe habe jetzt lange genug gedauert, und Philipp könne ihm in Anbetracht seiner Unterwerfung verzeihen. Aber Philipp kannte seinen Sohn und änderte nicht ein Tüpfelchen an den gegebenen Befehlen.

Die Folge war, daß Don Carlos, der wahrscheinlich so viel Demut nur gezeigt hatte, um den unbarmherzigen väterlichen Willen zu erweichen, und durch eine häufig bei Schwachsinnigen beobachtete Taktik auf jede Weise versuchte, den Glauben zu erwecken, er sei wieder bei Verstand, von neuem Wutanfälle bekam und auf Selbstmordgedanken verfiel. Diese letzte Phase seines Lebens kennzeichnete der Erzbischof von Rossano Giovanni Battista Castagna: „Er führte das Leben eines Rasenden.“[104] Da seine Versuche, durch Verschlucken eines Diamanten oder durch Fasten sich zu töten, nicht gelungen waren, „kam ihm der Einfall, sich durch unmäßiges Essen zugrunde zu richten ... ein leichterer und ihm gemäßerer Weg, zu dem er von Natur aus Neigung hatte.“[105] Der Gefräßigkeit des Prinzen wurde schon früher Erwähnung getan; er hatte sie zweifellos von seinem Großvater Karl V. geerbt. In den letzten Monaten seines Lebens gab er sich dieser unheilvollen Neigung ohne Maß und Ziel hin und vertauschte mehr oder weniger lange Fastenperioden mit wahren pantagruelischen Schlemmereien. Natürlich stellte sich bei ungünstiger Jahreszeit auch das Fieber wieder ein.

Der Sommer war schnell gekommen. In der Enge des Turmzimmers litt Don Carlos unter der Gluthitze. Die Zimmer eines Zwischenstocks sind für gewöhnlich heiß und schlecht zu lüften. Der Prinz hatte die Gewohnheit, den Fußboden gründlich besprengen zu lassen und mit nackten Füßen darauf herumzugehen; nachts legte er sich unbedeckt bei offnem Fenster auf sein Lager, nachdem er sich das Bett mit einer mit Eis gefüllten Pfanne hatte kühlen lassen. Er aß auch große Mengen rohes Obst und trank, auf leeren Magen, und auch nach seinen reichlichen Mahlzeiten, eisgekühltes Wasser.

Gachard glaubt nicht, daß diese Maßlosigkeit im Essen zum Tode des Prinzen beigetragen habe; auch findet er diese Einzelheiten, die in den Briefen der Gesandten erwähnt werden, zweifelhaft und wenig glaubwürdig, da sie ebenfalls in der offiziellen Relation über den Tod des Prinzen, die von der Kanzlei Philipps II. ausgegeben wurde, vorkommen, einem Bericht, den niemand, schreibt er, geneigt sein wird, als Ausdruck der reinsten Wahrheit anzunehmen. Gachard vergißt einen Augenblick, daß Don Carlos von Natur schwach und kränklich war. Eine Lebensführung wie die der letzten Monate seines Lebens, noch verschlimmert durch den Mangel an körperlicher Bewegung, wäre auch für einen gesunden und kräftigen Menschen verhängnisvoll geworden.

Es gilt noch eine andre Frage zu prüfen: war Philipp etwa schuld an den Ausschweifungen seines Sohnes und in welchem Maße? Wer, fragt noch einmal Gachard, wenn nicht Ruy Gómez, die „höllische Seele" Philipps, wachte über alle Einzelheiten des „Regimes", dem Karls V. Enkel „unterworfen" war? Lassen wir den melodramatischen Ton der Frage beiseite — der bei dem belgischen Historiker außerdem ganz ungewöhnlich ist —, um festzustellen, daß Don Carlos nicht einem Regime unterworfen war, das ihm verhängnisvoll wurde, sondern daß es ein selbstgewähltes war und nicht sehr verschieden von dem, das er in den Zeiten seiner Freiheit befolgt hatte. Philipp hätte wohl Anordnungen zu seiner Mäßigung treffen können, tat es aber aus zweierlei Gründen nicht, die einleuchtend sind: erstens behauptete die berüchtigte spanische ärztliche Wissenschaft, nach dem, was de Moüy sagt, daß es für die galligen und zu Fieber neigenden Naturen nichts Besseres und Heilsameres gäbe, als mit Eis vermischtes Wasser zu trinken. Außerdem war zu jener Zeit der Gebrauch des Eises zur Kühlung der Betten in der guten spanischen Gesellschaft allgemein üblich.[106] Der zweite Grund ist in dem Brief enthalten, den Philipps Kanzlei nach dem Tode des Thronerben an die spanischen Gesandten richtete.[107] „Es könnte scheinen", heißt es in diesem Briefe, „als hätte man den Ausschweifungen des Prinzen abhelfen können, indem man zuerst einen Versuch machte, ihn mit Bitten zu überreden, sie zu lassen, und ihm dann die Mittel entzogen hätte, sie zu begehen. Aber ... alle, die den Charakter und die Natur Seiner Hoheit kannten, und besonders die, welche näher mit ihm umgingen, urteilen anders darüber: denn es ist sicher, wäre man so mit dem Prinzen verfahren, so würde er sich andern Dingen zugewendet haben, die noch verhängnisvoller für sein Leben, und, was noch schlimmer, für seine Seele gewesen wären."

Am 15. Juli nahm der Prinz nach einer seiner gewöhnlichen Fastenperioden, die diesmal, nach Nobili,[108] drei Tage gedauert hatte, eine reichliche Mahlzeit zu sich. Als er schon mehr als gesättigt sein mußte, wurde ihm eine Pastete aus vier Rebhühnern gebracht, die er verschlang, ohne auch nur die Kruste übrig zu lassen. Die Pastete war stark gewürzt, weshalb Don Carlos nach der Mahlzeit mehrmals hintereinander große Mengen Eiswasser hinunterstürzte („dreihundert Unzen frisches Wasser" berichtet Nobili). In der Nacht fühlte sich der Prinz sehr schlecht. Der sofort herbeigerufene Doktor Olivares erklärte, es handle sich um eine starke Verdauungsstörung, und verschrieb eine Kur, der sich Don Carlos nicht unterziehen wollte. Das Übel verschlimmerte sich blitzschnell; ein heftiger Brechdurchfall zerrüttete den ohnehin schon geschwächten Körper des Prinzen. Im Laufe von vier Tagen trat klar zutage, daß er nicht wieder aufstehen würde.

Nun senkte sich ein großer Friede über ihn. Alles Trübe, was diese unruhige und geheimnisvolle Seele verdüsterte, schien in den Grund hinabzusinken und die Seele klar und durchsichtig hervortreten zu lassen. Nach den Worten des venezianischen Gesandten war es, „als ob jene Erkenntnis, die ihm im Leben gemangelt hatte, ihm in reichlichem Maße von Gott dem Herrn am Ende seines Lebens geschenkt würde".[109] Er fühlte sicher, daß sein Problem endlich die einzig mögliche Lösung gefunden hatte. Der Knoten, aus dem er sich mit wahnsinnigem Umsichschlagen vergebens zu befreien suchte, löste sich jetzt in der einfachsten Weise. Pater Diego de Chaves nahm ihm zum letzten Male die

Beichte ab. Das Erbrechen dauerte an, weshalb es nicht möglich war, seinen Bitten um Empfang der Kommunion zu willfahren; er mußte sich damit begnügen, das Allerheiligste Sakrament anzubeten, und tat es „in großer Demut und mit allen Zeichen der Zerknirschung“.[110]

Am 22. setzte der Prinz seinen letzten Willen auf, den er Martín de Gaztelú diktierte, welcher zehn Jahre früher das Testament Karls V. im Kloster von Yuste aufgezeichnet hatte. Dann verlangte er, seinen Vater zu sehen; aber Philipp erfüllte nicht diesen letzten Wunsch des sterbenden Sohnes, den er wie einen verdorrten Zweig von sich abgesägt hatte. Cabrera versichert, daß er dennoch später einen Augenblick benutzte, als der Prinz schlummerte oder bewußtlos war, sein Zimmer betrat und ihn segnete. Aber dieser Aussage wird von allen Gesandten widersprochen. Der Erzbischof von Rossano versuchte, Philipp zu entschuldigen mit der Begründung, er habe befürchtet, durch sein Erscheinen den Sohn zu beunruhigen, der schon ganz von Todesgedanken umfangen war, mit „einer solchen Nichtachtung der irdischen Dinge, daß es wirklich schien, als habe Gott der Herr ihm die Vereinigung aller Gnaden für diesen Augenblick aufbewahrt“.[111]

Als die Ärzte am 20. Juli die Erklärung abgegeben hatten, daß der Zustand des Kranken keine Hoffnung mehr zuließe, äußerte der Prinz den ausdrücklichen Wunsch, am Vorabend des Tages zu sterben, welcher Santiago de Compostela gewidmet war, den er immer besonders verehrt hatte. Das Fest dieses Heiligen fiel auf den 25. Juli. „Noch vier Tage des Leidens!“ soll Don Carlos ausgerufen haben. In diesen vier Tagen schien der Prinz, bei zunehmendem Schwinden der Kräfte, nur durch eine äußerste Willensanspannung zu leben. In der Nacht vom 22. auf den 23. schien die Katastrophe nahe: eine Ohnmacht folgte der andern. In den klaren Augenblicken betete Don Carlos zum Kreuz. Aber auch diese kurze Sommernacht verging, und bei Morgengrauen lebte der Prinz noch immer. Er bereitete sich auf die große Reise, die die letzte seines Lebens sein sollte, vor wie ein müder Wanderer, der die verlassene Ebene vor sich liegen sieht, die er durchschreiten muß, um ans Ziel zu gelangen, voller Furcht, auf der Hälfte des Weges zusammenzubrechen, um nicht wieder aufzustehen. Gegen Abend hielten die Ohnmachtsanfälle des Prinzen immer länger an. Jedesmal beugte sich Pater Diego über ihn, und jedesmal murmelte Don Carlos, der wie durch ein Wunder wieder an die Oberfläche des Lebens auftauchte: „Noch nicht!“ Auch er wußte wie sein Großvater um die ihm bestimmte Stunde. „Noch nicht!“ Das Schweigen um Don Carlos wurde nur mehr durch diese beiden Worte unterbrochen. Worte, die ein Gebet und zugleich ein Befehl waren. „Noch nicht!“ Nichts weiter.

Bei Sonnenuntergang rührte sich der Prinz nicht mehr. Sein abgemagerter Körper zeichnete sich kaum unter den Decken ab. Wieder vergingen lange martervolle Stunden. Plötzlich öffnete Don Carlos die Augen und fragte nach der Zeit. Zehn Uhr. Er bewegte sich etwas: vielleicht zweifelte er einen Augenblick, es noch zwei Stunden aushalten zu können. Er sammelte sich in der Anbetung des Kreuzes, das Pater Diego ihm hinhielt; ganz allmählich schien er einzuschlummern. Dann öffnete er plötzlich von neuem die Augen. „Wie weit ist es?“

Mitternacht war grade vorüber. Da traten auf die Lippen des Sterbenden die Worte Karls V.: „Es ist Zeit! Vater, steh mir bei!“

Von Pater Diego unterstützt, richtete sich der Prinz zum Sitzen auf. Man gab ihm eine geweihte Kerze in die eine Hand; mit der andern schlug er sich matt auf die Brust und murmelte: „Deus propitius esto mihi peccatori.“[112]

Kniend beteten die Anwesenden. Es war ein Uhr morgens. Der Prinz hatte noch die Kraft, zu bitten, daß man ihm die Franziskanerkutte reiche, in der er begraben zu werden wünschte. Nachdem er dann die Anwesenden geheißen hatte, für ihn zu beten, neigte er ruhig das Haupt und entglitt in die Welt der Schatten.

Anmerkungen

1. Kapitel

[1] „Er hat Kinnladen wie eine Zange, eine hängende Unterlippe und scheint krank zu sein.“

[2] „Kriege mögen andere führen! du, glückliches Österreich, heirate! denn dir mehrt die Herrschaft Venus, die andern Mars!“

[3] Opus Epistolarum Petri Martiris Anglerii — 1530.

[4] „ein wohlgestalteter, schöner, eleganter Jüngling.“

[5] „wie ich sie niemals geduldet hätte, hätte ich nicht ihren Geisteszustand erkannt.“

[6] „Das Antlitz der Erde ist einer wunderbaren, bis jetzt unerhörten Zierde beraubt.“

[7] G. A. Bergenroth: Calendar of letters, 1862, — L. P. Gachard: Collection des voyages des souverains des Pays Bas. — Brüssel 1874—1882.

[8] Colección de documentos inéditos para la historia de España. Madrid, 1842—95. 112 Bde.

[9] Die heutige Wissenschaft würde vielleicht an Johanna von Kastilien die Symptome chronischer Paranoia erkennen. „Die Paranoia“ — schreibt Siemerling in seinem Lehrbuch der Psychiatrie — „ist eine Erkrankung deutlich degenerativen Ursprungs. Bei dem größeren Teil der Fälle kann man das Vorliegen einer besonderen psychopathischen Konstitution nachweisen, die auf einer Erbmasse entsteht . . . sehr oft hat die Paranoia ihren Ursprung in einem Konflikt.“ Pfandl, der sich auf die Arbeiten von Emil Kraepelin und Eugen Bleuler stützt, glaubt in Johanna „alle Merkmale der dementia praecox oder Schizophrenie“ zu erkennen; d. h. der jugendlichen Verblödung oder des Spaltungsirreseins. Doch sind die vorliegenden Indikationen nicht derart, daß man die Königin endgültig in die eine oder andere Kategorie der modernen Psychiatrie einreihen könnte.

[10] Prudencio de Sandoval: Historia de la vida y hechos del emperador Carlos V — Pamplona 1614.

[11] „den größten Fürsten der Christenheit und denjenigen, den ich immer für den Herrscher der Welt gehalten habe und noch halte“.

[12] „Es ist Zeit!“

[13] F. A. Mignet: Charles-Quint, son abdication et sa mort au monastère de Yuste — Paris 1845.

[14] „der ihm sehr gut stand und Seiner Hoheit etwas Fremdartiges verlieh.“

[15] „daß er nichts weiter tat, als auf dem Thron dahinzusterben, während auch die Monarchie im Sterben lag.“

2. Kapitel

[16] Luthers Werke. Kritische Gesamtausgabe. Weimar 1912. Tischreden Bd. 1. 679,5 — andre Argumente 3.

[17] Miguel de Unamuno: Del sentimiento trágico de la vida — Madrid 1913.

[18] „tapfer und völlig wie Fürsten, tragen sie den Degen, den Schnurrbart aufgezwirbelt, die Arme in die Seiten gestemmt."

[19] „der spanische Dünkel war es, der durchaus herausforderte."

[20] M. A. S. Hume: The spanish people: their origin, growth and influence — London 1901.

[21] R. Blanco-Fombona: El conquistador español del siglo XVI.

[22] „ein Feind des Amadis von Gallien und des ganzen unendlichen Schwarms von Leuten seiner Sippschaft."

[23] „das Almosen für den König" — hidalgo: Edelmann — labriego: Bauersmann.

[24] Die mozarabische Liturgie ist der letzte Rest der im 6. Jahrhundert bezeugten altspanischen Liturgie. Der nationale spanische Ritus wurde im 11. Jahrhundert von den Päpsten und den Königen von Kastilien und Aragón zugunsten der römischen Liturgie unterdrückt und erhielt sich nur bei den unter maurischer Herrschaft lebenden Spaniern, die man Mozaraber nannte. Im Mittelalter wurde die mozarabische Liturgie vom Ritter Juan Ruiz in einem Turnier gegen einen andern Ritter, der für die römische Liturgie stritt, verteidigt; aber dieses „Gottesurteil" schien noch nicht zu genügen, weil beide Liturgiebücher in die Flammen eines Scheiterhaufens geworfen wurden: nach der Überlieferung blieb das mozarabische Missale unversehrt, während das römische zu Asche verbrannte.

[25] Einer der gewissenhaftesten Historiker der spanischen Habsburger, Antonio Cánovas del Castillo, schreibt: „Karl V. verpflichtete seine Nation und seine Familie zu einem Zweikampf auf Leben und Tod mit dem Protestantismus, den er gleich einer korsischen Blutrache Philipp II. als Erbe hinterließ."

[26] „Kein König kann mit beschränkter Macht seine Untertanen regieren."

[27] „Es ist nicht möglich zu regieren, ohne die Gesetze zu beobachten" . . . „eines ist, daß es dem Fürsten zukommt, gerecht zu befehlen, zu erklären und im Interesse seiner Untertanen zu entscheiden; ein andres, daß die Untertanen Gehorsam schulden und unverbrüchlich leisten müssen . . ." (Parlamentos a les Cortes Catalanes — Barcelona, 1928.)

[28] Angel Ganivet: Idearium español — Granada 1897.

[29] „dem Fürsten den Gehorsam zu verweigern, wenn er die Privilegien seiner Untertanen verletzte.“
[30] „Ich selbst würde Holz herbeitragen, um meinen eigenen Sohn zu verbrennen, wenn er so schlimm wäre wie Ihr.“
[31] Bentivoglio: Guerra di Fiandra — Milano 1856.
[32] „Der Böse Geist des Südens.“
[33] Guidi war der Sekretär von Vincenzo Alamanni, dem Gesandten von Florenz am Hofe von Madrid.
[34] „königliches Arbeitszimmer.“
[35] In der üblichen Literatur wird die Zahl der zum Tode verurteilten Ketzer meist in einer Höhe angegeben, die der historischen Prüfung nicht standhält. — Anmerkung des deutschen Bearbeiters.
[36] „mit außerordentlicher Geschicklichkeit geschrieben.“
[37] „niemand gelang es, den König Philipp von Mazedonien zum Lachen zu bringen; dasselbe kann man von unserm großen Philipp sagen, den niemand je lachen sah.“
[38] „vorsichtig, wenn auch nicht keusch.“
[39] „jedem, der ihn anblickte, Ehrerbietung und Furcht einflößte.“
[40] Diese Aussprüche stammen aus den Relationen von Badoero, Suriano, Tiepolo und Soranzo.
[41] L. P. Gachard: Lettres de Philippe II à ses filles, les infantes Isabelle et Cathérine — Paris 1884.

3. Kapitel

[42] Francisco de Laiglesia: Estudios históricos — Madrid 1908.
[43] S. Bongi: Il Principe Don Carlos e la Regina Isabella de Spagna secondi i documenti di Lucca — Lucca 1887.
[44] „wie in der See ein schwerer Gegenstand“ (Dante: Göttliche Komödie, Paradies III, 123 — Gildemeister).
[45] Es ist vielleicht interessant, hier darauf hinzuweisen, daß in „Histoire de France et des choses mémorables advenues és provincies étrangères“ von Mathieu — 1604 erschienen — erzählt wird, daß Don Carlos wohl zweihundert Ammen nacheinander hatte. Schließlich mußte man ihn durch eine Ziege säugen lassen; aber auch dies arme Tier sei zugrunde gegangen, da es von dem Säugling zerbissen wurde.
[46] Flaminio Strada: De bello belgico — Roma 1633.
[47] „Die Klugen schauten sich an und schwiegen, den Finger an den Mund legend.“
[48] „in allen Zweigen des menschlichen Wissens.“
[49] „an christlichem Sinn, Rechtschaffenheit, Tugend und Verständnis, so sehr man es sich nur wünschen kann.“

[50] „Die Ursache, von der ich denke, daß dies herrührt, werden Sie eines Tages vielleicht von Seiner Hoheit hören."

[51] „die Farbe kleidet ihn nicht gut; doch hat er sie schon immer gehabt, und da kein schlechter Gesundheitszustand vorliegt, besteht kein Grund, dabei zu verweilen."

[52] Valladolid war 1557 noch die Hauptstadt von Kastilien. Erst 1561 verlegte Philipp den Hof nach Madrid. Nach dem Bericht eines zeitgenössischen Chronisten nahm die Stadt sehr bald an Bevölkerung und Glanz zu: die Einwohnerzahl, 1561 wenig mehr als 12000, hat sich unter Philipp vervielfacht! Nach den Beschreibungen einiger italienischer Chronisten muß dieser große Glanz aber sehr bedingt gewesen sein. Man lese zum Beispiel das Sonett von Tassoni: „Ritratto di Madrid".

[53] „die Ketzer unterdrückt und gestraft würden, mit aller Nachdrücklichkeit und Strenge, die ihren Vergehen gebührte."

[54] Gregorio Leti: Vita di Filippo II. 1679 (deutsche Ausgabe: Leipzig 1716).

[55] „mit vornehmer Anmut": Villafane: Vida de Doña Magdalena de Ulloa, von Prescott zitiert.

[56] „um nicht einen Grund zum Unwillen zwischen zwei so großen Fürsten zu legen."

[57] „Seht Ihr mich darauf an, ob ich graue Haare habe?"

[58] „Wunsch, Furcht, Zweifel und schändliche Hoffnung, — entflieht für immer aus meinem Busen! Ungetreue Gattin — Philipps bin ich, Philipps Sohn — wage ich zu lieben, o . . . Aber wer kann ihn sehen, und nicht lieben?"

[59] „die Friedenskönigin."

[60] „gab sie ihren Geist auf."

[61] „schlechte Gesichtsfarbe eines am Quartanfieber Erkrankten."

4. Kapitel

[62] „natürlichen und gewöhnlichen Heilmitteln, mit welchen man andere Krankheiten zu behandeln pflegt, die ebenso oder noch gefährlicher sind."

[63] „gewaltige Dummköpfe."

[64] „einen berühmten und ausgezeichneten Anatomen" — Andreas Vesal, der Begründer der modernen Anatomie, stammte aus Brüssel, war Leibarzt Karls V., später Philipps II.

[66] „kopfleidend."

[67] „so groß war die Schönheit ihrer Erscheinung."

[68] „Meiner Meinung nach ist diese Heirat gemacht, wenn Eure Majestät wünschen, und . . . würde der gerade Weg zur Monarchie sein."

[69] F. A. Mignet: Histoire de Marie Stuart. Lausanne 1852.
[70] Trastamra ist der Grafentitel des späteren Königs Heinrich II. von Kastilien.
[71] „Minderjährigen."
[72] „Die großen und bewunderungswürdigen Reisen König Philipps."
[73] „Reise von Madrid in den Pardo von Segovia, vom Pardo zum Escorial, vom Escorial nach Madrid."
[74] „Kammerdiener" — „Kleider- und Schmuckwart."
[75] „die man nicht erklären kann."

5. Kapitel

[76] und [77] Nach der Übertragung von Arthur Schopenhauer: „Die Zeit und ich nehmen es mit zwei anderen auf."
[78] „denn es schien nichts andres als der letzte Gerichtstag zu sein."
[79] Lorenzo van den Hamen: Don Juan de Austria — Madrid 1627.
[80] „Geld und alles Nötige für die Reise, wenn er sich entschlösse, fortzugehen."
[81] „aus einer sehr großen Täuschung und einem äußerst gefährlichen Irrtum, erfunden und ausgeheckt vom Teufel, zum Zweck, die Größe der Monarchie zu beunruhigen und sogar zu erschüttern" . . . „sein Einverständnis und sein Umgang mit den Prokuratoren" . . . „mit den Prokuratoren sprach, wie man sagt . . ." Diese beiden Briefe haben Anlaß zu zahlreichen Anfechtungen ihrer Daten gegeben: A. Castro, Verfasser einer „Historia de los protestantes españoles", weist dem ersten das Datum: Dezember 1567, dem zweiten: März 1568 zu. De Moüy erkennt diese Datierung an, aber Gachard bestreitet sie. Offenkundig ist die von Gachard vorgeschlagene Datierung am annehmbarsten. Im März 1568 war Don Carlos schon Gefangener und konnte mit niemand in Verbindung treten, geschweige denn einen Brief erhalten. De Moüy nimmt an, daß der zweite Brief von Suárez im Auftrag von Philipp II. geschrieben wurde, als Don Carlos in den ersten Monaten seiner Haft jede Tröstung der Religion zurückwies. Dies zeigt jedoch die Unbegründetheit der Hypothesen: als Don Carlos verhaftet wurde, lief Suárez, dessen Ergebenheit für den Prinzen allgemein bekannt war, Gefahr, von der Inquisition als Ketzer verdächtigt zu werden (was noch einmal beweist, daß ein ähnlicher Verdacht sich gegen den Infanten richtete); seine einzige Rettung war, daß unter den bei Don Carlos beschlagnahmten Papieren diese beiden

Briefe gefunden wurden, welche seinen Glaubenseifer erwiesen. Dies zeigt, daß Philipp von dem Vorhandensein der beiden Briefe nichts wußte.

[82] Hechos de Sancho Dávila. Valladolid, 1713. „die Soldaten konnten Hauptleute sein; die Hauptleute Obristen und die Obristen Generäle.“

6. Kapitel

[83] Die erwähnte Relation, „De la prisión y muerte del Principe don Carlos“, wurde 1841 in „La revista de Madrid“ veröffentlicht und dann von Gachard in der ersten Auflage seines „Don Carlos et Philippe II“ abgedruckt.

[84] „einen Menschen, mit dem er sich schlecht stand.“

[85] Brief des Erzbischofs von Rossano vom 4. Februar 1568.

[86] Brief von Nobili vom 25. Januar 1568.

[87] Am 26. Februar schrieb der florentiner Gesandte an Cosimo de Medici: „Man spricht nicht mehr von der Gefangennahme des Prinzen, als wäre er schon unter den Gestorbenen, zu denen er sich meiner Meinung nach auch zählen kann.“

[88] „. . . aunque para esto avía materia suficiente . . .“ Brief an die Königinmutter von Portugal vom 21. Januar 1568.

[89] Von Cavalli berichtet.

[90] Eine der beachtenswertesten: „Aviso de un italiano plático y familiar de Ruy Gómez.“

[91] Madrid, 1848. Bd. XXVII. — Es handelt sich um die offizielle Relation, die nach dem Tode von Don Carlos von der Kanzlei Philipps ausgegeben wurde.

[92] Saint-Simon: Mémoires — Paris 1927.

[93] Brief vom 26. Juli 1568.

[94] Siehe Anmerkung 32.

[95] Im Jahre 1568 fiel Ostern auf den 18. April.

[96] Was den Anteil der Inquisition an dem angeblichen Prozeß gegen Don Carlos betrifft, so muß man erwähnen, daß er auch von Juan Antonio Llorente in seiner „Historia crítica de la inquisición de España“ geleugnet wird. Anscheinend hatte der Kardinal Espinosa den Vorsitz bei der mit Nachforschungen über Don Carlos betrauten Kommission, aber nicht in seiner Eigenschaft als Großinquisitor, sondern als Mitglied des Staatsrats. Man kann erkennen, daß der Irrtum von Anton Pérez, der die Inquisition mit hineinzieht, wo kein Grund vorliegt, zu sehr den Vorurteilen entsprach, die aus Philipp einen Sukkubus des „Heiligen Offiz“ machten, und beabsichtigt war.

[97] „so wie er es geplant hatte". — Brief vom 26. Januar 1568.
[98] Die „monteros" bildeten — nach Llorente — die Nachtwache des Königs. Das Recht, in diese Miliz einzutreten, besaßen ausschließlich die Bewohner eines Dorfes, das Espinosa de los Monteros hieß.
[99] Brief vom 26. März 1568.
[100] Brief von Sigismondo Cavalli vom 24. Juli 1568.
[101] „. . . und wenn man ihm sagt, daß er (Don Carlos) nicht essen wolle, sagt er (der König) nichts weiter als, er werde schon essen, wenn der Hunger käme." Brief von Sigismondo Cavalli vom 2. März 1568.
[102] „Mutlos, als habe ihn die Hoffnung verlassen, je wieder frei zu werden, verharrte er drei Tage, ohne zu essen, in einer tiefen Schwermut, als ob er schon halb tot wäre, bis ihn der König besuchte und aufrichtete."
[103] Brief vom 8. Mai 1568.
[104] Brief vom 21. Juli 1568.
[105] Brief von Sigismondo Cavalli vom 24. Juli 1568.
[106] Als Beleg dafür zitiert de Moüy zwei in Sevilla 1569 und 1574 erschienene Bücher: „Tractado de la nieve y del uso de ella, por Francisco Franco, médico del rey de Portugal" und „Libro que trata de la nieve y de sus propiedades, del doctor Macardes."
[107] Vom 29. Juli 1568.
[108] Brief vom 30. Juli 1568.
[109] Brief vom 31. Juli 1568.
[110] Brief des Erzbischofs von Rossano vom 27. Juli 1568.
[111] ebenda
[112] „Gott sei mir Sünder gnädig!"

I. Don Carlos, Schiller und die historische Forschung

Alba, J. F. J. Duque de (Hrsg.), Epistolario del III Duque de Alba, Don Fernando Alvárez de Toledo, 3 Bde., Madrid 1952
Arendt, Wilhelm Amadeus, Etude sur la mort de Don Carlos. In: Bulletins de l'Académie Royale de Belgique, Bruxelles 1857, 2 Série Bd. 2, S. 187–219
Bertrand, Louis, Philippe II, Une ténébreuse affaire, Paris 1929
Berwick y Alba, Duquessa de (Hrsg.), Documentos escogidos del archivo de la Casa de Alba, Madrid 1891
Bibl, Victor, Die „Don Carlos"-Frage. In: Mitteilungen des Instituts für österreichische Geschichtsforschung 36 (1915), S. 448–496
ders., „Don Carlos" in Geschichte und Dichtung. In: Zeitschrift für die österreichischen Gymnasien 68 (1917), H. 4–5
ders., Der Tod des Don Carlos, Wien 1918
ders., Das Don-Carlos-Problem im Lichte der neuesten Forschung. In: Historische Blätter, Wien 1 (1922) S. 326–341
Bonfà, Fernando, Il principe Don Carlos e la regina Isabella di Spagna secondo i documenti ruantovani. In: Studi di storia di critica, dedicatia Pio Carlo Falletti, Bologna 1915
Boom, Ghislaine de, Don Carlos, l'héritier de Jeanne la Folle, Brüssel 1955
Büdinger, Max, Don Carlos' Haft und Tod insbesondere nach den Auffassungen seiner Familie, Wien und Leipzig 1891
Chroust, Anton, Der Tod des Don Carlos. In: Mitteilungen des Instituts für österreichische Geschichtsforschung 35 (1914) S. 484 bis 494
Corrispondenza particolare di Carlo di Arragona, duca di Terranova con Felipe II, Palermo 1879
Döllinger, Johann Joseph Ignaz von, Beiträge zur politischen, kirchlichen und Kulturgeschichte, Bd. 1: Dokumente zur Geschichte Karls V. und Philipps II. und ihrer Zeit 1507–1571, Regensburg 1862
Dupé, Gilbert, Don Carlos, le prince fou, Brüssel 1958
Espagne sous Philippe II, Bd. 4 der Revue d'histoire diplomatique, o. O. 1899
Essen, Léon van der, Alexandre Farnese. Prince de Parme, Gouverneur Général des Pays-Bas (1545–1592), 5 Bde., Brüssel 1933 bis 1937
Forneron, H., Histoire de Philippe II, 2 Bde., Paris 1881/82
Gachard, Louis-Prosper (Hrsg.), Les Bibliothèques de Madrid et de l'Escorial, notices et extraits, Brüssel 1875

ders., (Anonymer Brief vom 2. August 1795, geschrieben in San Lorenzo el Real in spanischer Sprache). In: Bulletins de l'Académie Royale de Belgique 26 (1857), 2 Série Bd. 1, S. 407–408

ders., (Hrsg.), Correspondance de Philippe II sur les affaires des Pays-Bas 1558–1577, 5 Bde., Brüssel 1848–1879

Hashagen, Justus, Besprechung von Cesare Giardini, Don Carlos. In: Schmollers Jahrbuch für Gesetzgebung, Verwaltung und Volkswirtschaft im Deutschen Reiche 62 (1938) S. 252

Helfferich, Adolph, Don Carlos von Spanien. In: Historisches Taschenbuch, hrsg. von Friedrich von Raumer, Bd. 10 der 3. Folge, Leipzig 1859, S. 1–105

Heller, H. J., Die Quellen des Schillerschen Don Carlos. In: Archiv für das Studium der neueren Sprachen und Literaturen, Braunschweig, 24/25 (1859) S. 55–108

Hume, Martin, Philip II of Spain, London 1938

Jiménez de Enciso, Diego, El Principe Don Carlos, Valencia 1773

Journal des voyages de Philippe II de 1554 à 1559 = Collection de voyages des souverains de Pays-Bas, Bd. 4, Brüssel 1882

Khevenhüller, Hans, Kaiserlicher Botschafter bei Philipp II. Geheimes Tagebuch 1548–1605, hrsg. von Georg Khevenhüller-Metsch, für den Druck bearb. von Günther Probszt-Ohstorff, Graz 1971

Koch, Herbert, Schiller und Spanien, München 1973

Konetzke, Richard, Zur Biographie Phillipps II. von Spanien. In: Historische Zeitschrift 164 (1941) S. 316–333

Lapeyre, H., Autour de Philippe II. In: Bulletin Hispanique 59 (1957) S. 152–175

Lieder, Frederick W. C., The Don Carlos Theme, Cambridge, Harvard U. P. 1930

Marcks, Erich Philipp II. von Spanien, Stuttgart 1922

ders., König Philipp II. von Spanien. Antrittsrede Freiburg 1893, in: ders., Männer und Zeiten, Aufsätze und Reden zur neueren Geschichte, Bd. 1, Leipzig 1911, S. 1–22

Maurenbrecher, Wilhelm, Don Carlos. In: Historische Zeitschrift 11 (1864) S. 277–315

ders., Besprechung von Adolf Schmidt, Don Carlos und Philipp II. In: Jenaer Literaturzeitung 1, Nr. 40 (1874) S. 626–628

ders., Don Carlos. Vortrag in Dorpat am 11. 3. 1868, in: Sammlung gemeinverständlicher Vorträge. Hrsg. von Rudolf Virchow und Franz von Holtzendorff, 4. Serie Berlin 1869, H. 73–96, S. 679–710

Moya, Gonzalo, Un cas de paralysie cérébrale infantile avec trouble de compartement: le prince Don Carlos, fils de Philippe II d'Espagne. In: Acta Neurologica et Psychiatrica Belgica 63 (1963) S. 315 ff.

Niebelschütz, Wolf von, Besprechung von Cesare Giardini, Don Carlos. In: Literatur 38 (1935/36) S. 293 f.

Pappritz, Richard, Don Carlos in der Geschichte und der Poesie, Naumburg a. d. S. 1913

Parreño, B. (Hrsg.), Dichos y hechos del Señor Rey Don Felipe II, Sevilla 1639

Petrie, Charles, Philip II of Spain, London 1963, deutsch: Philipp II. von Spanien, Stuttgart, Berlin, Köln, Mainz 1965

Pfandl, Ludwig, Philipp II. Gemälde eines Lebens und einer Zeit, München 1938, [8]1979

ders., Besprechung von Albert Leitzmann, Des Abbé de Saint-Réal Histoire de Don Carlos. Nach der Ausgabe von 1691 hrsg. Halle 1914. In: Literaturblatt für germanische und romanische Philologie 35 (1914) S. 330–332

Pierson, Peter, Philip II of Spain, London 1975, deutsch: Philipp II. Vom Scheitern der Macht, Graz 1985

Prehn von Dewitz, H., Wahrheit und Dichtung in Schillers „Don Carlos". In: Nord und Süd 149 (1914) S. 167–175

Rachfahl, Felix, „Don Carlos". Kritische Untersuchungen, Freiburg i. Br. 1921

Ranke, Leopold, Zur Geschichte des Don Carlos. In: Jahrbücher der Literatur, Wien, 46 (1829) S. 227–266

ders., Don Carlos, Prinz von Asturien, Sohn König Philipps II. von Spanien, Sämtliche Werke Bd. 40/41, Leipzig 1877, S. 447–544

ders., Gestalten der Geschichte. Savonarola, Don Carlos, Wallenstein (Bibliothek der Weltgeschichte I,3), Frankfurt/M. 1954

Relazione della Corte di Spagna fatta da Msgr. Nunzio Visconti a Pio IV dell' anno 1564, In: Hinojosa, Eduardo de, Despachos de la diplomacia pontificia

Saint-Réal, Abbé de, Histoire de Dom Carlos. Nach der Ausgabe 1691 hrsg. von Albert Leitzmann, Halle 1914

Schiller, Friedrich, Geschichte des Abfalls der vereinigten Niederlande von der Spanischen Regierung, Schillers Werke, Nationalausgabe, Bd. 17, Historische Schriften, Weimar 1970, T. 1, S. 7 bis 289

Schmidt, Adolf, Don Carlos und Philipp II. In: ders., Epochen und Katastrophen, Berlin 1874, S. 251–385

ders., Erwiderung auf Herrn Maurenbrechers Besprechung meiner Arbeit über „Don Carlos" in Nr. 40 der Jenaer Literatur-Zeitung, in: Jenaer Literaturzeitung 1, Nr. 51 (1874) Beilage zu Nr. 51, S. 1 bis 12

Schneider, Reinhold, Philipp II. oder Religion und Macht, Hamburg 1935

Schubert-Soldern, Victor von, Die Höfe von Paris und Madrid zur Zeit Elisabeths und Don Carlos', Dresden, Leipzig 1900

Schuster, G., Der historische Don Carlos. In: Der Türmer 4 (1902) S. 656–665

Sharpe, Lesley, Schiller and the historical character. Presentation and interpretation in the historiographical works and in the historical dramas, Oxford 1982

Soriano, M. (Hrsg.), Relazione inédita della Corte e del regno di Philippo scritta nel 1559, Rom 1864

Strubell-Harkort, A., Der wirkliche Don Carlos. Eine historisch-medizinische Studie. In: Allgemeine Zeitschrift für Psychiatrie und psychisch-gerichtliche Medizin 89 (1928) S. 216–235

Walsh, W. T., Philip II, New York 1937, London 1938

Warnkönig, Leopold August, Don Carlos. Leben, Verhaftung und Tod dieses Prinzen. Nach den neuesten Biographien und mit Rücksicht auf frühere Forschungen bearbeitet, Stuttgart 1864

Watson, Robert, Histoire du Règne de Philippe II d'Espagne, traduit del'anglois par Mirabeau, 2 Bde. Amsterdam 1777; The History of the Reign of Philip the Second King of Spain, Dublin 1772

II. Spanien, Deutschland, Europa zur Zeit Karls V. und Philipps II.

Altamira y Crevea, R., Historia de España y de la civilización Española, 4 Bde., Barcelona 1902

Alvarez, Manuel Fernandez, Karl V., München 1984

Arnoldsson, Sverker, La Leyenda Negra. Estudios sobre sus origines, Göteborg 1960

Ballesteros y Beretta, Antonio, Historia de España y su influencia en la historia universal, Bde. 3, 4 in 5 Teilen, 2. Aufl. 1948/53

Brandi, Karl, Kaiser Karl V. Werden und Schicksal einer Persönlichkeit und eines Weltreiches, 2 Bde., München 1937

Braudel, Fernand, La Méditerranée et le Monde méditerrané à l'époque de Philippe II, 2 Bde., Paris 1949

Chudoba, Bohdan, Spain and the Empire 1519–1643, Chicago 1952

Davies, R. T., The Golden Century of Spain, 1501–1621, London 1937

Elliot, J. H., Imperial Spain, London 1963

Elton, Geoffrey R., England unter den Tudors, München 1983

Heine, Hartmut, Geschichte Spaniens in der frühen Neuzeit 1400 bis 1800, München 1984

Herre, Paul, Spanien und Portugal, Berlin 1929

Kamen, Henry, Die spanische Inquisition, München 1967

Klaveren, J. van, Europäische Wirtschaftsgeschichte Spanien im 16. und 17. Jahrhundert, Stuttgart 1960

Konetzke, Richard, Geschichte des spanischen und portugiesischen Volkes, Leipzig 1939

Lutz, Heinrich, Reformation und Gegenreformation, Oldenbourg Grundriß der Geschichte Bd. 10, München, Wien 1979

ders. (Bearb.), Friedenslegation des Reginald Pole zu Kaiser Karl V. und König Heinrich II. (1553–1556), Nuntiaturberichte aus Deutschland nebst ergänzenden Aktenstücken, 1 Abtlg. Bd. 15, Tübingen 1981

ders. (Hrsg.), unter Mitwirkung von Elisabeth Müller-Luckner, Das römisch-deutsche Reich im politischen System Karls V., München, Wien 1982

ders., Das Ringen um deutsche Einheit und kirchliche Erneuerung 1490–1648, Berlin 1983

Lynch, J., Spain under the Habsburgs, 2 Bde., Oxford 1964/69

Merriman, Roger B., The Rise of the Spanish Empire in the Old World and in the New, 4 Bde., New York 1918/34

Parker, Geoffrey, Der Aufstand der Niederlande. Von der Herrschaft der Spanier zur Gründung der Niederländischen Republik 1549 bis 1609, München 1979

Petrie, Charles/Bertrand, L., History of Spain, 2 Bde., London 1956

Pirenne, Henri, Histoire de l'Europe. Des invasions au 16e siècle, 6.éd. Paris 1936

Rabe, Horst, Die iberischen Staaten im 16. und 17. Jahrhundert. In: Handbuch der Europäischen Geschichte, hrsg. von Theodor Schieder, Bd. 3 hrsg. von Josef Engel, Stuttgart 1971, S. 586–662

Schulze, Winfried, Reich und Türkengefahr im späten 16. Jahrhundert. Studien zu den politischen und gesellschaftlichen Auswirkungen einer äußeren Bedrohung, München 1978

Soldevila, Ferran, Historia de España, Bde. 3–5, 2Barcelona 1962/63

Zeeden, Ernst Walter, Hegemonialkriege und Glaubenskämpfe 1556 bis 1648, Propyläen Geschichte Europas Bd. 2, Frankfurt, Berlin, Wien 1975, Neuausgabe 1982

ders., Konfessionsbildung. Studien zur Reformation, Gegenreformation und katholischen Reform, Spätmittelalter und Frühe Neuzeit, Stuttgart 1985

Stammtafel d

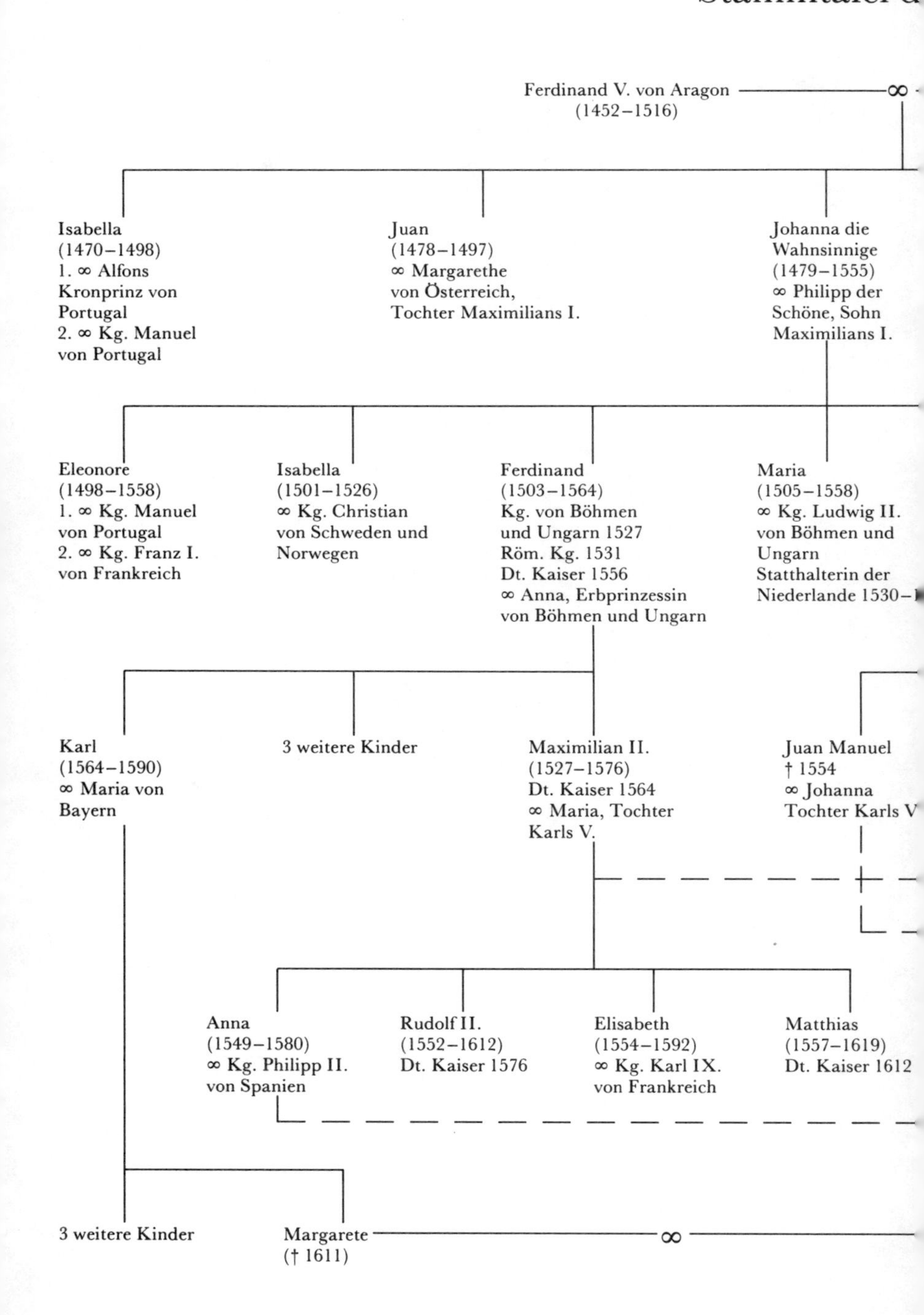

anischen Habsburger

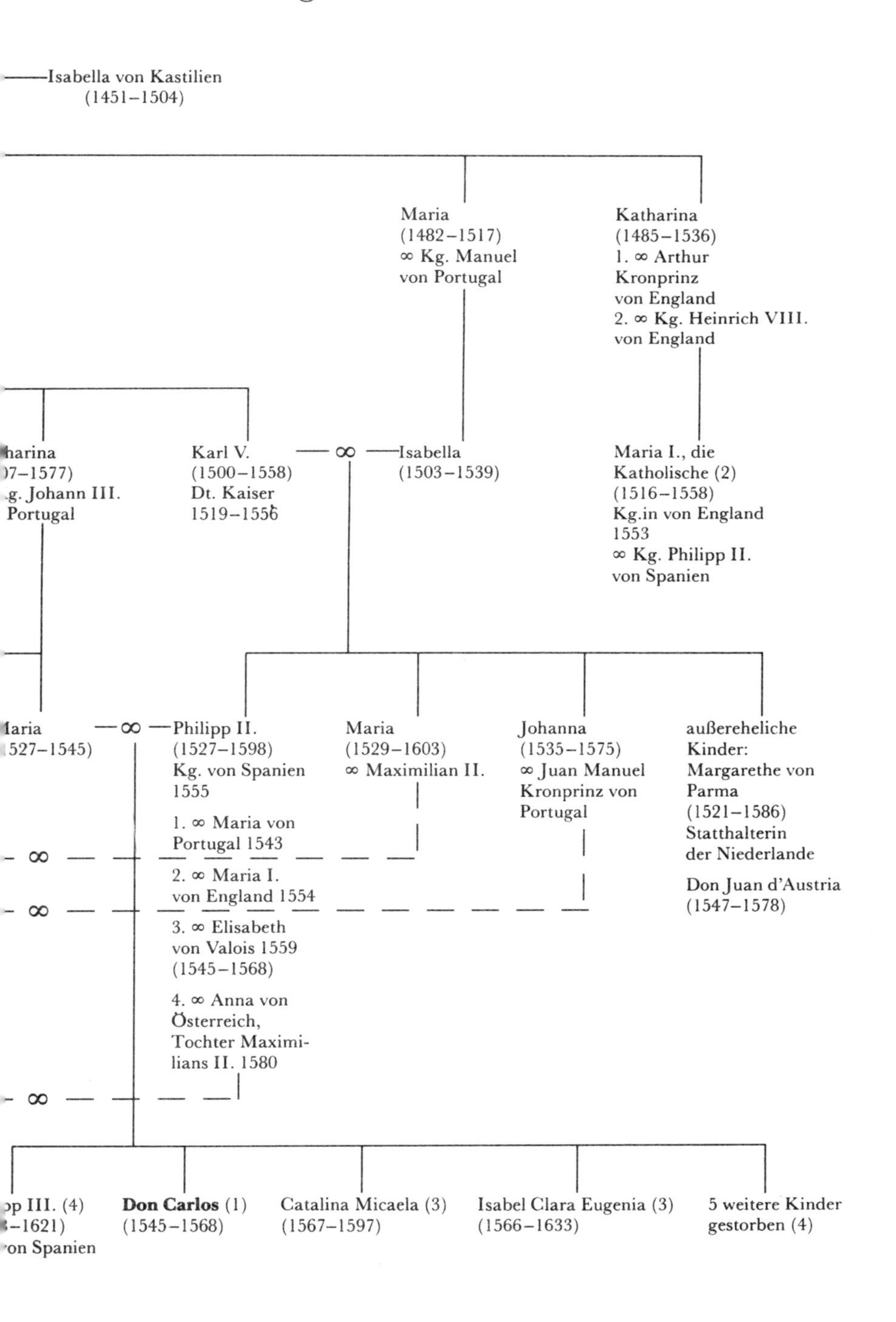

NACHWORT

von Rüdiger vom Bruch

Don Carlos, Schiller und die historische Forschung

„Von der Parteien Gunst und Haß verwirrt, schwankt sein Charakterbild in der Geschichte." Diese auf den mächtigen, zaudernden Feldherren des 30jährigen Krieges gemünzten Worte Schillers im Prolog zu „Wallensteins Lager" drängen sich unwillkürlich dem auf, der über Persönlichkeit und Nachwirkung des spanischen Königs Philipp II. nachsinnt. Philipp ist ja der eigentliche „Held" dieses Buches, und er ist, daran läßt Giardinis Darstellung keine Zweifel, ein tragischer Held, der Vernunft und Staatsräson über väterliche Gefühle stellte, dessen Stolz es verbot, die Motive der Verhaftung seines Sohnes öffentlich präzise zu benennen – und der damit zeitgenössischen und künftigen Spekulationen über den Konflikt zwischen Vater und Sohn, den Kronprinzenkonflikt, wie er später hieß, und über das von Geheimnissen umgebene Ende des Prinzen Tür und Tor öffnete.

Nicht zufällig stellten wir ein Wort Schillers an den Beginn. Wenn nicht eine Biographie des Vaters Philipp, so muß doch eine Biographie des Don Carlos zumal das deutsche Publikum an Schillers Drama denken lassen, an den finster-einsamen König, der den Sohn einer blutschänderischen Verbindung mit seiner jungen, ursprünglich dem Carlos zugedachten Frau Elisabeth von Valois verdächtigt: „Hier ist die Stelle, wo ich sterblich bin" – und: „Der Knabe Karl fängt an, mir fürchterlich zu werden." Ihm steht der Marquis Posa gegenüber, als Verkörperung von Freiheitspathos, Aufklärung und Menschenliebe, als Sprecher der von neuen religiösen Überzeugungen durchdrungenen, modern wirtschaftenden aufständischen Niederländer, des Geistes des Kapitalismus und der protestantischen Ethik, wie man im Anschluß an den Soziologen Max Weber formulieren könnte. „Geben Sie Gedankenfreiheit" – das wohl meistzitierte Wort aus dem „Don Carlos" – ruft Posa dem Monarchen zu, in dessen Reich „die Ruhe eines Kirchhofs“ herrsche. „In meines Carlos Seele schuf ich ein Paradies für Millionen“, bekennt Posa im vierten Akt der Königin und bestimmt diesen so zum Hoffnungsträger für Freiheit und Fortschritt, im konkreten Fall für die niederländischen Unabhängigkeitskämpfer. Bereits im ersten Akt schlägt die ganze Wucht des Schillerschen Pathos durch, das über Generationen hinweg die Fantasie der Deutschen beflügelte, wenn der Marquis seinen königlich-jugendlichen Freund glühend beschwört: „Arm in Arm mit Dir, so fordr ich mein Jahrhundert in die Schranken.“

Im Juli 1782 war Schiller von dem Mannheimer Intendanten Heribert von Dalberg auf den Stoff des Don Carlos hingewiesen worden, einige Monate später bat er seinen Schwager Reinwald um die Zusendung von zwei Werken über Don Carlos und Philipp II., die dann die historische Folie für sein Drama bildeten: Abbé de Saint-Réal: Histoire de Dom Carlos (Amsterdam 1691) und Brantôme, Pierre Bourdeille, Seigneur de: Les Vies de Hommes Illustres et grandes Capitaines estrangers (Memoiren von 1598). Dies waren Schillers Quellen, und sie haben, wie die spätere historische Forschung und die Schillerforschung zeigten, ein falsches Bild über das Verhältnis zwischen Philipp und seinem Sohn gezeichnet. Dem Dichter selbst blieb dies nicht verborgen. In seinen „Briefen über Don Karlos“ hat er sich von den ursprünglichen Vorlagen distanziert und bekannt, daß seine neueren Erkenntnisse die Darstellung in Réals Novelle widerlegten. Aber weil die ersten Teile des Dramas bereits im „Thalia“ publiziert waren, so heißt es bereits im ersten Brief, konnte er die Grundkonzeption nicht mehr verändern, rückte er nun den Marquis Posa anstelle des zunächst als Ideenträger konzipierten Carlos in den Mittelpunkt der Handlung.

Wie auch immer, Schillers „Don Carlos“ wurde fester Bestandteil des deutschen Bildungsgutes. Das darin vermittelte Bild ließe sich so umschreiben: Ein reich begabter, hochherziger, wenn auch weicher und wenig handlungsfreudiger Jüngling, zum Thronerben eines Weltreichs bestimmt, wird von seinem königlichen Vater in unfaßbarer Weise ausgeschaltet und der Inquisition überliefert; als religiöser Aufrührer und als Staatsverräter, der gemeinsame Sache mit den aufständischen Provinzen macht. Dieses Bild, auch wenn es mittels der Dichtung das historische Verständnis breitester Schichten über das Spanien in der Mitte des 16. Jahrhunderts beeinflußt hat, bräuchte den Historiker nicht zu interessieren, wenn ihm eine eindeutige, von der historischen Forschung erhärtete Überlieferung entgegenstünde. Dies ist jedoch nicht der Fall, ist es zumindest über lange Zeiten hinweg nicht gewesen. Es existieren zwei abweichende, ja diametral einander gegenüberstehende Überlieferungsstränge zum Verhältnis zwischen Philipp und Carlos, zu den Motiven seiner Festsetzung und zu den Umständen seines Todes, die von der historischen Forschung, einmal dieser, einmal jener Tendenz zuneigend, aufgegriffen wurden und, auf Don Carlos bezogen, Philipps Charakterbild in der Geschichte schwanken ließen.

Die Don-Carlos-Frage ist so alt wie ihr Gegenstand, zwei Richtungen lassen sich in der Überlieferung unterscheiden. Eine offizielle Version geht auf Philipp II. und seinen Hof selbst zurück. Sie wirkte insbesondere in Spanien nach. Nach dieser Version, die sich auf amtliche Briefe und Verlautbarungen stützt, war der Prinz geisteskrank, schritt Philipp mit zwingenden Gründen gegen den Sohn ein, von dem verheerende Exzesse zu erwarten waren, die den Bestand des Reiches gefährdeten, starb er ohne jede Einwirkung des Königs im Gefängnis an Ernährungsfehlern. In einer zweiten Version erscheint Carlos als unschuldiges Opfer eines fanatischen und grausamen Vaters, der den Sohn schließlich morden ließ. Diese Auffassung kam zuerst in Deutschland auf und wurde in Frankreich, dem erbitterten Gegenspieler Spaniens, verbreitet. Niederländische protestantische Exulanten haben sie auf dem Reichstag in Speyer 1570 vor Kaiser Maximilian II. öffentlich vorgelegt, neue Nahrung fand sie in Frankreich, und zeitgenössische Gesandtschaftsberichte, die aus teilweiser intimer

Kenntnis der Verhältnisse in Madrid entstanden, leisteten zusätzlichen Spekulationen Vorschub, da man in der amtlichen spanischen Geheimniskrämerei Versuche der Vertuschung erblickte. Fassen wir die hier erhobenen Vorwürfe zusammen, so ergeben sich aus diesem zweiten Strang, dem auch Schiller seine ursprünglichen Informationen verdankte, im wesentlichen sechs Anschuldigungen gegen die spanische Politik unter Philipp II., die miteinander verflochten erscheinen, aber analytisch und historisch scharf zu trennen sind.

1. Don Carlos sei ein hochbegabter, für neue Ideen aufgeschlossener Jüngling gewesen, der von einem harten, dogmatisch starren und in einem verkrusteten Welt- und Menschenbild verhafteten Vater unterdrückt und als potentieller Rivale ausgeschaltet wurde.

2. Auch wenn dieser Carlos, wofür zahlreiche Zeugnisse sprechen, eine ungewöhnlich labile, ja krankhafte, bis hin zur Impotenz dynastisch wertlose Persönlichkeit war, sind diese Eigenschaften entscheidend durch väterliches Unvermögen beeinflußt worden.

3. Carlos wurde einer religiösen Libertinage oder Laxheit beschuldigt, die für einen Thronfolger im katholisch-orthodoxen, missionarisch eifernden Spanien als unerträglich galt.

4. Carlos konspirierte, aus welchen Gründen auch immer, mit den aufständischen Niederländern, seine drohende Flucht nach Deutschland mußte als existentielle Bedrohung für die Interessen des spanischen Staates gelten.

5. Die verschiedenen, dem Staatskalkül entsprungenen, teils dilatorisch, teils ernsthaft verfolgten Heiratspläne Philipps für Carlos standen im Widerspruch zur krankhaften Persönlichkeit des Prinzen, so daß seine definitive Ausschaltung es erlaubte, angesichts der verschiedenen Vorverhandlungen das Gesicht zu wahren.

6. Der Prinz wurde aus persönlichen und/oder politischen Gründen während seiner Haft auf Anweisung Philipps getötet.

Für alle diese Argumente, die sich teilweise bei Schiller, insgesamt aber in der historischen Überlieferung seit dem 16.

Jahrhundert finden, gab es eine Reihe von Argumenten, die von der späteren Forschung aufgegriffen wurden und das Bild Philipps II. in dieser oder jener Schattierung beeinflußten. In dieser Situation ist es hilfreich, daß neben den mittlerweile zahlreich vorhandenen Biographien zu Philipp II., in denen die Carlos-Frage eher beiläufig erörtert wird, in einem auf Don Carlos konzentrierten, quellengesättigten Werk eine eingehende Würdigung des traurigen Schicksals dieses im Alter von 23 Jahren in der Haft verstorbenen Prinzen erfolgt. Eben dies hatte Giardini in der bislang einzigen vorliegenden Don-Carlos-Biographie geleistet, die auf breiter Quellengrundlage beruht, vornehmlich spanische Quellen und Literatur sowie die maßgeblichen venezianischen Gesandtschaftsberichte und einige weitere Literatur heranzieht und zwei Jahre nach der italienischen Originalausgabe 1936 in deutscher Übersetzung erschien. Leider hat diese Arbeit nur eine geringe Resonanz erfahren. In neueren Biographien zu Philipp II. und zur spanischen Geschichte dieser Zeit sucht man sie vergebens und in der wissenschaftlichen Kritik der späten 1930er Jahre wurde sie kaum aufgegriffen.

Um so bemerkenswerter ist eine Besprechung in Schmollers Jahrbuch für Gesetzgebung, Verwaltung und Volkswirtschaft aus der Feder des bekannten Hamburger Historikers Justus Hashagen aus dem Jahre 1938, die mit dem Satz beginnt: „Wenn ein italienisches Geschichtswerk über Don Carlos schon nach zwei Jahren ins Deutsche übersetzt wird, so muß es besondere Vorzüge haben. Diese liegen nicht nur bei Giardini in einer ausgedehnten Quellen- und Literaturkenntnis, sondern vor allem auch in einer beträchtlichen Fähigkeit zu künstlerischer Darstellung und innerer psychologischer Durchdringung oft ungefügen Stoffes." Allerdings bedauerte Hashagen, daß Giardini zwar die Tragödie des Prinzen zu wirklicher Anschauung gebracht habe, aber nicht „den deutschen Bahnbrechern auf diesem Gebiete, d. h. den Zerstörern der Don-Carlos-Legende im Stile Perez' Saint Réals und Schillers, die Ehre gelassen hatte, die ihnen gebührt". In der Tat hat sich seit dem Altmeister Leopold von Ranke gerade in Deutschland eine erstaunlich intensive, ja teilweise heftig kontroverse Don-Carlos-Forschung entfaltet, die nachfolgend in einigen Strichen skizziert sei. Um dies vorwegzunehmen: Giardinis Darstellung wird durch diese Diskussion eindrucksvoll bestätigt – und dies gilt insgesamt auch für die seit seinem Buch vorgelegten Arbeiten zu Philipp II., deren Akzente anschließend kurz beleuchtet werden. Eine eingehende Auseinandersetzung mit der Don-Carlos-Problematik, die zwischen 1864 und 1922 ihren Höhepunkt bezeichnenderweise in der deutschen Forschung erlangte, hat seitdem nicht mehr stattgefunden.

Wir erwähnten bereits die beiden gegensätzlichen Überlieferungsstränge zur Rolle Philipps II. in der Carlos-Tragödie. Die vom spanischen Hof gegebene Darstellung schlug sich zuerst in der offiziösen „Historia de Don Felipe Segundo Rey de Espana“ von 1615 nieder. Die Gegenversion kulminierte in einer 1581 in französischer Sprache erschienenen Polemik „Apologie contre l'édit de proscription“ des Prinzen Wilhelm von Oranien, eines Todfeindes Philipps. Eine geschichtswissenschaftlich-quellenkritische Forschung setzte 1829 mit einer historisch-biographischen Skizze Leopold von Rankes in den Wiener Jahrbüchern „Zur Geschichte des Don Carlos“ ein, die sich, nach Rankes Gewohnheit, vor allem auf die venezianischen Relationen stützte und insgesamt die offizielle Darstellung bestätigte, also die Berechtigung der Verhaftung des Prinzen zugestand und den König von einer Schuld an dessen Tode freisprach. Ranke hat später (1877) allerdings aufgrund der inzwischen erschienenen Literatur zu Don Carlos einen prinzipiellen politischen Vater-Sohn-Gegensatz insbesondere bezüglich der Niederlande vermutet. Um die Mitte des 19. Jahrhunderts erschienen mehrere bedeutende historische Werke, die sich auch mit diesem Problem beschäftigten, so William Prescotts Geschichte Philipps II., die Untersuchungen von Matthias Koch zu Kaiser Maximilian II. von 1857, der 13. Band der großen Geschichte Spaniens von Modesto Lafuente (1854) und vor allem die eindringliche Arbeit des Belgiers

Gachard „Don Carlos et Philippe II." von 1863. Der Tenor von Rankes früher Untersuchung wurde nicht grundsätzlich revidiert, allerdings verschiedentlich modifiziert; vor allem traten bei Gachard die harten Züge in der Persönlichkeit Philipps stärker hervor, dem eine gewisse Schuld am trostlosen Schicksal des Don Carlos zukomme. Kein Zweifel bestand jedoch an dem äußerst labilen, boshaft-närrischen Charakter des Prinzen, dem gelegentlich sogar Schwachsinn attestiert wurde. Insofern ließ sich eine tragende Säule in Schillers Konstruktion nicht mehr aufrechterhalten, wie dieser selbst ja schon im ersten Brief über Don Carlos zugestanden hatte.

In der deutschen historischen Forschung kam es dann allerdings im letzten Drittel des 19. Jahrhunderts zu einer bemerkenswerten Kontroverse: Der angesehene Historiker Wilhelm Maurenbrecher entwickelte zunächst 1864 in der Historischen Zeitschrift eine für Don Carlos günstige Auffassung und beschuldigte Philipp, daß der Prinz „auf rätselhafte Weise durch den eigenen Vater aus der Welt entfernt worden sei". Aufgrund neuer Studien revidierte Maurenbrecher diese Ansicht jedoch fünf Jahre später und erklärte Carlos für verrückt, kirchen- und staatsgefährlich. Dem widersprach heftig der Jenaer Historiker Adolf Schmidt 1874 auf der Grundlage der protestantisch-französischen Version. In deutlicher Parallele zu dem preußischen Kronprinzenkonflikt zwischen Friedrich dem Großen und seinem Vater Friedrich Wilhelm konstruierte Schmidt eine Vater-Sohn-Tragödie von nachgerade Shakespeareschem Rang, brandmarkte er Philipps „bekannte Geheimtuerei, Verstellungskunst und Lügenhaftigkeit", warf er ihm Geschichtsklitterung vor, indem er die eigene Tyrannei als weise Gerechtigkeit und den Sohn als wahnsinnigen Teufel stilisiert habe und unterstellte Schmidt dem König einen Giftmord an Don Carlos. Es folgte ein heftiger wissenschaftlicher Streit im Anschluß an diese gegensätzlichen Positionen von Maurenbrecher und Schmidt, andere Historiker griffen ein, am gewichtigsten der große Ranke-Enkel und Biograph Erich Marcks in seiner Leipziger Antrittsrede, der eine Kronprinzentragödie im Sinne des Ringens zweier Weltanschauungen und Generationen verwarf und abschließend festhielt, daß „eine voraussetzungslose Beurteilung“ dem König „so gut wie nichts vorzuwerfen“ habe.

Doch bei dieser Bewertung blieb es nicht. Vor allem die von Giardini eingehend diskutierte Frage der späteren Sargöffnung bewegte die Gemüter – war der Kopf abgetrennt und der Prinz also heimlich enthauptet worden? Auf dieses Faktum wies 1915 Anton Chroust hin, der nach den bereits bekannten Sargöffnungen von 1795 auf die erneute Besichtigung des offenen Sarges durch zwei Franzosen 1812 gestoßen war, die eine Enthauptung zu bestätigen schien. Chroust forderte eine erneute Revision des historischen Urteils, die dann 1918 der Wiener Historiker Victor Bibl mit seiner Studie „Der Tod des Don Carlos“ vorlegte. Bibl glaubte die offiziöse spanische Version widerlegen zu können und erklärte mit Adolf Schmidt Don Carlos zum Opfer seines fanatischen und neidischen Vaters. Er sei keineswegs schwachsinnig, sondern vielmehr hochbegabt, kühn und energisch gewesen, habe sich voller Tatendrang gegen den despotischen Vater und eifernden König aufgelehnt. Als gleichsam späte Frucht der gewaltigen Schillerfeiern zum 100. Todesjahr 1905 – in denen Schiller als *der* deutsche Nationaldichter gefeiert wurde – schien damit dessen Carlos-Bild durch die historische Forschung glanzvoll bestätigt zu sein.

Der Gegenschlag erfolgte durch den Freiburger Historiker Felix Rachfahl, einen der prominentesten Vertreter der sogenannten Ranke-Renaissance, der führenden geschichtswissenschaftlichen Richtung im späten deutschen Kaiserreich. Im dritten Band seines großen Werkes über Wilhelm von Oranien und den Aufstand der Niederlande hatte er sich auch mit der Don-Carlos-Frage beschäftigt und war zu dem Ergebnis gelangt, daß man eine Geschichte des Abfalls der Niederlande schreiben könne, „in welcher der Name des Don Carlos gar nicht vorzukommen braucht“. Aufgeschreckt durch Bibls Buch und einige zustimmende Rezensionen publizierte er 1921 seine bereits im Januar 1919 abgeschlossene Gegenschrift „Don Carlos. Kritische Untersuchungen". In dieser methodisch sehr sorgfältigen, gründlich das Für und Wider der verschiedenen Quellenzeugnisse prüfenden Arbeit hielt Rachfahl Chroust entgegen, daß die Berichte über den Zustand des Skeletts fast 250 Jahre nach dem Tod des Don Carlos keinerlei zwingende Schlüsse zuließen, verwarf er aufgrund umfassender Quellenstudien vollständig das von Bibl gezeichnete neue Carlos-Bild, und schloß er mit der Feststellung, „daß Philipp bezüglich seines Sohnes keiner Blutschuld verdächtig, sonst aber von Schuld gegen ihn keineswegs freizusprechen ist." Philipp habe anfangs eine klare Erziehung vermissen lassen und sich dann bald innerlich von dem Sohn losgesagt. Apodiktisch erklärte Rachfahl: „Das Bild des zärtlichen, liebevoll um den verlorenen Sohn bemühten Vater, der tief bekümmert und gebrochenen Herzens die schwerste Pflicht tut, die ihm sein erhabener staatlicher Beruf auferlegt, ist ein für alle Male aus der Geschichte zu streichen." Letztlich müsse sich die historische Forschung – wie schon Ranke – dem venezianischen Gesandten anschließen, der zwar die „grausame" Härte Philipps tadelte, andererseits aber die Gerüchte von des Don Carlos gewaltsamem Tode als vollkommen unbegründet bezeichnete. Aus seinen Untersuchungen ergebe sich, „daß die Don-Carlos-Tragödie eine rein menschliche ist, die jeden politischen Beigeschmacks – abgesehen von den Rückwirkungen, die sich aus der dynastischen Stellung der beiden Hauptspieler unvermeidlich ergaben – durchaus ermangelte, die auch mit den großen religiösen Gegensätzen, die Europa damals in zwei Lager spalteten, nichts zu schaffen hat".

Nach diesen Ergebnissen ließ sich vom Schillerschen Carlos kaum mehr etwas halten. An den verhängnisvollen Veranlagungen des Prinzen konnte kein Zweifel bestehen, weder eine kirchenpolitische Dimension – als Protest des Prinzen gegen katholische Orthodoxie und Inquisition – noch eine staatspolitische Dimension – als Unterstützung der niederländischen Unabhängigkeitsbestrebungen durch Don Carlos – war gegeben. Die Kronprinzentragödie wurde auf das Maß einer trostlosen Familienaffäre zurückgeschraubt.

An den Ergebnissen Rachfahls ist insgesamt festzuhalten. Von seiten der Germanistik sind im Umkreis des Schillerschen Dramas und der damit verbundenen historischen Stoff-Forschung, soweit ich sehe, zwar mehrere, aber keine historisch bedeutsamen Beiträge vorgelegt worden. Dagegen liegt eine wichtige romanistische Arbeit von Herbert Koch über „Schiller und Spanien“ von 1973 vor, was nicht verwundert, haben wir es doch fast ausschließlich mit spanischen, französischen und italienischen Überlieferungen zu tun. Koch zieht für seine ausführliche Nachzeichnung des von Schillers Perspektive so vollständig abweichenden historischen Hintergrunds die genannten deutschen Historiker heran, ergänzt um einige neue Biographien Philipps. Eine neue Sicht ist natürlicherweise von ihm nicht zu erwarten, wohl aber bietet Koch eine nüchternzuverlässige Zusammenstellung der historischen Fakten. Schiller selbst bekannte in einem Brief vom 4. September 1794 an Körner: „Ein Machwerk wie der Carlos eckelt mich nunmehr an, wie sehr gern ich es auch jener Epoche meines Geistes zu verzeyhen geneigt bin.“ „Don Karlos“, wie er ja zunächst hieß, war kein historisches, sondern ein von aktuellen politischen Ideen erfülltes Drama.

Grundlegende neuere Quellenfunde, die zu einer erneuten Revision zwingen, hat die historische Forschung nach Rachfahl nicht mehr vorgelegt; seine Sichtweise wurde im ganzen bestätigt, freilich wurden die Akzente mehrfach verändert. Zum Carlos-Problem selbst ist keine neuere Untersuchung mehr erschienen, dieses schien in seiner vorrangig menschlichen Begrenzung geklärt und allenfalls geeignet, Schlaglichter auf den Charakter des Königs zu werfen. Die umstrittene Gestalt des Philipp II. hat ganz das Interesse auf sich gezogen, an Biographien mangelt es nicht. Welchen Nutzen verspricht dann das hier erneut in deutscher Ausgabe vorgelegte Werk von Giardini? Mindestens in dreierlei Hinsicht.

Mit Ausnahme von Ranke und Pfandls Arbeit über Johanna die Wahnsinnige hat der Italiener die umfangreiche – und so faszinierend kontroverse – deutsche Forschung nicht zur Kenntnis genommen, die sich, wie vermutet werden darf, zum einen an Schillers Werk, zum anderen an dem Widerstreit zwischen katholisch-mittelalterlicher Beharrung und aufstrebenden, neuen protestantischen Mächten entzündete, die zudem von dem im 19. und frühen 20. Jahrhundert in Deutschland so lebendigen politisch-biographischen Interesse der Historiker geleitet war. Um so bemerkenswerter, daß Giardini aus seinen Quellenstudien ganz unabhängig ein Bild zeichnete, das den Ergebnissen der durch die Namen Ranke, Maurenbrecher, Marcks und Rachfahl bezeichneten deutschen Linie im großen und ganzen entspricht.

Zweitens arbeitet Giardini mit großem psychologischen Einfühlungsvermögen die Philipp-Carlos-Problematik in einer Eindringlichkeit heraus, die über trockene Faktenreihung hinaus tief in die verwickelten menschlichen Beziehungen der Akteure hineinführt, ohne das zeitgenössische politische Umfeld zu vernachlässigen. Man denke zum ersteren an seine von Rachfahl so eindrucksvoll bestätigten Kommentare zur Frage der nachmaligen Sargöffnungen. Mit sicherem Gespür vermag er das historisch „Richtige" zu treffen – ebenso wie bei der Einschätzung der diversen Gesandten-Berichte –, weil er sich in die tieferen Schichten der komplexen Hauptpersönlichkeiten einzufühlen vermochte. Zum anderen sei an das eingehend erörterte Kalkül von Philipps Verheiratungsplänen des Prinzen mit Maria Stuart, der Prinzessin Johanna und der deutschen Prinzessin Anna erinnert.

Drittens schließlich gelingt es Giardini, ganz im Sinne Rachfahls, die Carlos-Tragödie als eine rein menschliche zu begreifen, deren politische Rückwirkungen sich allein aus der dynastischen Stellung der beiden Hauptpersonen ergaben, zugleich aber eine große These zu entwickeln, aus der die Darstellung bei aller Spannung der detailliert geschilderten Einzelfragen ihren eigentlichen Reiz erhält: Die Don-Carlos-

Tragödie ist hier eine, allerdings zentrale Episode der Geschichte unheilvoller erblicher Belastungen, die das Geschick der spanischen Habsburger von Johanna der Wahnsinnigen bis zum Erlöschen dieser Dynastie mit Karl II. entscheidend prägten. Glanzvoller Aufstieg und Verfall lagen in der habsburgischen Heiratspolitik eng beieinander, und man muß keineswegs das geistig-politische Klima der Entstehungszeit dieses Werkes bemühen, um die Aussagekraft der These zu diskutieren. Nicht nur Ludwig Pfandl unterstreicht nachdrücklich in seiner großen, erstmals 1938 erschienenen Biographie Philipps II. die erblichen Belastungen der spanischen Habsburger, die sich ja aus der unheilvollen Verbindung der Vorbelastungen des Trastamara-Zweiges mit den von den Habsburgern beigesteuerten Belastungen ergaben; auch andere Historiker haben mehrfach auf den ererbten Wahnsinn des Don Carlos hingewiesen und sich dabei nicht zuletzt auf ältere neurologische Untersuchungen gestützt. In der Tat steht und fällt mit dieser These Giardinis Werk in ganz erheblichem Maße.

In neuerer Zeit ist sie nachdrücklich angefochten worden. In der seit Pfandls Biographie wohl bedeutendsten neueren Biographie Philipps II. hat der englische Historiker Charles Petrie (Originalausgabe 1963, deutsche Übersetzung 1965), dem es nicht zuletzt darum ging, das Bild Philipps von allen Makeln frei in ein strahlendes Licht zu tauchen, den unbestreitbar krankhaften Charakter des Prinzen ausschließlich auf dessen Unfall vom Frühling 1562 zurückgeführt. Aufgrund des bei diesem Treppensturz erlittenen Gehirnschadens habe sich der zuvor durchaus normale, wenn auch unberechenbare Prinz zu jenem Kretin entwickelt, der den Vater zu seinem von Petrie für richtig und konsequent erklärten Vorgehen gegen den Sohn veranlaßte. Doch im gleichen Jahr 1963 erschien, was Petrie nicht wissen konnte, in den angesehenen belgischen Acta Neurologica et Psychiatrica eine eingehende Untersuchung des Madrilener Neurologen Gonzalo Moya über Don Carlos, die zum einen die offenbar eindeutige infantile Encephalopathie des Prinzen mit dem traumatischen Geburtsakt der jugendlichen, durch ärztliche Eingriffe in ihrer körperlichen Reife künstlich beschleunigten und geschwächten Maria am 8. Juli 1545 in Verbindung brachte, zum anderen die Vorfahren des Prinzen bis in die fünfte Generation zurückverfolgte und eindeutige erblich bedingte Verfallserscheinungen nachweisen konnte. Im Lichte dieser neueren medizinischen Forschungen erfährt Giardinis These eine zusätzliche Bestätigung.

Alle drei Gründe rechtfertigen – trotz der Ausklammerung eines Großteils der umfassenden deutschen Forschung – nicht nur den seinerzeitlichen Rang des Buches von Giardini, sondern auch diese Neuauflage nach 50 Jahren. Hinzu kommt ein viertes, und das ist keineswegs das Unwichtigste. Wie schon Hashagen in seiner Besprechung 1938 zutreffend feststellte, zeichnet eine „beträchtliche Fähigkeit zu künstlerischer Darstellung und innerer psychologischer Durchdringung oft ungefügen Stoffes“ das Buch aus. In einer Zeit, die nicht nur ein lebhaftes Interesse an historisch zuverlässiger, erzählend gestalteter und menschlich einfühlender Biographik kennzeichnet, sondern in der auch die deutschen Historiker sich diesem lange sträflich vernachlässigten Genre wieder mit erfreulichem Schwung zuwenden, ohne daß überall die Fähigkeit zu künstlerisch-psychologischer Durchdringung in einem weitgespannten historisch-politischen Rahmen zu erkennen ist, wie sie vollendet ein Erich Marcks und später noch ein Werner Richter vorlegten, wird man ein Werk begrüßen dürfen, das historische Information und Gestaltung so glücklich verbindet. Sicher, manchem wird das Buch gar zu sehr ins Kriminalistisch-Sensationelle dieser merkwürdigen Vater-Sohn-Beziehung gleiten, wieder andere werden eine zu ausgiebige Berücksichtigung der zeitgeschichtlichen Hintergründe in diesem vorwiegend privaten Drama vorhalten. Das zu entscheiden, bleibt Sache des Lesers. Der Historiker wird sich manche Details, manche Hintergrundskizzen deutlicher, wohl auch genauer wünschen. An dem Wert des Werkes ändert dies alles nichts, und historisch-kritische Überarbeitung oder Kommentierung würde nicht nur den aus einheitlichem Guß gestalteten

Schwung der Darstellung beeinträchtigen, sondern auch am Charakter dieses Werkes vorbeizielen, dessen historische Urteile, wie wir sahen, von der von Giardini nicht berücksichtigten historischen Forschung insgesamt durchaus bestätigt wurden.

Gleichwohl mag den heutigen Leser interessieren, wie sich der weitere Gang der Forschung in diesen 50 Jahren gestaltete, wobei vorrangig die Beurteilung Philipps interessiert, da, wie wir feststellten, eine eingehendere Untersuchung der Don-Carlos-Frage nicht wieder vorgelegt worden ist. Fast gleichzeitig mit Giardinis Buch erschien 1935 eine Studie von Reinhold Schneider über das Problem von Religion und Macht bei Philipp II. Mit der visionären Kraft und Eindringlichkeit des Dichters näherte sich Schneider, dem wir eine Fülle historischer Studien zum Spanien des 16. Jahrhunderts verdanken, der Gestalt dieses umstrittenen Monarchen, ohne daß eine vollständige Ausschöpfung der vorhandenen oder gar eine Erschließung neuer Quellen erwartet werden konnte. Eben dies leistete Ludwig Pfandl mit seinem im gleichen Verlag erschienenen, groß angelegten „Gemälde eines Lebens und einer Zeit", wie der Untertitel der erstmals 1938 publizierten Philipp-Biographie heißt, die 1969 in einer neu durchgesehenen sechsten Auflage als Lizenzausgabe für die Mitglieder der Wissenschaftlichen Buchgesellschaft vorgelegt wurde und zuletzt in achter Auflage 1979 erschien.

Ausgehend von der 1581 von Wilhelm von Oranien veröffentlichten „Greuelpropaganda" gegen Philipp, in der der angebliche Sohnesmord nur ein Punkt unter vielen ist, beabsichtigte Pfandl zwar keineswegs, einen „Antibarbarus pro rege Philippo" zu schreiben, wohl aber, „ein Bild Philipps II. zu formen, wie es nach dem Stande der heutigen Forschung erreichbar und gestaltbar ist; das blutmäßige Erbe seiner Ahnen erkunden und zugleich die Frage lösen, was ihm sein Vater und seine Jugendbildner an Gesinnungen, Antrieben, Überzeugungen mitgegeben haben; die beherrschende Idee seines Lebens spürbar werden lassen" und vieles andere mehr, kurz: „ihn ganz erfassen und ihm in jeder Hinsicht gerecht werden (. . .). Kein Engel, kein Genie und kein Heros wird aus den sich lösenden und zerfließenden Nebeln hervortreten, wohl aber ein Mensch, dessen Leben in schwerer und großer Zeit wert war gelebt zu werden." Wissenschaftliches Echo und die zahlreichen Neuauflagen haben den Rang dieses Werkes bestätigt, das bis heute die umfassendste Biographie Philipps darstellt, die wir besitzen, auch wenn es nach dem Urteil Horst Rabes in seinem Beitrag über die iberischen Staaten im 16. und 17. Jahrhundert im Handbuch der europäischen Geschichte von 1971 eine apologetische Tendenz besitzt.

Über die von uns kurz angeschnittenen Wandlungen des Philipp-Bildes in der Geschichtsschreibung informierte 1941 zuverlässig der große Kenner der frühneuzeitlichen spanischen Geschichte Konetzke in der Historischen Zeitschrift. Bereits 1937 hatte der angelsächsische Historiker W. T. Walsh eine Biographie Philipps vorgelegt, die zwar sehr detaillierte Informationen enthielt, aber problematisch gewichtet ist. So widmete er allein der keineswegs sehr wichtigen Frage, ob die – unvollständige – Genesung des Don Carlos nach seinem Treppensturz ärztlicher Kunst oder geistlicher Fürbitte zu danken war, 13 Seiten. 1963 erschien in London die bereits genannte Philipp-Biographie von Charles Petrie, der sich zuvor mit einer zweibändigen spanischen Geschichte (1959) und einer Untersuchung über den Marshall Duke of Berwick (1953) einen einschlägigen Namen gemacht hatte. Wenn Pfandls von Sympathie für Philipp erfüllte, gegen weitverbreitete Legenden gerichtete und um Ausgewogenheit bemühte Biographie nach Rabes Ansicht apologetisch war, dann trifft dies für Petrie ungleich eindeutiger zu. In der Carlos-Frage hatte sich Philipp nach Petrie als Vater und als Monarch untadelig verhalten. In der Religions- und Staatspolitik wurde Carlos zwar selbst nicht handelnd aktiv, aber seine Fluchtpläne hätten der protestantischen Seite als antikatholische Propaganda, im Hinblick auf die Niederlande als Auslöser für einen europäischen Krieg dienen können. So war es „nicht nur das Recht, sondern die heilige

Pflicht des Königs, alles Notwendige zu tun, um diese Gefahren abzuwenden“. In dem „Konflikt zwischen Vaterliebe und vaterländischer Pflicht“ bestand Philipp nach Petrie glänzend; bis zur Festsetzung des Prinzen „hatte Philipp nichts falsch gemacht, sondern sich in einer sehr schwierigen Lage sowohl als Vater wie auch als König beispielhaft verhalten“. Unklug handelte er danach, als er aus der ganzen Sache ein Geheimnis machte und damit seinen Feinden Anlaß zu Anschuldigungen gab, die bis zur Gegenwart nicht verstummt seien. Über die Motive dieser Verschleierung, die mit dem ererbten Wahnsinn des Prinzen und der politischen Ehre und dem Familienstolz des Vaters zusammenhängen, sind wir durch Giardini gut unterrichtet. Allerdings zeichnet Petrie das Bild eines Herrschers, der so ungetrübt makellos vor der Geschichte besteht, läßt er den Niedergang Spaniens so uneingeschränkt erst nach dem Tod Philipps einsetzen, daß sich Zweifel einschleichen, ob dies der ganze Philipp ist, den uns Pfandl vorzuführen beabsichtigte. Es verwundert nicht, daß Petries Nachwort sich der zeitgenössischen spanischen Hochschätzung anschloß, die Philipp mit dem Beinamen „el Prudente“ bedachte, der kluge bzw. weise König.

Die vorerst jüngste Biographie Philipps hat 1975 wiederum ein Engländer vorgelegt, Pieter Pierson, 1985 in deutscher Übersetzung erschienen mit dem Untertitel „Vom Scheitern der Macht“. Wer sich zuverlässig, trocken, nüchtern und knapp über Philipp und die spanische Politik seiner Zeit informieren will, wird mit Gewinn zu diesem Buch greifen. Über Carlos erfahren wir nichts Neues. Pierson schließt die von einigen Forschern immer noch für möglich gehaltene Mitschuld Philipps am Tod des Carlos kategorisch aus, da der König auf das Bedürfnis der Spanier nach einem stabilen Regiment vertrauen konnte. Ähnlich wie Giardini bereits meinte, lasse diese tragische Episode Philipp zwar als einen gefühlsmäßig betroffenen und unduldsamen Vater erscheinen, in erster Linie aber als einen Herrscher, der die Verpflichtungen seines Amts über alle anderen Erwägungen stellte.

Wer eine von historischem Atem erfüllte, von der Liebe zum Detail beseelte und schwungvoll getragene Darstellung sucht, wird sich an Petrie, Pfandl und eben an Giardini halten. Dabei eröffnet Pierson sein Buch mit einem höchst lebendigen Einfall: Er beginnt mit einer vergleichenden Gegenüberstellung der vier Philipp-Porträts von Tizian, Mor, Coello und de la Cruz. Allerdings wird dieses ikonographische Psychogramm nicht weiter genutzt. Der Leser von Giardinis „Don Carlos" wird sich erinnern, daß die Darstellung mit kunstsinnig-charakterologischen Betrachtungen zu Tizian-Bildern über Karl V. und Philipp II., zu Bildnissen der Maria Tudor, Heinrichs VIII., eines italienischen Renaissance-Kardinals und des Erasmus einsetzt. Nicht um ein „Erstgeburtsrecht" Giardinis 1934/36 ist es uns zu tun – große Biographen haben immer wieder die hinter die Oberfläche dringende Gestaltungskraft menschlicher Porträts durch große Künstler zum Ausgangspunkt genommen –, sondern darum, daß ein „trockener Ton" die großartigen Chancen, die ein solcher Einstieg eröffnet, bald versiegen läßt, daß aber eine von historischer Treue und leidenschaftlicher Anteilnahme durchdrungene Biographie von hier aus Geheimnisse aufzuschließen vermag, die mit Faktengenauigkeit allein nicht entschlüsselt werden können.

Spanien, Deutschland, Europa zur Zeit Karls V. und Philipps II. – Entwicklungslinien und neuere Forschung

Mit den vorgenannten Bemerkungen hätten wir dieses Nachwort beschließen können, war es doch unsere Absicht, vor dem Hintergrund des Schillerschen Dramas, aus dessen Schatten jede Don-Carlos-Biographie in Deutschland herauszutreten hat, und im Lichte der älteren und neueren historischen Forschung zur Carlos-Tragödie diese Neuauflage von Giardinis Buch einzuordnen und Wegweiser für den interessierten Leser aufzurichten. Zu einem solchen Abschluß sind wir um so mehr berechtigt, als nach Rachfahls gültigem Urteil diese Tragödie eine rein menschliche war, es also genügt, den Blick auf die Hauptakteure, auf Carlos und Philipp zu richten. Aber nicht nur wird es Leser geben, die sich gerne zum gegenwärtigen historischen Forschungsstand über das europäische Umfeld, über die weltgeschichtliche Wendezeit informieren möchten, in der dieses spanisch-habsburgische Familiendrama sich ereignete, noch ein weiterer Grund spricht dafür, zumindest in einer knappen Literaturskizze auf die jüngsten Ergebnisse der Geschichtsschreibung hinzuweisen.

Wir erinnern uns an den von Giardini auszugsweise mitgeteilten Brief Philipps an Papst Pius V. vom 9. Mai 1568, in dem er die Gründe für die Verhaftung des Prinzen erläuterte. Mit großer Eindringlichkeit, zugleich in vorsichtiger Behutsamkeit, spielte der spanische Monarch auf den charakterlichen Habitus des Prinzen, auf dessen mögliche Konsequenzen für den Thron und auf seine eigenen kirchlich-politischen Verpflichtungen an. Die historische Forschung hat gezeigt, daß diese Äußerungen des Königs sehr ernst zu nehmen sind; zudem werfen sie ein bezeichnendes Licht auf die Bedeutung der Familientragödie als Staatsaffäre. Daher sei dieser Brief etwas eingehender (in der Wiedergabe durch Rachfahl) zitiert:

„Mehr als einmal nahm ich mir die Bürde zu Herzen, die mir Gott in Ansehung der Staaten und Reiche auferlegt hat, deren Regierung und Verwaltung er mir anzuvertrauen geruhte, auf daß ich darin die Religion des rechten Glaubens und den Gehorsam gegen den heiligen Stuhl unversehrt bewahre, auf daß ich darin Frieden und Gerechtigkeit zur Herrschaft bringe, und auf daß ich sie nach Ablauf der wenigen Jahre, die mir hier auf Erden zu wandeln vergönnt ist, in einem Zustande der Festigkeit und Sicherheit hinterlasse, die für ihre dauernde Erhaltung bürgen. Das hängt vor allen Dingen von der Persönlichkeit dessen ab, der zu meiner Nachfolge berufen ist. Es hat nun Gott meiner Sünden halber gefallen, daß der Prinz so viele und so große Fehler besitzt, von denen die einen mit seinen geistigen Fähigkeiten, die anderen mit seinem Charakter zusammenhängen, daß er vollkommen regierungsunfähig ist. Wenn ihm die Thronfolge nach mir zufallen sollte, so sah ich überdies schwere Mißstände und offenbare Gefahren voraus, an denen sich alles stoßen würde. Unter diesen Umständen, und nachdem eine lange und eingehende Erfahrung, sowie die Fruchtlosigkeit aller zur Anwendung gebrachten Mittel gelehrt haben, daß man von ihm nur wenig, ja sogar überhaupt keine Besserung erwarten darf, nachdem es also gar keine Hoffnung mehr gab, daß den Übeln, die mit gutem Grund zu fürchten waren, durch die Wirkung der Zeit vorgebeugt werden konnte, ist es für notwendig erachtet worden, ihn einzuschließen, um nunmehr und reiflich, nach Erfordernis der Sache, die Mittel zu prüfen, wie ich meine Absichten verwirklichen kann, ohne bei Irgendwem in Tadel zu verfallen."

Bei allen Verschlüsselungen offenbarte dieser hochpolitische Brief an den römischen Papst ein persönliches Bekenntnis, und in ähnlichen Briefen an Kaiser Maximilian und weitere Personen sah sich Philipp zu einer Klarstellung genötigt. Das „rein menschliche" Drama ließ sich offenbar doch nicht so ganz von den dynastischen Interessen, politischen Rivalitäten und geistig-religiösen Tendenzen der Zeit ablösen. Und fragen wir anders: Warum wurden die teilweise abstrusen, teilweise an belanglosen Details hochstilisierten Gerüchte um den Tod des Prinzen in Teilen Europas so bereitwillig aufgegriffen, verschärft und verbreitet? Unter der Bezeichnung „Leyenda Negra" hat Julían Juderías all das zusammengetragen, was die antispanischen Vorurteile der Zeit nährte, was Philipp als Verkörperung des Bösen erscheinen ließ, als Chiffre für die Unterdrückung von politischer und religiöser Freiheit.

Die „Apologie" des Wilhelm von Oranien von 1581, die Pfandl an den Beginn seiner Biographie stellte, war ein zwar einflußreicher und wirkungsmächtiger, insgesamt aber doch eher symptomatischer Ausdruck für eine längst vorhandene Abneigung gegen Spanien. Diese läßt sich bereits im 15. und dann im 16. Jahrhundert in Italien, aber auch in Deutschland feststellen und wurde durch die spanisch-französischen Gegensätze, durch den Aufstieg des protestantischen England unter Elisabeth, durch den bewunderten Unabhängigkeitskampf der niederländischen Provinzen zusätzlich geschürt und prägte das Bild der katholischen, vom Geist der Inquisition erfüllten, vor keinen politischen Machenschaften zurückschreckenden spanischen Großmacht. Wir können auf diese Hintergründe nicht weiter eingehen, ein eigener Band wäre zu schreiben, aber zumindest sind wichtige neuere Arbeiten zu erwähnen, die weiterführende Aufschlüsse über die europäische Geschichte um die Mitte des 16. Jahrhunderts vermitteln.

Vergegenwärtigen wir uns zunächst die Situation während der ausklingenden Regierungszeit Karls V. Wie wir bereits feststellten, bewegen wir uns in einer weltgeschichtlichen Umbruchperiode, in einer von heftigen Reibungen und Spannungen randvoll gefüllten Zwischen- und Aufbruchzeit. Einer allmählich verlöschenden, aber doch auch in Einzelbereichen und Regionen zäh sich behauptenden mittelalterlichen Staats- und Kirchenlehre, einer vorwiegend statisch geformten Mentalität und Geisteskultur trat mit expansiver Dynamik eine radikal neue – im Buchstabensinn – erweiterte Weltsicht entgegen: ein neues Denken und Wirtschaften, neue Staatsideen und Staatszwecklehren, neue religiöse Anschauungen, die sich mit den aufstrebenden Territorialstaaten verbanden oder im Gegenzug frühabsolutistische Zentralisierung der Staatsgewalt in den katholischen Ländern förderten. Aus der Unruhe des inneren Menschen, von der das 15. Jahrhundert vor der „Zeitenwende" erfüllt war, wurde eine äußere Unrast, eine politisch, religiös, wirtschaftlich und sozial geformte Dynamik, die das Zeitgefühl teils als Erneuerungspathos und Unternehmungslust, teils als zusammengeballtes Festhalten an überkommenen Prinzipien bestimmte. Und die Bewahrung des Alten konnte wirkungsvolle Bündnisse mit neuen Regierungslehren eingehen, wie das spanische Beispiel so eindrucksvoll beweist.

Wir sprachen von innerer Unruhe und äußerer Unrast. An seelischer, aber auch politisch-sozialer Beunruhigung hatte es dem 15. Jahrhundert wahrlich nicht gefehlt. Die Lehren der römischen Kirche waren selbstverständlicher Bezugsrahmen, aber innerhalb dessen brodelte es: In den konziliaren Dezennien des 15. Jahrhunderts war die Reformbedürftigkeit des Papsttums und der einzelstaatlichen Kirchenverfassungen unübersehbar geworden, eine nachgerade kollektive religiöse Hysterie ließ Massen von Flagellanten, Schwärmern und Büßern durch die Lande ziehen, visionäre Prophezeiungen mit eschatologischem, aber auch politischem Hintergrund häuften sich, wie die „Reformatio Sigismundi" oder die Beschwörungen des „oberrheinischen Revolutionärs" exemplarisch belegen. Aber dies waren eher Zuckungen einer agonalen Gestimmtheit, noch nicht Zeichen des Aufbruchs. Dieser erfolgte zum einen von außen, durch Erweiterung und Bedrohung, zum anderen von innen, durch eine ganz neue Sicht von Kirche und Staat.

Von außen: Mit der Entdeckung Amerikas 1492 wurde der Horizont des europäischen Menschen atemberaubend erweitert, die Auswirkungen nicht nur auf sein Weltbild, sein Bild der Welt, sondern auch für das Wirtschaftsleben waren mit der nun einsetzenden Kolonialisierung ungeheuerlich. Und es mag wie eine historische Ironie anmuten, daß diese Erweiterung gerade von jener iberischen Halbinsel ausging, die den Zeitgenossen als Hort mittelalterlicher Katholizität und Erstarrung erschien. Aber es waren ja nicht die Staaten selbst, die eine planmäßige Kolonialpolitik betrieben hätten, vielmehr verdankten sie den Neuzuwachs wagemutigen und kühnen einzelnen, Conquistadoren, die auf eigene Faust und ohne planmäßige Unterstützung der Höfe die neue Welt eroberten. Das galt nicht nur für Spanien und Portugal, auch für die Kolonien Englands, die der Krone durch den Unternehmungsgeist von Männern wie Sir Walter Raleigh zufielen. Eine Ausnahme bildete Frankreich, dessen kanadische Niederlassungen auf energische staatliche Unterstützung rechnen konnten.

Mit der Erweiterung der Welt nach Westen ging eine existentielle Bedrohung von Süd-Osten einher, durch den Ansturm der osmanischen Türken zwischen Mohammed dem Eroberer und Selim dem Schrecklichen. Das oströmische Reich war 1453 gefallen, und der Drang nach Westen im Namen des

Propheten reichte bis 1683, als die Türken vor Wien standen. Daß die türkische Expansion im 16. Jahrhundert entscheidend gebremst wurde, verdankte die abendländische Christenheit vorrangig dem zentralistischen spanischen Reich. Juan d'Austria, dem wir in diesem Band als einem klug kalkulierenden Politiker begegneten, der den Avancen des Don Carlos gegenüber skeptische Distanz bewahrte, vernichtete in einer weltgeschichtlichen Schlacht die türkische Flotte bei Lepanto.

Beides, die Erweiterung der Welt und die türkische Bedrohung, hat in den vorrangig betroffenen Ländern vor allem zu einer Verstärkung der staatlichen Exekutivgewalt geführt. Diese war jedoch durch gänzlich autonome Prozesse bereits vorangetrieben worden, die von innen heraus erfolgten. Zum einen hatte sich mit der von Italien aus über ganz Europa ausstrahlenden Renaissance ein neues Menschen- und Staatsbild geformt. Mit der Wiederbelebung griechischer Sprache und griechischen Denkens verband sich eine Neubesinnung auf die im ganzen Mittelalter zwar nicht verschüttete, aber nun in ganz neuen Dimensionen aufgespürte Staatslehre des Aristoteles. In der Abhandlung „Il principe" des Machiavelli fand sie ihren prägnantesten Niederschlag, und bezeichnenderweise bezogen aus diesem Buch Philipp II. und weitere Herrscher seiner Zeit ihre politischen Ansichten. Die zweite große Bewegung war die Reformation, die nicht nur, durch den kurz zuvor erfundenen Buchdruck popularisiert, in bislang unbekanntem Umfang Fantasie und Leidenschaften breitester Schichten beflügelte, sondern auch nationalstaatlichen Ablösungen Vorschub leistete, da staatliche Herrschaft und Religionsaufsicht nun zusammenfallen konnten – oder auf katholischer Seite entsprechende staatszentralistische Gegenreaktionen auslösten. Besonders eindrucksvoll vollzog sich diese Entwicklung in England, wo der Monarch jetzt staatliche und religiöse Autorität gleichermaßen beanspruchte: Die Glaubensartikel der anglikanischen Kirche haben diese Verbindung von politischer, religiöser und juristischer Souveränität des Monarchen auf das eindrucksvollste formuliert.

Wir haben mit großen Strichen nur ganz knapp einige leitende Tendenzen der Epoche skizziert; der interessierte Leser kann zu mehreren vorzüglichen Überblicksdarstellungen greifen, die in den letzten Jahren von deutschen Historikern vorgelegt worden sind. In die Gesamtentwicklung des sich formierenden frühneuzeitlichen Europas führen zwei Werke ein, von denen das erste, als wissenschaftliches Handbuch konzipiert, auf breitester Literatur- und Quellenbasis von ausgewiesenen Fachleuten der erörterten Einzelstaaten verfaßt, eine Zusammenschau des neueren Forschungsstandes bietet, von denen das zweite auf glänzendem wissenschaftlichem Niveau sich eher an einen breiteren Leserkreis wendet, aus einem Guß gestaltet ist und lebendige Anschauung der Darstellung mit einer hervorragenden Bebilderung verbindet. Im ersten Fall handelt es sich um das von dem 1984 verstorbenen Nestor der deutschen Geschichtswissenschaft, Theodor Schieder, herausgegebene Handbuch der Europäischen Geschichte, dessen für uns maßgeblicher dritter Band von Josef Engel 1971 herausgegeben wurde; den Überblick über die iberischen Staaten im 16. und 17. Jahrhundert verfaßte der Konstanzer Historiker Horst Rabe. Zum zweiten ist das Werk des Tübinger Frühneuzeithistorikers Ernst Walter Zeeden über „Hegemonialkriege und Glaubenskämpfe 1556–1648“ hervorzuheben, das erstmals 1975 in opulenter Ausstattung erschien und aufgrund des großen Erfolges zusammen mit den anderen Bänden der Propyläen/Geschichte Europas 1982 in einer günstigen broschierten Ausgabe erneut vorgelegt wurde. Mit diesem hervorragenden Werk sind die zumeist älteren – und veralteten – Überblicksdarstellungen des konfessionellen Zeitalters entbehrlich geworden. Präsentation und moderner Forschungsstand lassen die Lektüre zum Vergnügen werden. Schon die Gliederung, in der – zwischen der „Epoche der Konfessionsbildung“ und der „Epoche des Dreißigjährigen Krieges“ – der mittlere Teil „die spanische Vormacht und Europa“ den Löwenanteil der gesamten Darstellung einnimmt, weist auf eine für den Leser der Don-Carlos-Biographie interessante Gewichtung hin. Wir werden noch auf Urteile Zeedens zur Person, zum Regierungssystem Philipps und zur europäischen Rolle Spaniens zurückkommen.

Doch zuvor sei auf einige wichtige Neuerscheinungen zur Epoche, Politik und Person Karls V. hingewiesen. Maß sich doch nicht nur der junge Prinz Carlos, der in der Zeit seiner Haft eine so merkwürdige, mit der vormaligen bizarren Zerrissenheit seiner Persönlichkeit zu einem guten Teil versöhnende Reifung erfuhr, bis hin zu seinen letzten überlieferten Worten an der Gestalt des Großvaters, die ihn zeitlebens tief beeindruckt hatte, sondern bilden auch Probleme des Reichs unter Karl V. und Aspekte seines Herrschaftssystems den unerläßlichen Bezugsrahmen für ein Verständnis der spanischen und europäischen Politik seines Sohnes Philipp, dessen katholisch-missionarischer Eifer unmittelbar an den Vater anknüpfte.

Die wohl besten Arbeiten verdanken wir in jüngster Zeit dem hervorragenden Kenner dieser Epoche Heinrich Lutz, der in der Erschließung, Beherrschung und Interpretation zentraler Quellen ebenso hervortrat wie mit meisterlichen Gesamtdarstellungen zum Zeitalter von Reformation und Gegenreformation/katholischer Erneuerung. Als zehnter Band der Oldenbourg-Reihe „Grundriß der Geschichte", die gleichgewichtig Darstellung, kritische Diskussion des Forschungsstandes (Leistungen, Kontroversen, Desiderata) und bibliographische Dokumentation verbindet, legte Lutz 1979 den Band „Reformation und Gegenreformation" vor. 1983 erschien von ihm als einer der ersten Beiträge der neuen, noch nicht abgeschlossenen Reihe Propyläen Geschichte Deutschlands der Band „Das Ringen um deutsche Einheit und kirchliche Erneuerung 1490–1648", der in einem einleitenden Essay die nationalgeschichtliche Fragestellung „in die Weite europäischer und globaler Perspektiven" einbettete. Während in diesem auf das Reich zentrierten Werk, ähnlich wie in dem zuvor genannten Band, das Spanien unter Philipp allenfalls marginal aufscheint, wird die Reichspolitik Karls V. eingehend vorgeführt. Diese steht auch im Mittelpunkt eines von Lutz 1982 herausgegebenen wissenschaftlichen Colloquiums über „Das römisch-deutsche Reich im politischen System Karls V.“. Unter den hier publizierten zehn Aufsätzen, neben einem Geleitwort von Theodor Schieder und einer Einführung und einem Schlußwort von Heinrich Lutz, interessieren in unserem Zusammenhang besonders zwei Beiträge. Zum einen die eindringliche und zugleich weitgespannte Auseinandersetzung des exzellenten Kenners der frühneuzeitlich-niederländischen Geschichte, Helmut G. Koenigsberger mit der Frage „Warum wurden die Generalstaaten der Niederlande im 16. Jahrhundert revolutionär?“, zum anderen der Beitrag des schon erwähnten Konstanzer Historikers Horst Rabe über „Elemente neuzeitlicher Politik und Staatlichkeit im politischen System Karls V. Bemerkungen zur spanischen Zentralverwaltung und zur politischen Korrespondenz des Kaisers“. Ein Jahr zuvor hatte Lutz 1982 in einer quellenkritischen Reihe deutscher Nuntiaturberichte einen von ihm bearbeiteten Band zur Friedenslegation des Reginald Pole zu Kaiser Karl V. und König Heinrich II. (1553–1556) vorgelegt, der ein genaueres Licht auf die Bemühungen dieses englischen, mit dem Hause Tudor verwandten Kardinals aus dem Hause York warf, für eine Restauration des katholischen Glaubens in England zu sorgen und vermittelnd für den Frieden zwischen dem habsburgischen Kaiser und dem ihm politisch entgegengesetzten Franzosenkönig zu wirken.

An biographischen Darstellungen Karls V. mangelt es nicht, hat dieser Herrscher doch wie wenig andere Machtgefühl und Zerrissenheit einer ganzen Epoche geprägt und verkörpert. Seine Person war gleichermaßen von archaischen wie von modernen Akzenten bestimmt. Wie es Ménendez Pidal einmal formulierte: „Karl V. ist der erste und letzte Kaiser der alten und neuen Welt.“ Er herrschte in einer Zeit, die durch das Nebeneinander des vor allem in Italien repräsentierten Stadtstaats, des Nationalstaats wie in England und Frankreich gekennzeichnet war, aber auch durch supranationale Staaten, die wir geradezu klassisch im Heiligen Römischen Reich Deutscher Nation finden, das Samuel Pufendorf später einmal als „Monstrum" charakterisieren sollte, aber auch auf der iberischen Halbinsel, in der Kalmarischen Union der skandinavischen Länder, in der Lubliner Union zwischen Polen und Litauen oder im türkischen Herrschaftsbereich. Karl selbst hatte sich, unterstützt von politischen Beratern, deren formender Einfluß im einzelnen nur schwer zu entschlüsseln ist, um eine „Wiedererweckung des Römischen Reiches" bemüht, hat an die mittelalterliche Kreuzzugsideologie angeknüpft, zugleich aber als kühler Realist die Beschränkungen und Hemmnisse solcher ideologischen Kreuzzugspläne erkannt. So beschränkte er sich 1529 auf die Rettung Wiens, 1535 auf eine begrenzte Offensive in Tunis, sagte er schließlich einen Kreuzzug gegen den türkischen Sultan ab, als die 1538 abgeschlossene Heilige Liga mit Rom und Venedig nach dem Ausscheiden Franz I. von Frankreich ineffizient zu werden drohte. Eine rabiate Eroberungspolitik hat er nicht geplant, sein Ziel war der Friede für das christliche Europa, allerdings für ein konfessionell einiges Europa. Der reformatorischen Bewegung trat er in der nur denkbar schroffsten Weise gegenüber, und dieses Vermächtnis hat sein Sohn Philipp in vollem Umfang übernommen.

Wie gesagt, an Biographien Karls V. mangelt es nicht. Zuletzt erschien in deutscher Übersetzung 1984 eine mit Zeittafel und Stammtafel versehene Taschenbuchausgabe der zuerst 1977 übersetzten, 1975 in englischer Originalausgabe erschienenen Biographie von Manuel Fernandez Alvarez, Charles V. – Elected Emperor and Hereditary Ruler, deutsch als: Karl V. Herrscher eines Weltreichs. Hier wird der Weg vom König zum Kaiser geschildert, der europäische Staatsmann und Feldherr und schließlich der politische Niedergang der Ideen Karls V. vorgeführt.

Alle Untersuchungen zu diesem Herrscher sind notwendigerweise, wenngleich mit unterschiedlichem Nachdruck, auf gesamteuropäische Perspektiven gerichtet. Der Hauptakzent liegt bei dem in Wien lehrenden Historiker Lutz begreiflicherweise auf Problemen der Reichspolitik, während Alvarez sich vorrangig an der romanischen Welt, an Spanien, Italien und Frankreich interessiert zeigt. Seine bibliographischen Angaben enthalten denn auch ganz überwiegend spanische und französische Autoren, von deutscher Seite werden lediglich die älteren Biographien Karls V. von Karl Brandi und Peter Rassow benannt.

Konzentrieren wir unser Interesse auf das europäische Kraftzentrum Spanien selbst, das unter Karls Sohn Philipp so beherrschend in den Vordergrund trat. Auf den ungemein gründlichen und wissenschaftlich wertvollen, aber dem Charakter eines Handbuchbeitrages entsprechend wenig farbigen Beitrag Rabes über die iberischen Staaten wurde bereits hingewiesen. Als eine nüchtern-solide und faktenreiche Darstellung der frühneuzeitlichen Geschichte Spaniens zwischen 1400 und 1800 darf zuletzt (1984) die etwas spröde, im fachwissenschaftlichen Jargon gehaltene Darstellung von Hartmut Heine gelten. Einen sehr hilfreichen Überblick über die spanische Reichsgeschichte zwischen 1469 und 1716, also von der Heirat Ferdinands II. von Aragon mit Isabella von Kastilien, jenem kongenialen, so gegensätzlichen und doch politisch einander ergänzenden Herrscherpaar, bis zum endgültigen Niedergang des Reiches nach dem Spanischen Erbfolgekrieg, hat 1963 in einem leider nicht übersetzten Werk J. H. Elliott vorgelegt. Doch wird sich der Leser über Spaniens europäische Stellung ebenso wie über innerspanische Entwicklungen in der Zeit Philipps mit größtem Gewinn bei Zeeden informieren. So wird mit wenigen Sätzen ein klares Bild der europäischen und überseeischen Ausgangssituation bei Philipps Regierungsantritt gezeichnet.

„Als Philipp die Nachfolge seines Vaters antrat, fiel ihm, bedingt durch Frankreichs und Österreichs Schwäche, die Vormacht über Mittel- und Westeuropa sozusagen in den Schoß. Während seiner ungewöhnlich langen Regierungszeit suchte er die ererbte Position zu erweitern, mußte sie aber zugleich verteidigen. Philipp II. führte Spanien auf den Höhepunkt seiner Macht, lernte dabei jedoch auch deren Grenzen kennen. Zwischen England und Mittelitalien lag damals Europas Industriegebiet. Von dieser blühenden, gewerblich wie kulturell am höchsten entwickelten Zone, die im Rhein ihre Hauptverkehrsader besaß, gehörten ausgedehnte Landstriche zu Philipps Reich: die Lombardei, Luxemburg, Burgund, Holland und Belgien mit Westflandern, Arras und dem Hennegau. Weiter im Süden gebot er über Unteritalien, Sardinien und Sizilien. In Übersee kamen hinzu: am Südostrand Asiens die Philippinen, die seinen Namen tragen, und der amerikanische Kontinent von Feuerland bis Florida und Kalifornien, mit Ausnahme Brasiliens, das den Portugiesen gehörte. In Italien und in der Neuen Welt ließ er sich von Vizekönigen vertreten. Sie regierten in seinem Namen und waren an seine Weisungen gebunden."

Der Monarch selbst scheint in den reichen Schattierungen seiner Persönlichkeit auf. Sicherlich konnte der König sich nicht um alles kümmern; so kam den im frühen 16. Jahrhundert aus dem Staatsrat ausgegliederten selbständigen obersten Ratsgremien eine bedeutende administrative, teilweise, etwa in der Sozialgesetzgebung, eine innovative Bedeutung zu. Doch leistete der König selbst ein ungeheures Arbeitspensum, kümmerte er sich auch um untergeordnete Fragen. Es konnte bei der bedächtigen Gewissenhaftigkeit Philipps nicht ausbleiben, daß angesichts der Fülle von Aufgaben und Problemen manches liegenblieb oder nur schleppend in Gang kam. So häuften sich Klagen wie die in einem Brief von 1565: „Alles geht bei uns von morgen auf übermorgen, und der Hauptentschluß ist, in allem stets unentschlossen zu bleiben." Aber dieser Eindruck täuschte. Es „ist nicht zu bestreiten, daß Philipp II. stramm regierte", schreibt Zeeden. „Trotz größter Umsicht und Behutsamkeit fällte er gegebenenfalls riskante Entscheidungen und konnte auch hart zugreifen: in den Niederlanden, in Frankreich, gegen England, gegen den Papst. Was Spanien außenpolitisch in der 2. Hälfte des 16. Jahrhunderts tat, trug Philipps Handschrift. Nicht anders stand es mit der inneren Regierung. Der König war für seine Person kein Theoretiker. Er verfuhr in seinem Regiment jedoch dergestalt nach den Grundsätzen sowohl des Staatsinteresses als auch der Alleinherrschaft, daß sich daraus eine Theorie der Staatsräson und des Absolutismus bis zu einem gewissen Grad ableiten ließ. Daß Staatsräson und Absolutismus keinen Freibrief für Willkür darstellten, verstand sich damals allerdings von selbst."

Keine Willkürherrschaft also, aber doch eine harte Hand, die sich angesichts der konfessionellen Gegensätze, angesichts der prinzipienfesten Katholizität des Königs ins Unerbittliche steigerte. In der Geschichtsschreibung lebte vorwiegend dieses Bild fort, das maßgeblich von den konfessionellen und politischen Gegnern Philipps geformt wurde. „Als König einer katholischen Nation teilte Philipp II. deren Ergebenheit gegenüber dem Papsttum und der Kirche. Infolgedessen entlud sich der Zorn, mit dem halb Europa den Papst bedachte, auch über Philipps Haupt. So hat ihn die lang nachwirkende Legende finsterer gezeigt, als er in Wirklichkeit gewesen ist. Seine Zeitgenossen scheinen mit ihm überwiegend zufrieden gewesen zu sein. Wie wäre es sonst zu verstehen, daß sie ihn mit dem Beinamen ‚El Prudente' ehrten, ihn Philipp den Klugen nannten?"

Äußerste Selbstbeherrschung, eiserne Disziplin kennzeichneten diesen König, wie ihn auch Giardini gezeichnet hat, bis hin zu seinem gräßlichen, mit größter Geduld ertragenen Ende. Berühmt wurde die Szene, wie er unmittelbar vor dem Tod den Thronfolger zu sich kommen ließ. „Ich wollte Euch die Szene ersparen, aber ich wünsche, daß Ihr seht, wie die Monarchen der Erde enden." Er beschwor den Sohn, als katholischer und gerechter Herrscher zu regieren, wie er selbst es getan und von seinem Vater gelernt hatte. „Dies waren", so lesen wir bei Zeeden, „die letzten Gedanken des Herrschers, unter dessen zweiundvierzigjähriger Regierung die spanische Nation in die Epoche ihrer größten Geltung und Machtentfaltung eintrat, in ihr Siglo de oro, das Goldene Jahrhundert. Spanien brachte in dieser Zeit herausragende Heilige, Theologen, Künstler, Schriftsteller und Dramatiker hervor, um derentwillen die Epoche vom mittleren 16. bis zum ausgehenden 17. Jahrhundert wohl auch künftig noch das Siglo de oro heißen wird. Dessenungeachtet hatte diese Goldene Zeit auch ihre dunklen Seiten: das spanische Reich hatte mit Problemen zu tun, die an seiner Kraft zehrten. Der Religionszwist, der die übrigen europäischen Staaten in Krisen stürzte, spielte zwar in die auswärtige Politik hinein und belastete das Verhältnis zu den Niederlanden, berührte aber Spanien intern noch am wenigsten. Hingegen strapazierten Philipps II. imperiale Politik und Kriegführung Land und Leute über Gebühr. Die Finanzen und die Wirtschaftskraft litten darunter, und die Bevölkerung nahm Schaden. Das Land vermochte auf die Dauer nicht herzugeben, was die Regierung ihm zumutete. Daran war aber nicht ausschließlich eine mangelnde Ertragskraft schuld. Die Ursachen lagen zum Teil auch im System von Philipps II. innerer Politik."

Auf diese von Zeeden dann eingehend entfaltete innere Politik können wir nicht eingehen, sie spielte für die Don-Carlos-Frage zudem nur eine untergeordnete Rolle. Blicken wir noch einmal auf Leistungen und Auswirkungen der europäischen Politik Spaniens unter Philipp im Urteil Ernst Walter Zeedens: „Spanien war seit dem Frieden von Cateau-Cambrésis zum mächtigsten Staat in Europa geworden. In den Größenordnungen des 16. Jahrhunderts war die Monarchie Philipps II. eine Weltmacht. In den zweiundvierzig Jahren seiner Regierung suchte der König seine Herrschaft ständig auszuweiten. Er kämpfte gegen Frankreich, England und den Papst und suchte indirekt auch im Reich mitzuregieren, wo seine Vettern aus der deutschen Linie des Hauses Habsburg in Österreich und seinen Kronländern herrschten und mit einem der Ihrigen den Kaiserthron besetzten. Fast immer trat er als Sachwalter der katholischen Religion auf. Seine Interventionen erhielten dadurch in den Augen vieler Zeitgenossen den Glanz einer höheren Legitimation. Alles in allem beabsichtigte er, Westeuropa von Italien bis England und Schottland, soweit es ihm nicht schon unterstand, dem spanischen Einfluß zu unterwerfen (. . .) Im Kampf mit Spanien stiegen dessen Hauptgegner im Laufe eines Jahrhunderts zu Großmächten auf. Aus dem auf allen Weltmeeren geführten See- und Handelskrieg gegen spanisch-portugiesische Schiffe und Kolonien entstanden die überseeischen Kolonialreiche Englands und der Niederlande. Im Kampf gegen die spanische Hegemonie stieg Frankreich schließlich zur Vormacht Europas auf."

Wir müssen hier ausblenden, können etwa auf die zentrale Bedeutung der türkischen Bedrohung und der niederländischen Aufstände nicht mehr eingehen. Hier wird der Leser selbst zu den genannten Werken greifen. Einen vorzüglich-informativen Überblick über Quellen, allgemeine Darstellungen und Spezialliteratur leistet der behutsam gewichtende und knapp kommentierende abschließende Quellen- und Literaturessay in Piersons neuer Philipp-Biographie. Nur auf zwei Aspekte sei abschließend noch hingewiesen, die für die Carlos-Frage, und sei es auch nur in zäh festgehaltenen Legendenbildungen, eine erhebliche Bedeutung besaßen: der Zusammenhang von Katholizität und Inquisition und der große Komplex der Niederländischen Generalstaaten.

Mit dem 1965 erstmals erschienenen, 1967 in deutscher Übersetzung vorgelegten Band von Henry Kamen über die spanische Inquisition verfügen wir über eine dichte und detailreiche Gesamtdarstellung dieses düsteren Kapitels der spanischen Geschichte, das so entscheidend das Bild Philipps in der Nachwelt formte, und die Leyenda Negra nährte. Über die spanisch-niederländischen Beziehungen und die innere Entwicklung der Generalstaaten ist seit Giardini viel geforscht worden. Exemplarisch sei nur auf das riesige fünfbändige Werk von Léon van der Essen über den Prinzen Alexander Farnese verwiesen, dem wir im Don Carlos so häufig begegneten. Auf Helmut G. Koenigsbergers Aufsatz über die inneren Gründe für den revolutionären Prozeß der Niederlande wiesen wir bereits hin; er steht im Zusammenhang mit umfangreichen Forschungen dieses Gelehrten, eine weitere große Darstellung von ihm ist in Kürze zu erwarten. Eine sehr anschauliche, auf ausgedehnten Forschungen beruhende Gesamtdarstellung dieses Freiheitskampfes, der ja aus einer Fülle ganz unterschiedlicher, teilweise nur locker verbundener oder gar miteinander in Konflikt tretender Aufstände bestand, die von ganz unterschiedlichen Interessen und Motiven geleitet waren, hat in einem hinreichend weiten Rahmen Geoffrey Parker 1977 veröffentlicht. Die deutsche Übersetzung erschien zwei Jahre später in diesem Verlag unter dem Titel: „Der Aufstand der Niederlande. Von der Herrschaft der Spanier zur Gründung der Niederländischen Republik".

Brechen wir hier ab. Wir erinnern uns an das Urteil Felix Rachfahls, daß eine Geschichte des Abfalls der Niederlande geschrieben werden könne, in der der Name Don Carlos gar nicht vorzukommen brauche. Ähnliches gilt für die Inquisition, gilt für die innere und äußere Politik Spaniens in der Zeit Philipps II. Es war in erster Linie eine Familientragödie, aber eben doch keine nur private. Der Rang der Akteure, die Verflechtung von Dynastie und Thronfolge, von familiärer Strategie und Reichspolitik brachte es mit sich, daß auch dann, wenn keine hochpolitischen Motive hinsichtlich Kirche und Reich das Verhalten des Prinzen beeinflußten oder das Vater-Sohn-Verhältnis vorrangig bestimmten, daß auch dann Rückwirkungen sowohl auf die zeitgenössischen Konstellationen als auch auf das historische Bild der Nachwelt unvermeidlich waren. Es ging weit über Klatsch und Sensationslust hinaus, wenn die Gesandten anderer Mächte am spanischen Hof dieses Drama mit größter Spannung verfolgten und kommentierten. Mit einem solchen Kommentar wollen wir dieses Nachwort und damit dieses Buch über Don Carlos beenden. Es findet sich im Geheimen Tagebuch des kaiserlichen Botschafters Hans Khevenhüller bei Philipp II., das erst 1971 öffentlich vorgelegt wurde. In einer Eintragung aus dem Jahre 1568 hat Khevenhüller mit ausgewogener Bedächtigkeit die umlaufenden Gerüchte aufgenommen und seine Stellungnahme skizziert, die sich nicht weit vom heutigen Urteil der historischen Forschung entfernt. Mag das unvertraute Frühneuhochdeutsch auch sperrig erscheinen, so vermag der Originalwortlaut doch auch einiges von jener Zeit zu uns herüberzutragen, in die wir uns mit der Carlos-Tragödie eingelassen hatten.

„Den dreiundzwainzigisten sein mir von hof zeitungen zukomen, wasmaßen die Kön.M[t] aus Hispanien ihren ainigen sohn, den prinzen Carolus, gefenglich den fünfzehenden januari zu Madrid einzogen, welches mir frembd (weil ich das spanische wesen etwas kenn) fuerkomen und wol erwegen könn, es seie on sonderer ursach nicht beschehen. Ob gleichwol allerlei selzame discurs in der gemain darüber gemacht worden, haben doch die maisten dahin gelaut, das darumben forgenomen, er prinz wider den könig seinen vatter was tätliches fürnemen wollen, des ich aber nit für gewiss hie gesezt will haben, dann die ursach der gefenknussung so gar still gehalten, das wenig hoch und niders stands aigentlich darumb gewisst. Und noch unangesehen, das mir allerlei von vertrauten ansehlichen personen aus Hispania hierüber geschrieben worden, haben si doch die ursach mehrberuerter gefenknussung in ansehung der aufrüererischen leuf durch Frankreich wenig meldung thuen dürfen. Darzue ist mir lieber, es schriebn in dergleichen kizlichen sachen historischreiber und ander als ich. Gedachter prinz ist also in streng verwarung bis auf das monat juli dises jars gehalten worden. Hernach den vierundzwainzigisten an Sant Jacobs abent verschiden. Darvon man allerlei geredt, das ich aber aus bedenken einzufüeren einstelle. Aber meiner gehabten kundschaften, die ich auch hernach, als ich in Hispania komen, also befunden, solle er darumben, das er den tod selbs muetwillig ain weil mit unseglichen uberessen, ain weil aber mit unglaublichen aushungern, auch andern unordnungen nachgerungen, hingangen sein. Der ebig Gott helfe der seel. Und behuete könftiglich das hochlöblich haus von Osterreich vor dergleichen beschwerlichen zuestenden."

REGISTER

Abkürzungen
Bf. = Bischof
Ebf. = Erzbischof
Kg. = König
Kg.in = Königin

INHALT